Springen Sie über Ihren Schatten!

Springen Sie über Ihren Schatten!

Glück ist keine Glückssache

Leila Bust / Bjørn Thorsten Leimbach

Ellert & Richter Verlag

Inhalt

7 Vorwort

10 Einführung

24 Willen
27 1. Woche: Die Aufmerksamkeit lenken
30 2. Woche: Selbstmotivation
32 3. Woche: Mein Wille geschieht
34 4. Woche: Entscheidungen treffen
37 5. Woche: Veränderungen und Wahlmöglichkeiten
40 6. Woche: Raus aus Zwang und Dilemma
43 7. Woche: Nein sagen
47 8. Woche: Ja sagen

51 Präsenz
54 9. Woche: Gegenwärtigkeit
57 10. Woche: Das Leben genießen
60 11. Woche: Den Geist heimholen
63 12. Woche: Leer werden
66 13. Woche: Das Körperbewusstsein schulen
68 14. Woche: Leichtigkeit
70 15. Woche: Atem ist Leben

74 Fühlen
78 16. Woche: Fühlen statt denken
82 17. Woche: Es ist okay, alles zu fühlen
85 18. Woche: Stimmungen meistern
89 19. Woche: Positive Eindrücke sammeln
93 20. Woche: Mitgefühl entwickeln
95 21. Woche: Das Göttliche im anderen sehen
99 22. Woche: Verbundenheit erleben

105 Persönlichkeit und Essenz
109 23. Woche: Perspektiven verändern
112 24. Woche: Persönliche Grenzen erweitern

115	25. Woche: Selbstboykott auflösen
119	26. Woche: Sorgen entsorgen
122	27. Woche: Mensch, ärgere dich nicht
126	28. Woche: Inneren Frieden finden
129	29. Woche: Neugierde wird zu Lebensfreude
131	30. Woche: Lebensfreude – der Wert des Lebens

Lieben

136	31. Woche: Alte Bindungen lösen
140	32. Woche: Versöhnung mit Mutter und Vater
143	33. Woche: Sich selbst und anderen vergeben
148	34. Woche: Konflikte lösen
150	35. Woche: Projektionen erkennen
154	36. Woche: Die Bedürftigkeit loslassen
157	37. Woche: Die eigene Einzigartigkeit erkennen
160	38. Woche: Selbstliebe

Denken: Neue Sichtweisen

167	39. Woche: Glück oder Unglück?
170	40. Woche: Sie erschaffen Ihre Realität
174	41. Woche: Die eigenen Überzeugungen loslassen
178	42. Woche: Opferrollen aufgeben
183	43. Woche: Aufhören zu jammern
185	44. Woche: Festhalten und Ausdauer
187	45. Woche: Loslassen – Veränderungen akzeptieren

Sie sind der Regisseur Ihres Lebens

193	46. Woche: Verantwortung übernehmen
196	47. Woche: Träumen macht glücklich
199	48. Woche: Der eigene Kompass
202	49. Woche: Visionen entwickeln
205	50. Woche: Vom Mangel zur Fülle – Anerkennung geben
208	51. Woche: Zeit für das Wesentliche
211	52. Woche: Es fällt kein Meister vom Himmel

Der goldene Schlüssel zum Glück
Jeden Tag zum glücklichen Tag machen

214

Zum Schluss

217

Literatur

219

Vorwort

Wenn Sie, liebe Leserin, lieber Leser, diesen Glückskurs in die Hand nehmen, dann erhoffen Sie sich zu Recht Hinweise oder Hilfestellungen, wie Sie mehr Glück, Zufriedenheit oder vielleicht auch Sinnhaftigkeit in Ihrem Leben finden. Denn jeder Mensch sucht Glück in seinem Leben.

Wenn Sie jetzt allerdings lediglich ein paar oberflächliche Tipps oder Ratschläge erwarten, die Ihnen leicht und bequem den Weg zum Glück weisen, werden Sie enttäuscht. Wer jedoch den Wunsch hat, sein Leben, sein Lebensgefühl oder auch seine Beziehungen grundsätzlich zu verändern, der erhält mit diesem Buch wertvolle Impulse zur inneren Ausrichtung und konkrete Übungen, die starke Veränderungen bewirken.

Was bedeutet es Ihnen, glücklich zu sein? Wenn Sie mehr Abenteuer und Lebendigkeit in Ihr Leben bringen könnten, wären Sie dann bereit, ein paar Sicherheiten aufzugeben? Haben Sie auch oft die Vermutung, dass nicht Ihre Umwelt, sondern Sie selbst Ihrem Glück und Erfolg im Weg stehen? Wären Sie manchmal gerne ein anderer Mensch? Dann gibt Ihnen dieser Glückskurs einen konkreten und praktischen Leitfaden, wie Sie immer wieder persönliche Begrenzungen überwinden und Freiheit erleben können.

Sie sind zu ernst und können nicht mitlachen, wenn andere sich über Sie lustig machen? Das sollte sich nach einigen Übungen aus diesem Buch verändert haben. Sie hängen den ganzen Tag in einer schlechten Stimmung fest und öden sich selbst damit an? Die Versuche von Freunden, Sie aufzuheitern, ignorieren Sie, obwohl Sie sich eigentlich über sich selbst ärgern? Sie sehen einen interessanten Menschen und möchten ihn oder sie gerne kennenlernen. Sie haben gute Ausreden, warum Sie ihn nicht ansprechen, aber danach ärgern Sie sich tagelang über die verpasste Chance? Sie stellen fest, dass Sie sich selbst behindern? Sie fühlen sich in Ihrer Haut gefangen und unfähig, über den eigenen Schatten zu springen? Dann zeigt Ihnen dieser Kurs, wie Sie viele verschiedene Facetten von Glück und persönlicher Freiheit erleben können. Für viele alltägliche Situationen gibt es jede Woche eine praxisnahe Übung, um einen Aspekt Ihrer Persönlichkeit zu erweitern.

Die meisten Ratgeber und Lebenshilfe-Bücher empfehlen, sich mehr Zeit für sich selbst zu nehmen, sich stärker auf sich selbst zu besinnen. Wir glauben aber, dass das häufig nur dazu dient, die eigenen alten Marotten zu pflegen und letztlich alles beim Alten zu lassen. Der Rat, das Bauchgefühl zu beachten, ist zwar gut gemeint und populär, führt aber dazu, dass man bekannte und antrainierte Verhaltensweisen der Vergangenheit wiederholt. Wenn Sie sich mit positiven Affirmationen einlullen wollen und lediglich etwas Wellness für Ihre Seele suchen, dann ist dieses Buch sicherlich nicht für Sie geeignet. Wenn Sie aber abenteuerlustiger, frecher und unkonventioneller werden wollen, dann sind Sie auf der richtigen Fährte. Vielleicht kennen Sie das Gefühl von Stolz und gesteigertem Selbstvertrauen, wenn Sie es geschafft haben, über den eigenen Schatten zu springen, oder etwas ganz Neues gewagt haben. Vielleicht mögen Sie die Momente, in denen Sie Ihre Mitarbeiter, Ihren Partner oder Freunde verblüffen, weil Sie völlig anders reagieren als normalerweise. Wir hoffen, dass Sie die Kraft und Energie kennenlernen, die sich entfaltet, wenn man persönliche Grenzen überwindet.

Wer sich zu sehr in unserer Konsumgesellschaft einrichtet, zu viel Wellness genießt und Vorgekochtes isst, wird zum konturlosen „Jein"-Sager. Wer jede Anstrengung, jeden Konflikt oder jede Herausforderung vermeidet, wird nicht nur körperlich, sondern auch emotional und mental zum konsumierenden Couch-Potato.

Wir möchten Sie nochmals warnen: Dieser Glückskurs ist etwas unbequem und bringt Ihnen Ärger, Unruhe und Überraschungen ins Haus. Sie werden hier keine erbaulichen Texte finden, die man nur lesen muss, um dann glücklich zu sein. Es gibt auch keine Tipps, um sich frei von allen Zwängen zu fühlen. Unsere Erfahrung aus über 20 Jahren Coaching und Persönlichkeitsentwicklung mit über 5000 Menschen ist diese: Nur konkrete Verhaltensänderungen und neue Denkgewohnheiten im Alltag haben eine dauerhafte Wirkung. Das Lesen eines Buches, eine Therapiesitzung oder ein Seminarbesuch können nur dann echte und nachhaltige Veränderungen im Leben bewirken, wenn die Impulse durch kontinuierliche Übungen im Alltag integriert werden.

In diesem Sinne wünschen wir Ihnen viele spannende Wochen, die Ihnen aufregende Erfahrungen, neue Sichtweisen und natürlich Glück bringen mögen.

Einführung

Freiheit ist die Voraussetzung für Glück

Die meisten Menschen können ihre Ausbildung und ihren Job frei wählen, den Partner selbst suchen und haben auch sonst im Leben umfangreiche äußere Freiheiten. Aber warum sind so viele Menschen unzufrieden mit ihrem Partner, ihrem Job oder ihrer Lebenssituation? Es liegt an mangelnder innerer Freiheit. Unbewusste Prägungen, Bequemlichkeit und Ignoranz sind die Gründe, warum Menschen nicht ihr eigenes Potenzial leben und persönliche Grenzen austesten. Persönliche Freiheit fängt damit an, der Tyrannei der eigenen Gedanken Herr zu werden oder in seinen emotionalen Reaktionen auf andere Menschen flexibel zu sein. Freiheit bedeutet die Freiheit vom eigenen Kritiker und Zensor, vom Zwang, eine eigene Meinung zu allem und jedem haben zu müssen. Wirkliche Freiheit bedeutet, frei von anerzogenen Verhaltensweisen, gesellschaftlichen Vorstellungen und eigenen unbewussten Überzeugungen zu sein. Diese formen das, was charmanterweise Persönlichkeit genannt wird, aber häufig ein selbst geschaffenes Gefängnis darstellt, das im Laufe des Lebens immer enger wird. Wahre Freiheit bedeutet also Freiheit von sich selbst. Der Glückskurs möchte Sie in vielen Facetten einladen, einmal Urlaub von sich selbst zu machen und Neues auszuprobieren: mal provokant, mal humorvoll, mal bewegend. Lernen Sie, wie Sie sich von dem Zwang befreien, immer Sie selbst sein zu müssen.

„Wer ständig glücklich sein möchte, muss sich oft verändern", heißt es treffend bei Konfuzius. Die meisten Menschen neigen aber dazu, sich in ihrer persönlichen „Komfortzone" einzurichten: Sie suchen immer wieder das Vertraute und Gewohnte, das ihnen Sicherheit gibt. So scheint das eigene Leben planbar und kontrollierbar zu sein. Doch Glück lässt sich weder planen noch konservieren. Vielleicht kennen Sie dieses Erlebnis: Sie hatten eine wundervolle Erfahrung oder Begegnung mit einem Menschen. Weil es so schön war, wollen Sie es wiederholen. Sie versuchen, alle Bedingungen genau so wiederherzustellen – in der Hoffnung, dass sich die gleichen Glücksgefühle einstellen werden. Aber meistens geht genau das schief. Wer also Sicherheiten aufbaut und das eigene Leben durchplant, wird einer Erinnerung nachlaufen und versuchen, sie zu kopieren. Leider ist das die Alltagsrealität vieler Menschen und vieler Partnerschaften. Eine wunderbare Begegnung wird immer und immer wieder re-inszeniert, bis daraus Routine und Langeweile wird. Glücksgefühle sind nicht reproduzierbar wie eine CD. Und selbst die Lieblingsmusik wird nach dem hundertsten Mal unerträglich. Und dennoch wird das erfolgreiche Konzept immer wieder kopiert, bis es sich abnutzt. Warum wird es nicht verändert und aktualisiert? Dahinter steckt die Angst vor Veränderung. Die Botschaft lautet also: Lassen Sie Ihre Erinnerungen und Konzepte los, kommen Sie aus Ihrer Komfortzone heraus. Nur wer bereit ist, sich stets auf neue Situationen einzustellen und sich selbst auch zu verändern, wird immer wieder Glück in neuen Facetten erleben.

Glücklich machen die Kleinigkeiten im Leben

Natürlich geht es im Glückskurs auch um die großen Themen wie Lebensvision, Berufung, Liebe. Aber ehrlich gesagt: Für das Lebensgefühl von Glück und für das Erleben persönlicher Freiheit sind die kleinen alltäglichen Situationen oft entscheidender als die großen. Deshalb ist der Fokus dieses Kurses darauf gerichtet, Ihr alltägliches Leben zu verändern: Lernen Sie heute einen interessanten Menschen kennen! Entdecken Sie heute etwas Liebenswertes in Ihrem griesgrämigen Nachbarn! Sagen Sie Ihrem Kollegen heute endlich mal die Meinung! Lachen Sie heute über das, was Sie sonst zum Heulen bringt! Dies sind Wege zu einer neuen Wahrnehmung und Bewertung von sich selbst und Ihrer Umwelt.

Ohne Humor überstehen Sie diesen Kurs allerdings nicht. Deshalb beginnen viele Wochen mit einer lustigen Geschichte. Wenn Sie aber davon überzeugt sind, dass Ihre Meinung die absolute Wahrheit ist und die anderen im Unrecht sind, werden Sie es schwer haben. Wenn Sie nicht über sich selbst lachen können, dann sind die Übungen wirklich nicht witzig, sondern eine Tortur.

Mullah Nasruddin, ein spiritueller Meister des Islam mit sehr zweifelhaftem Ruhm, wurde eines Tages von einem erbosten Schüler aufgesucht: „Meister, gestern empfahlst du den Menschen, rücksichtsvoll zu sein und anderen zu vergeben, heute aber sagst du, man solle sich nichts gefallen lassen. Wie passt das zusammen?" – Mullah Nasruddin: „Papperlapapp! Was interessiert mich mein Geschwätz von gestern!"

Lassen Sie den, der Sie einmal waren, nicht darüber entscheiden, wer Sie morgen sein wollen. Unsere Persönlichkeit ist nicht aus einem Guss und ohne Widersprüche. Lernen Sie widersprüchliche Facetten von sich selbst kennen und werden Sie lieber ein funkelnder Diamant, der jede beliebige Farbe annehmen kann, anstatt ein grauer Kieselstein zu bleiben.

Leben Sie jetzt

Hören Sie auf, Ihre Vergangenheit, Ihre Eltern oder Expartner dafür verantwortlich zu machen, dass Sie sich unfrei fühlen oder unglücklich sind. Das sind Entschuldigungen eines Menschen, der sich als Opfer fühlt und nicht die Verantwortung für sein Leben übernehmen will. Viele Psychotherapeuten pflegen und hegen zwar diese Haltung, wir glauben aber, dass man glücklich leben kann, ganz gleich, was immer man erlebt hat. Wer die alten Bilder seiner Vergangenheit mit sich herumtragen und behalten möchte, wird in diesem Kurs an Grenzen stoßen. Wer aber bereit ist, sich von geliebten Fotoalben der eigenen Vergangenheit zu trennen, wird einen Raum der persönlichen Befreiung erleben können. Jedes Foto zeigt nur einen Blickwinkel und einen Moment der Realität – aber war alles wirklich so, wie Sie glauben? Hatten Sie die falschen Eltern und einen unpassenden Partner? War die Wahl Ihres Berufes wirklich verkehrt? Solche Überzeugungen über die eigene Vergangenheit hindern uns daran, frei und unvoreingenommen das Leben und neue Begegnungen zu genießen.

Vergessen Sie deshalb nicht, hin und wieder die Festplatte aufzuräumen und einen Frühjahrsputz zu machen. Denn möglicherweise kennen Sie das auch: Die Wohnung quillt über von Krempel, den man irgendwann mal brauchen könnte, es ist kaum noch Platz für Neues! Der Computer wird immer langsamer, weil so viele unnütze Programme und Daten auf der Festplatte sind. Im Hintergrund läuft so vieles ab, was man gar nicht mitbekommt, aber die Ressourcen erheblich blockiert.

Entrümpeln Sie mal Ihren Kopf! So viele Programme, die nicht mehr aktuell sind, werden im Hintergrund abgespult. So viele Meinungen benötigen dringend ein Update, so viele Informationen sind veraltet. Dieser Kurs ist Ihnen dabei behilflich.

Tägliche Erfolge durch den Glückskurs

Wir haben in unserer 20-jährigen beruflichen Praxis als Coaches, Seminarleiter und Therapeuten viele Menschen kennengelernt, die zwar mit wichtigen Aspekten ihres Lebens unglücklich waren und diese beklagten, jedoch nicht bereit und nicht genügend motiviert waren, um langfristige Veränderungen herbeizuführen. Wenn Menschen sich jedoch wirklich engagiert haben, um nachhaltige Veränderungen ihrer Gesundheit, ihrer Beziehungen oder ihres Lebensgefühls zu bewirken, dann sind unglaubliche Ergebnisse möglich. Echte Persönlichkeitsentwicklung braucht Engagement, Kontinuität und professionelle Begleitung.

Dieser Glückskurs ist aus den Erfahrungen von rund 500 intensiven Seminaren mit etwa 5000 Menschen sowie vielen Coaching- und Therapiesitzungen gewachsen. Er stellt ein kreatives und herausforderndes Trainingsprogramm für ein Jahr dar. In jeder Woche gibt es eine neue Aufgabe, die zum größten Teil keine zusätzliche Zeit erfordert, sondern ins Leben integriert werden kann.

Sinn der Aufgaben ist es, mehr Bewusstheit über sich selbst, das eigene Denken, Fühlen und Verhalten zu erlangen. Mehr noch – dieser Kurs zielt auf eine Änderung bisheriger Verhaltens- und Denkmuster. Das, was wir charmant mit Charakter oder Persönlichkeit beschreiben, ist in Wahrheit ein „Charakterpanzer", wie Wilhelm Reich (1897–1957), der Begründer der Körperpsychotherapie, es bezeichnete. Wer aus dem immer enger werdenden Panzer lieb gewonnener Denkmuster und Verhaltensweisen aussteigen und die eigenen begrenzten Sichtweisen erweitern möchte, für den ist dieser Glückskurs sicherlich ein geeignetes Mittel.

Wir sind uns bewusst, dass manche Übungen sehr provokant sind – es braucht viel Motivation und die Entscheidung, immer wieder über den eigenen Schatten zu springen. Wem das gelingt, wird unglaubliche Ergebnisse erzielen und ein Gefühl persönlicher Freiheit erleben. Dies bezeugen viele Menschen, mit denen wir gearbeitet, die sich mit Engagement und Kontinuität auf den Weg der persönlichen Weiterentwicklung begeben haben. Sie haben erlebt, dass sie selbst ihre eigene Persönlichkeit formen und verändern können – angefangen mit Vorlieben und Abneigungen, Gefühls- und emotionalen Reaktionsmustern sowie einengenden Denkgewohnheiten und Überzeugungen. Die Veränderungen und Resultate waren manchmal so verblüffend erfreulich, dass nicht nur die Menschen um sie herum erstaunt waren, sondern auch wir selbst, die davon ja bereits wussten und dies beabsichtigt hatten. So durften und dürfen auch wir immer wieder Zeuge dieses wunderbaren Verwandlungsprozesses bei den Menschen sein, der dem Leben Sinn und Freude gibt.

Wir empfehlen Ihnen, den Kurs zusammen mit einem guten Freund oder Lebenspartner zu praktizieren. Der Austausch und die gegenseitige Unterstützung werden in Phasen der mangelnden Motivation, bei Misserfolgen oder ablehnenden Reaktionen der Umwelt sehr hilfreich sein. Außerdem macht es zu zweit mehr Spaß. Für Menschen, die bereits an einem Training für Persönlichkeitsentwicklung teilnehmen, ist dieser Glückskurs eine kraftvolle Begleitung und Unterstützung.

So stellt dieses Kursprogramm einen kontinuierlichen psychologisch-spirituellen Schulungsweg für den Alltag dar. Es will Sie darin bestärken, ein selbstbestimmtes und glückliches Leben zu führen, in dem Sie sich als Schöpfer erleben und nicht als Opfer. Die einzelnen Texte, Geschichten und Übungen führen Schritt für Schritt durch die Erforschung des eigenen Bewusstseins im Alltag. Oft handelt es sich um Beobachtungsaufgaben, eine Wahrnehmungsschulung oder innere Ausrichtung, die nur wenig zusätzliche Zeit in Anspruch nehmen.

Die Übungen unterstützen Sie darüber hinaus, die Geisteshaltung eines Opfers aufzugeben und sich an den eigenen schöpferischen Einfluss zu erinnern. Wir hoffen, dadurch wöchentlich Motivation und Freude zu vermitteln, um jeden Tag den Zustand von Glück zu erleben.

Was ist Glück?

Jeder Mensch sucht Glück in seinem Leben. Doch die wenigsten Menschen erreichen dieses Glück auf Dauer. Sicherlich hat jeder Phasen in seinem Leben, die er als glücklich empfindet, zum Beispiel wenn er verliebt ist. Dann strahlt die Welt in frischem Glanz oder er sieht die Welt mit neuen Augen: Leichtigkeit und Freude erfüllen ihn, die Menschen erscheinen ihm freundlich und wohlgesonnen, die Arbeit geht leicht von der Hand. Er könnte die ganze Welt umarmen.

Wann haben Sie sich das letzte Mal so richtig glücklich gefühlt? War es der Moment, in dem Sie frisch verliebt waren oder die Liebe zu Ihrem Partner sehr intensiv gespürt haben? War es bei der Geburt Ihres Kindes, als Sie staunend das kleine Wesen in Ihren Armen gehalten haben? War es vielleicht bei Ihrem letzten Spaziergang durch den Wald, einem Theaterstück oder Konzert, das Sie tief berührt hat? Oder vielleicht auch der Moment, an dem Sie die Zusage für den neuen Job erhielten, den Sie sich so sehr gewünscht hatten?

Jeder sucht Glück in seinem Leben und möchte es bewahren. Die einen suchen das Glück in der Liebe, die anderen in der Freude. Frieden, Verbindung, Muse, Schönheit, Lust und Ekstase sind nur einige der besonderen „guten" Gefühle, die uns glücklich machen. Das Gefühl des Glücks ist bei allen Menschen ähnlich, denn es entsteht durch bestimmte Schaltungen in unserem Gehirn. Doch was genau Menschen unter Glück verstehen und was genau bei den Einzelnen die Glücksgefühle auslöst, ist unterschiedlich, so wie die Menschen auch in ihrer Persönlichkeit verschieden sind.

Was ist aber nun Glück? Glück ist ein im Körper verankertes Gefühl von pulsierender, intensiver oder expansiver vitaler Lebensenergie. Jeder, der sagt: „Ich bin glücklich", meint diese durch den Körper strömende Energie, die den Eindruck von Lebendigkeit, Schönheit, Einzigartigkeit, Großartigkeit und Fülle vermittelt. Es ist eine Empfindung, von den Gaben des Lebens beschenkt zu sein, zu empfangen und zu geben in aller Leichtigkeit, wie auf Wolken zu schweben.

Oder auch das Gefühl, sich selbst, die Liebsten und die ganze Welt umarmen zu können, eine Stimmung des Einklangs, der Harmonie und einer tiefen Resonanz mit sich selbst, den Menschen und dem Leben. Das Glücksempfinden berührt uns tief in unserer Seele und motiviert uns, über uns selbst hinauszuwachsen.

Dass Glück ein erstrebenswerter Zustand ist, darin sind sich wohl alle einig. Und in den letzten Jahren begannen auch die Hirnforscher, ihr Interesse auf die guten Gefühle zu richten. Neue Forschungsarbeiten werfen ein Licht auf die Verbindungen von Körper, Gefühlen und Gehirn. Gute Gefühle wirken nicht nur auf den Geist, sondern auch auf den Körper. Glück baut den Körper auf, Unglück richtet ihn zugrunde. Andauernde Angst und Niedergeschlagenheit bedeuten Anspannung und Stress für den Körper. Stress wiederum erhöht das Risiko zum Herzinfarkt oder Schlaganfall. Glücksgefühle wirken dem Stress und dessen gesundheitlichen Folgen entgegen.

Positive Emotionen fördern die Leistungsfähigkeit unseres Geistes und lassen Menschen kreativer sein. Glück wirkt entspannend, sodass Aufgaben und Probleme einfacher, schneller und flexibler gelöst werden. Die guten Gefühle lassen die Nervenverbindungen im Gehirn wachsen und neue Verknüpfungen eingehen: Glück macht klug – und zwar auf Dauer.

Und schließlich haben glückliche Menschen mehr Kontakte. Zum einen weil sie in ihrer offenen und charismatischen Art leicht und gerne auf andere Menschen zugehen. Aber auch umgekehrt sind Menschen lieber mit glücklichen Menschen zusammen als mit griesgrämigen oder verschlossenen. Schmerz zieht zusammen und schränkt Menschen ein: körperlich, emotional und beziehungsmäßig. Glück erweitert dagegen die Möglichkeiten des Menschen.

Bisher hat die Psychologie fast ausschließlich die schmerzhaften Emotionen erforscht und die Psychotherapie hat ihr Interesse auf die kranken, belastenden Zustände im Menschen gerichtet. Nun wird es Zeit, unseren Blick auf das Glück und die positiven Gefühle zu lenken und darauf, wie wir sie erreichen können. Dabei dürfen wir uns auf neueste, spannende neurowissenschaftliche Forschungen berufen, die einige interessante Ergebnisse vorlegen, die sich mit dem alten Wissen der buddhistischen Tradition decken und sie ergänzen.

Glück ist keine Glückssache

Wenn wir anhaltendes Glück finden wollen, ist es sinnvoll, etwas Zeit und Energie für uns selbst aufzubringen. Wenn wir die Gesetzmäßigkeiten unseres Geistes, Körpers und unserer Seele erkennen, können wir auf uns selbst Einfluss nehmen und uns dahingehend ausrichten, dass wir all die guten Gefühle erleben, die wir so sehr suchen.

Wir sind immer wieder erstaunt, wie wenig Menschen es gibt, die sich selbst als glücklich bezeichnen oder die zumindest mit ihrem Leben zufrieden sind. Die Ursache dafür mag darin liegen, dass viele nicht zwischen äußerem und innerem Glück unterscheiden.

Äußeres Glück bedeutet, den Lebensstandard zu haben, den man sich erwünscht hat, und diesen halten zu können. Da sind die materiellen Besitztümer wie zum Beispiel Haus, Auto oder Segelyacht zu nennen, aber auch die immateriellen Güter wie Gesundheit, Ehe und Familie, Freunde, Auszeichnungen, Titel, Hobbys gehören dazu. Natürlich sind all diese schönen und angenehmen Dinge im Leben erstrebenswert, und in einem gewissen Umfang lohnt sich die Anstrengung, diese äußeren Lebensziele zu erreichen. Die Gesellschaft vermittelt allerdings den Menschen, dass sich das Glück in diesen äußeren Dingen erschöpft. Und so glauben sie, das Leben auf dieser Welt sei wie im Märchen: Ist der Traumprinz gefunden und das Schloss gebaut, leben sie glücklich und zufrieden bis ans Ende ihrer Tage.

Die Ernüchterung setzt bei vielen Menschen ein, wenn sie nach einigen Jahren feststellen, dass der entscheidende Teil in allen Märchen fehlt: Wie geht es weiter? Wie kann man anhaltend glücklich sein? Denn sie bemerken, dass sich just an dem Punkt, an dem alle Ziele erreicht sind, eine Krise einstellt. Wenn das Haus gebaut und eingerichtet ist, die Kinder durch die schwierigen ersten Jahre durch sind oder die gemeinsame Firma etabliert ist, kommen Paare in die Krise. Diese zeigt sich individuell als eine Sinnkrise: Langeweile, Monotonie, mangelnde Begeisterungsfähigkeit und Leidenschaft, eventuell auch Depression und ein Gefühl der inneren Leere machen sich breit. In der Partnerschaft zeigt sich dies an häufigen Streitereien, mangelndem Interesse am Partner, am Aneinander-vorbei-leben und am eingeschlafenen Sexualleben.

Mit erstaunlicher Regelmäßigkeit ist dieses Phänomen zu beobachten. Wieso? Der Grund liegt tiefer und hat eine psychologische und eine spirituelle Komponente. Wer davon ausgeht, dass wir glücklich sind, wenn die äußeren Dinge funktionieren, und dass bei Fehlfunktion nur eine Reparatur erfolgen muss, verkennt die Natur des menschlichen Geistes grundsätzlich. Zur Erklärung eine kurze Geschichte:

Ein König begegnete bei seinem Morgenspaziergang einem Bettler. Da er besonders gut gelaunt war, fragte er ihn: „Was begehrst du?" Der Bettler lachte und sagte: „Ihr fragt so, als könntet Ihr mir meine Wünsche erfüllen!" Da entgegnete der König beleidigt: „Natürlich kann ich deinen Wunsch erfüllen. Sprich ihn aus und du wirst es sehen." Und der Bettler sagte: „Majestät, überlegt lieber noch einmal, bevor Ihr irgendetwas versprecht, was Ihr vielleicht nicht halten könnt." Der Bettler war kein gewöhnlicher Bettler, sondern ein spiritueller Meister. Doch der König bemerkte das nicht. Also bestand er darauf: „Ich werde dir alles erfüllen, worum du bittest. Ich bin ein mächtiger Herrscher; was könntest du dir als Bettler schon wünschen, was ich dir nicht erfüllen könnte?" Der Bettler sagte daraufhin: „Mein Wunsch ist sehr einfach. Hier ist meine Bettelschale. Könnt Ihr sie mir mit irgendetwas Wertvollem füllen?" Der König sagte: „Nichts einfacher als das!" Er rief einen seiner Wesire herbei und befahl ihm mit einer großzügigen Geste: „Fülle diese Bettelschale mit Goldstücken." Der Wesir holte etwas Gold und schüttete es in die Schale ... und das Gold verschwand auf mysteriöse Art darin. Also schüttete der Wesir immer mehr Gold nach, aber sobald es hineinfiel, verschwand es auch schon. Und die Bettelschale blieb ständig leer. Allmählich versammelte sich der ganze Hof und schließlich strömten viele Menschen aus der großen Stadt zusammen. Nichts weniger als das Ansehen des Herrschers stand auf dem Spiel. Er sagte zu seinen Wesiren: „Und wenn das ganze Königreich dabei draufgeht, ich bin bereit, es zu verlieren. Ich lasse mich schließlich nicht von diesem Bettler schlagen." Gold und Silber, Diamanten und Schmuck – die königlichen Schatzkammern leerten sich bereits. Diese Bettelschale schien bodenlos zu sein: Alles, was man hineinschüttete, verschwand augenblicklich. Schließlich war es Abend geworden, und sämtliche Schätze des Reiches waren in der Bettelschale verschwunden. Die Menschenmenge stand schweigend da. Der König fiel zu Füßen des Bettlers nieder und gestand seine Niederlage ein. „Du bist der Sieger – aber bevor du gehst, verrate mir dein Geheimnis. Woraus ist deine Bettelschale gemacht?" Der Bettler lachte und antwortete: *„Sie ist aus menschlichem Geist gemacht. Da gibt es kein Geheimnis – sie ist ganz einfach aus menschlichem Begehren gemacht."*

Der menschliche Geist will sich niemals mit etwas Erreichtem begnügen. Das Begehren will immer mehr und gibt sich nie zufrieden. Dieses Bedürfnis ist unstillbar. Dabei muss sich das Begehren nicht allein auf äußere Besitztümer wie in der Geschichte beziehen – es ist ebenso der Wunsch nach Veränderung und Weiterentwicklung. Es gibt einen natürlichen Impuls der Neugier und des Forscherdrangs, den jedes Kind in sich trägt. Nach jeder Antwort des Erwachsenen auf eine Frage kommt doch nur eine neue Frage.

Leben bedeutet Veränderung und Wachstum

Unsere Psyche ist so angelegt, dass wir stets Neues, Anregungen, Herausforderungen und Weiterentwicklung suchen. Stillstand, der sich zu Starre und Rigidität entwickeln kann, widerspricht zutiefst dem Verlangen der Seele und des Geistes nach Entwicklung und Veränderung. Gesellschaftliche Normen suggerieren uns aber, dass das Erreichen bestimmter Ziele und deren Absicherung der Sinn des Lebens sei. Das Festhalten an bewährten Gewohnheiten und bequemen Privilegien spiegelt den gesellschaftlichen Konformismus wider. Wandlung und Veränderungen, die immer auch eine gewisse Unsicherheit enthalten, sind gesellschaftlich unerwünscht, weil sie nicht kontrollierbar sind. Tatsächlich darf der Prozess der persönlichen Weiterentwicklung und Veränderung aber nicht unterschätzt werden. Er berührt die Frage nach Sinn, Glück und Lebensqualität, die jeder nur für sich selbst beantworten kann. Je mehr jemand sein Leben als einen Prozess der persönlichen Weiterentwicklung ansieht und die Möglichkeit wahrnimmt, zu lernen und neue Ressourcen zu entdecken, umso flexibler geht dieser Mensch mit Misserfolgen und Krisen um, die schließlich auch zum Leben dazugehören. Sie werden als Herausforderungen und Korrekturen gesehen und nicht so sehr als Verlust, Bedrohung oder persönliches Scheitern. Wer sein Leben dagegen am Erreichen und Absichern eines Lebensstandards misst, der wird fast zwangsläufig Krisen als Unheil und als schwere Schicksalsschläge erleben.

Menschen, die ihr Leben nicht nur als ein zufälliges Produkt von Genen und Sozialisation ansehen, sondern Zugang zu einem ursprünglichen, mystischen Glauben oder der spirituellen Welt haben, fällt es leichter, Schritte der persönlichen Weiterentwicklung und der spirituellen Schulung als sinnvoll und notwendig zu betrachten.

Bei dieser spirituellen Schulung geht es aber weder um einen bestimmten Glauben, Dogmen, Moral noch um irgendwelche Vorschriften. Um diesen Kurs erfolgreich zu praktizieren, müssen Sie weder Buddhist oder Christ sein noch einer anderen Religion oder spirituellen Richtung angehören. Vielmehr kann die Zugehörigkeit und dogmatische Vertretung einer Religion ein Hindernis sein, wenn die entsprechenden Überzeugungen und moralischen Werte nicht reflektiert werden dürfen.

Unser Verständnis von spiritueller Schulung, das diesem Kurs zugrunde liegt, ist äußerst pragmatischer Natur und hat konkreten Nutzen im Alltag.

Durch diesen Glückskurs
- erlangen Sie eine erhöhte Bewusstheit über die eigenen Gedanken und Überzeugungen,
- finden Sie innere Ruhe und Harmonie,
- erkennen und erweitern Sie persönliche Begrenzungen im Denken und Verhalten,
- stärken Sie die eigene Willenskraft und Konfliktbereitschaft,
- befreien Sie sich von einengenden Bewertungen und Vorurteilen über andere Menschen sowie von den eigenen Sympathien und Antipathien,
- führen Sie wünschenswerte Verhaltensänderungen bei sich selbst herbei,
- können Sie auf das eigene Lebensgefühl und die persönliche Ausstrahlung Einfluss nehmen,
- finden Sie Vertrauen in Ihr eigenes Potenzial und die Freude an Herausforderungen,
- erlangen Sie innere Freiheit und vermehrte Glücksgefühle in Ihrem Alltag,
- überwinden Sie innere Zwänge, Ängste, Einschränkungen,

- lernen Sie, Gefühle und Stimmungen zu beeinflussen,
- haben Sie die Möglichkeit, die alltäglichen Gewohnheitsmuster in grundlegender Weise zu reflektieren und aus einschränkenden und unerwünschten Verhaltensweisen „auszusteigen",
- überdenken Sie Kommunikation und Konflikte und nehmen bewusst darauf Einfluss,
- führen Sie die Versöhnung mit der eigenen Vergangenheit herbei und finden Frieden mit den Menschen in Ihrem Leben,
- entdecken Sie unbekannte Facetten Ihrer Persönlichkeit und leben sie aus,
- entwerfen Sie eine Vision für das eigene persönliche Leben sowie Ihrer beruflichen Zukunft.

Vorgehensweise

Das wöchentliche Kursprogramm besteht aus einem einführenden Text, einer konkreten Übung, die eine Woche lang durchgeführt wird, und einer inneren Ausrichtung.

Die drei tragenden Säulen des Kurses sind durch Symbole gekennzeichnet, die immer wiederkehren.

 Die Papierrolle steht für die alten Geschichten aus verschiedenen spirituellen Traditionen, die auf humorvolle Art in die Thematik der Woche einführen.

 Am Fragezeichen erkennen Sie das Hintergrundwissen, das wir Ihnen vermitteln, damit Sie die konkreten Übungen verstehen und durchführen.

 Die Übungen wiederum sind durch den Yoga-Kopfstand symbolisiert.

Wenn Sie die Übungen praktizieren, gehen Sie neugierig und unvoreingenommen daran. Halten Sie sich innerlich offen für Überraschungen. Behalten Sie die Übung den ganzen Tag über in

Ihrem Bewusstsein und setzen Sie sie bei passenden Gelegenheiten um.

Das meiste lässt sich während des normalen Tagesablaufs realisieren – Sie brauchen also keine zusätzliche Zeit zu investieren. Was Sie jedoch benötigen, ist eine Portion Neugierde und Forschergeist, um neue Verhaltensweisen, Beziehungsqualitäten und Gefühle in Ihrem Leben zu etablieren.

Ziehen Sie dafür die Möglichkeit in Betracht, dass es jenseits Ihrer Vorstellungen und Ihrem Erleben Perspektiven gibt, die Sie noch nicht kennen und bisher nicht für möglich gehalten haben. Das Gute hierbei ist jedoch: Sie müssen uns nichts von dem, was wir behaupten, glauben. Sie müssen es einfach nur mal eine Woche lang ausprobieren – aber das ernsthaft und konsequent, sonst funktioniert es nicht. Nur für eine Woche versuchen Sie etwas Neues, als würden Sie einen neuen Mantel anprobieren oder mit einem neuen Auto eine Probefahrt machen. Danach können Sie wieder auf Ihr altes Modell umsteigen, wenn Sie das dann noch wollen. Sie können entweder Ihre alten Gewohnheiten wieder aufnehmen oder sich entscheiden, ob Sie auch die weiteren Übungen absolvieren wollen.

Für die Übungen müssen Sie sich möglicherweise von bestimmten Einstellungen und lieb gewordenen Verhaltensweisen lösen. Wenn Sie die Übungen stringent durchführen, werden Sie die versprochenen Veränderungen und einen Raum der inneren Freiheit erleben. Was genau Ihnen ein Gefühl von Freiheit vermittelt, können Sie dabei selbst wählen.

Seien Sie bereit, für den Zeitraum der Übungen einmal Ihre Sichtweise der Welt aufzugeben und die Perspektive zu übernehmen, die wir Ihnen anbieten.

Wenn Sie eine Übung lesen, gönnen Sie sich die Freiheit, sich nicht sofort eine Meinung dazu zu bilden. Bewerten Sie sie nicht schon im Vorhinein als leicht oder schwierig und fragen Sie nicht danach, was sie bewirkt. Machen Sie einfach die Aufgabe und bilden Sie sich erst am Ende der Woche eine Meinung dazu. Die Übungen folgen einem inneren Aufbau. Sie sollten deshalb der Reihenfolge nach vorgehen – es ist aber manchmal auch möglich, einzelne Übungen auszuwählen. Gehen Sie die Übungen mit Leichtigkeit und Neugierde unvoreingenommen an. Seien Sie offen für Überraschungen.

Um es einmal ganz deutlich zu formulieren: Einige Übungen dieses Kurses werden Sie in Schwierigkeiten bringen, zumindest, wenn Sie sie konsequent durchführen. Aber das ist gewollt, es sind kreative Herausforderungen, an denen Sie über sich selbst hinauswachsen – und das geschieht immer nur jenseits der persönlichen Komfortzone. Es gibt destruktive und konstruktive Schwierigkeiten; wir konfrontieren Sie natürlich nur mit konstruktiven Schwierigkeiten. Und wenn Sie sich dabei beobachten, wie Sie häufiger über sich selbst lachen und sich von Ihren Problemen nicht mehr in Ihrem Glück beeinträchtigen lassen, dann haben Sie bereits viel gelernt. Humor macht es Ihnen leichter, durch die Übungen zu gehen.

Wir möchten hier noch einmal betonen: Wir stellen Ihnen eine Sichtweise vor, von der wir behaupten, dass sie uns anhaltend Glück erfahren lässt; wir verkünden keine neuen absoluten Wahrheiten. Wir zeigen Ihnen aber neue Perspektiven und Verhaltensweisen und ermutigen Sie, diese für jeweils eine Woche konsequent auszuprobieren. Es muss ja nicht gleich ein dreifacher Salto sein:

Karl und Michael arbeiten auf dem Gerüst. Ein Zirkusdirektor geht vorbei. Ihn plagen große Sorgen, da sein Akrobat erkrankt ist und er keinen Ersatz für die abendliche Vorstellung hat. Da hört er einen Schrei und sieht, wie Michael ganz oben auf dem Gerüst einen dreifachen Salto schlägt, danach einen Salto rückwärts, bis er wieder sicher auf seinen Füßen landet. Der Direktor ist begeistert, klettert sofort hoch und fragt Michael: „Hättest du Lust, mit dieser Nummer in meinem Zirkus heute Abend aufzutreten, ich suche händeringend jemanden?" – „Ja, in Ordnung." – „Wie viel willst du dafür?" – „Zweimal 500." – „Zweimal 500?" – „Ja, 500 für mich und 500 für Karl. Der hat mir nämlich mit dem Hammer auf den Fuß gehauen."

Willen

Der menschliche Geist ist etwas Großartiges. Er besitzt grenzenloses Potenzial. Mit ihm haben wir alles, was wir brauchen, um ein selbstbestimmtes Leben in Freiheit, Liebe und Glück zu führen. Unser Geist hat die Fähigkeit und Freiheit zu entscheiden und dem eigenen Willen gemäß zu handeln. Zu der Freiheit des Geistes gehört der freie Wille, der sich in allem, was wir tun und wie wir es tun, ausdrückt. Nicht immer ist uns der eigene Wille bewusst, jedoch ist er die Grundlage für unser Verhalten uns selbst und anderen gegenüber, unserer Beziehungen und Kommunikation.

Jeder Mensch hat grundsätzlich die Fähigkeit, dem eigenen Willen gemäß zu handeln. Jedes Kind hat einen ganz natürlichen Kontakt zum eigenen Willen und seinen Impulsen. Es ist für das Kind auch selbstverständlich, den eigenen Willen zum Ausdruck zu bringen und danach zu handeln. In der sogenannten Trotzphase erlebt und entwickelt das Kind bewusst das eigene Wollen, speziell, wenn es im Widerspruch zu dem Willen der Eltern steht. Der Wille gibt den luftigen Gedanken das nötige Feuer, um die Ideen und Vorstellungen in die Tat umzusetzen. Durch die Willenskraft nimmt man Einfluss auf die Umwelt, mit der Intention, diese zu verändern und nach den eigenen Vorstellungen zu gestalten. Der Wille sorgt dafür, dass der Fokus bei der Planung und Durchführung eines Projekts gehalten wird und man sich nicht durch Ablenkungen verzettelt. Dies betrifft den beruflichen wie den privaten Bereich. Durch den bewussten Einsatz des Willens gelingt es, unangenehme Situationen zu verändern und angenehme selbst zu kreieren. Ein Zeichen gut ausgeprägter Willenskraft ist die Motivation aus sich selbst heraus und die Beständigkeit und Konsequenz, mit der ein Mensch sein eigenes Leben in die Hand nimmt. Man lässt sich nicht durch andere beeinflussen und riskiert Kritik und Konflikte mit anderen und vielleicht auch Unannehmlichkeiten, um den eigenen Willen zu realisieren. Ein

Mensch mit ausgeprägter Willenskraft erlebt sich selbst als Schöpfer seines Lebens und seiner Lebensumstände, da er sie aktiv gestaltet.

Diese Willenskraft ist aber bei vielen Menschen unzureichend entwickelt und gefördert worden. Unsere Konsumgesellschaft verführt mit zahlreichen Ablenkungen und Angeboten dazu, den eigenen Fokus zu verlieren. Wenn man etwa am Computer schreibt und mit dem Internet verbunden ist, dann ist die Versuchung groß, zu surfen, zu chatten oder kurz eine Mail zu beantworten, anstatt konzentriert zu arbeiten. Wenn man in die Stadt fährt, um etwas Bestimmtes zu kaufen, dann ist das Überangebot in den Geschäften so verlockend, dass man letztendlich Zeit und Geld für etwas anderes als geplant investiert. Die Versuchung ist speziell beim medialen Überangebot und bei den Konsumgütern groß, sich von der Auswahl, die andere getroffen haben, verleiten zu lassen, anstatt dem eigenen Willen zu folgen. Gibt es in einem Supermarkt fünf Schokoladensorten, wählt man bewusst eine aus, bei einem Überangebot von 50 Sorten aber greift man eher intuitiv oder zufällig hin, weil die bewusste Wahl zu zeitraubend und anstrengend wäre. Dies schwächt aber auf Dauer die eigene Willenskraft.

Hinzu kommt ein weiterer Aspekt unserer Wellness-Kultur: die sofortige Befriedigung der Bedürfnisse wie Hunger, Durst, Entspannung oder anderer Genüsse. Dadurch verweilen viele Menschen im Alltag in ihrer behaglichen und gewohnten Komfortzone – ohne nennenswerte Herausforderungen, Abenteuer oder Anspannung. Jeder Verzicht auf sofortige Bedürfnisbefriedigung oder körperliche Anstrengung wird abgelehnt, was zu Lethargie und Willenlosigkeit führt. Ebenso werden aus Angst und Bequemlichkeit Konflikte und Auseinandersetzungen mit anderen Menschen vermieden, stattdessen wird der eigene Wille untergeordnet. Diese Menschen fühlen sich dann nicht als Schöpfer, sondern als Opfer des eigenen Lebens. Sie sehen sich als Opfer von Entscheidungen, die andere für sie treffen (der Chef, die Politiker, der Partner, die Eltern), und als Opfer von Ereignissen, auf die sie scheinbar keinen Einfluss haben. Die Vorstellung, Opfer zu sein, gibt vielen Menschen ein Gefühl von Ohnmacht, Resignation und Gleichgültigkeit sich selbst, den Menschen und dem Leben gegenüber. Das Leben wird auf diese Art langweilig und freudlos.

Aus diesen Gründen beginnen die Übungen dieses Buches mit einer Stärkung und Entwicklung der eigenen Willenskraft. Dies wird zunächst im gedanklichen Bereich bei der bewussten Lenkung der Aufmerksamkeit und Gedanken geübt, danach auch im Bereich der aktiven Handlungen im Alltag. Ziel dieses Kapitels ist also das Erleben der eigenen schöpferischen Willenskraft, die kleine alltägliche Handlungen genauso prägt wie grundlegende Lebensentscheidungen und den eigenen Lebensplan.

1. Woche
Die Aufmerksamkeit lenken

Realitäten werden geschaffen durch Aufmerksamkeit: Worauf wir unsere Aufmerksamkeit richten, das wächst, wovon wir sie abziehen, das wird kleiner.

Unser Wille steuert alle inneren und äußeren Aktionen den ganzen Tag über: unsere Handlungen, Worte und Gedanken, unsere Wahrnehmungen und in gewissem Maße sogar unsere Gefühle. Allerdings ist uns bei den meisten Handlungen unser Wille vollkommen unbewusst. Wir fahren fast die gesamte Zeit auf Autopilot und wundern uns anschließend, wo wir ankommen, und stellen dann fest, dass wir dort gar nicht hin wollten. Als Erstes steuert unser Wille unsere Wahrnehmung. Normalerweise hüpft sie sprunghaft hin und her. Wie ein Äffchen springt die Aufmerksamkeit von Eindruck zu Eindruck. Nervosität, Unruhe, Unkonzentriertheit sind die Folge. Unsere schnelllebige Gesellschaft verstärkt dies noch. So ist insgesamt der Rhythmus des Lebens schneller geworden, deutlich sichtbar an den häufigen Sequenzwechseln in Filmen, am schnelleren Beat in der Musik und einem Übermaß an Eindrücken und Informationen. Wenn aber die eigene Fähigkeit, willentlich die Aufmerksamkeit auszurichten, nicht entwickelt ist, verliert man sich.

Oft hängen wir umgekehrt mit unserer Aufmerksamkeit aber an etwas oder jemandem fest und erzeugen dadurch bestimmte Probleme oder Gefühle, obwohl das eigentlich nicht unsere Intention war. Allein durch die unbewusste Fixierung unserer Konzentration erzeugen wir Unwohlsein, Verstimmung oder sogar Probleme, Konflikte und Leid. Die folgenden Beispiele zeigen dies deutlich:

Ich bemerke, wie meine Aufmerksamkeit als Beifahrer immer wieder vom Fahrer und seinem Fahrstil angezogen wird, der meiner Ansicht nach zu langsam und zu unsicher fährt. Da ich es eilig habe, werde ich ungeduldig und gereizt. Ich warte förmlich auf die nächste Situation, in der er sich „dumm" verhält, und kommentiere sein Verhalten innerlich. Ich schaue demonstrativ auf die Uhr und sehe den roten Punkt, den ich darauf geklebt habe, um mich daran zu erinnern, dass ich meine Aufmerksamkeit lenken kann. Ich bemerke, wie meine Wahrnehmung festhängt, und beschließe meine volle Konzentration auf die Musik, die aus dem Radio klingt, zu richten. Ich entscheide mich, für die Länge dieses Musikstücks aufmerksam bei der Musik zu bleiben und alles andere auszublenden. Ich schließe die Augen und höre intensiv einige Minuten der Musik zu, tauche ganz ein. Als ich die Augen wieder aufmache, bemerke ich, dass ich gelassener geworden bin. Eigentlich fährt der Fahrer wie jeder andere auch ...

Mein Flug nach Rio de Janeiro, Brasilien, geht in fünf Tagen. Ich freue mich auf Sonne, die Freunde, Lebensart und Meer. Da höre ich die Nachricht, dass es schwere Unruhen im Land gibt und die ganze Stadt in Aufruhr ist. Besorgt rufe ich mehrmals täglich alle Nachrichten über Gewalt und Polizeirazzien im Internet ab. Meine Stimmung sinkt und erste Zweifel und Ängste werden durch die Nachrichtenflut immer stärker. Soll ich wirklich fliegen? Ich beschließe, dass ich mich von der Freude auf diese Reise nicht abhalten lassen will, und verordne mir eine Nachrichtensperre über Brasilien. Stattdessen telefoniere ich mit den Freunden in Rio, die gelassen und zuversichtlich sind und sich auf meinen Besuch freuen. Ich schaue mir Fotos aus den letzten Urlauben an und erinnere mich an die vielen tollen Erlebnisse. Ich merke, wie ich Distanz zu den Nachrichten und meinen Zweifeln bekomme. Ich weiß doch, dass sie in den Nachrichten immer gern übertreiben und kleinere, örtliche Vorfälle medienwirksam ausschlachten und generalisieren. Ich entspanne mich und merke, wie die Vorfreude zurückkehrt.

Intention: Lernen, die eigene Aufmerksamkeit bewusst zu steuern.

Führen Sie sich zunächst vor Augen, wovon Ihre Aufmerksamkeit angezogen wird, und lernen Sie, Ihre Konzentration bewusst zu lenken. Durch die Fähigkeit, die eigene Aufmerksamkeit auszurichten, können Sie erfahren, wie Ihr Wille und Ihr Bewusstsein geschult werden. Sie erleben sich dann weniger als reagierender, sondern als agierender Mensch. Vielleicht werden Sie sogar gewahr, wie Sie allein durch die Steuerung Ihrer Aufmerksamkeit Realitäten erschaffen oder verändern können.

Übung: Beschließen Sie, in dieser Woche Ihre Aufmerksamkeit zu beobachten und immer wieder bewusst auszurichten. Immer wenn Sie daran denken, machen Sie sich klar, wohin Sie Ihre Konzentration lenken. Worauf richten Sie Ihren Blick? Wem hören Sie zu? Womit beschäftigen sich Ihre Gedanken?
Bemerken Sie, wenn Ihnen etwas nicht guttut, und fassen Sie dann den Entschluss, Ihre Aufmerksamkeit woandershin zu richten. Tun Sie das ganz bewusst für eine oder mehrere Minuten. Wahrscheinlich werden Sie danach eine Veränderung wahrnehmen.

Hilfsmittel: Unterstützen Sie sich selbst darin, immer wieder an die Aufmerksamkeit zu denken: Heften Sie einen kleinen Zettel mit dem Wort „Aufmerksamkeit" dorthin, wo Sie tagsüber häufig hinschauen. Kleben Sie einen bunten Punkt auf die Uhr oder knoten Sie einen Faden daran.

Ausrichtung: Ich lenke meine Aufmerksamkeit.

2. Woche
Selbstmotivation

Die Energie fließt dorthin, wo die Aufmerksamkeit ist. Die Aufmerksamkeit geht dahin, wo wir etwas stark wünschen oder etwas auf gar keinen Fall wollen.

Viele Menschen erleben sich im Alltag wie ein Rädchen im Getriebe. Unsere Handlungen laufen auf Autopilot und es gibt vermeintlich keine Möglichkeit, aus den Sachzwängen auszubrechen. Lediglich die Wochenenden oder Urlaube scheinen Zeiten zu sein, in denen persönliche Freiheit empfunden wird. In den meisten Handlungen wird nicht mehr der eigene freie Wille gesehen, da unser Tun durch übergeordnete Werte wie Disziplin, Ordnung, Verpflichtung oder Konvention bestimmt wird. Routine und Bequemlichkeit prägen den allergrößten Teil der Aktivitäten des Tages. Wer den Weg des geringsten Widerstands geht, Anstrengungen und jede Unannehmlichkeit vermeidet, der verweilt in der eigenen Komfortzone und schwächt dadurch auf Dauer seine eigene Willenskraft.

Machen Sie sich deutlich, dass jede Handlung aus Ihrem freien Willen geschieht. Niemand kann Sie zu etwas zwingen. Natürlich hat jede Entscheidung bestimmte Konsequenzen, und Sie treffen die Wahl, die Sie glücklich macht oder mit der Sie hoffen, Unglück, Ärger oder Leid zu vermeiden.

Jedes Mal, wenn Sie sagen „ich muss", schwächen Sie damit Ihre Willenskraft. Jedes Mal, wenn Sie sagen „ich will", stärken Sie Ihre Willenskraft. Der Zugang zum eigenen ursprünglichen Willen wird unterbrochen, wenn Sie den Blick auf das richten, was andere für Sie entscheiden und Sie scheinbar tun *müssen*. Je mehr Sie die eigene Wahrnehmung auf die „Sachzwänge" oder Entscheidungen anderer richten, umso mehr nehmen Sie sich als Opfer der Umstände wahr. Je mehr die Aufmerksamkeit darauf gerichtet ist, was Sie *wollen*, umso mehr können eigene Handlungsspielräume und Wahlfreiheit erlebt werden.

Manchmal wird der eigene Wille aber auch durch gegensätzliche Absichten vereitelt: Eine früher getroffene Entscheidung steht im Gegensatz zum jetzt gewählten Weg. Das erzeugt Ohnmacht, innere Konflikte und ein Gefühl der Resignation.

Beispiel: Sie haben sich dazu entschlossen, eine bestimmte Diät einzuhalten. Niemand hat Sie dazu gezwungen, auch nicht Ihr Partner! Dann aber verspüren Sie das Bedürfnis, Eis zu essen, was nicht in den Diätplan passt. Sie sagen sich: „Ich muss Diät halten und darf kein Eis essen." In dem Moment empfinden Sie die Diät als Zwang, als Unfreiheit. Sie haben den Kontakt zu Ihrer ursprünglichen Intention, Diät zu halten, verloren. Sie erleben jetzt nur die Konsequenz Ihrer damaligen Entscheidung für die Diät. Ganz gleich, wie Sie sich jetzt entscheiden – ob Sie das Eis essen oder nicht: Führen Sie sich Ihren freien Willen vor Augen und übernehmen Sie die Verantwortung für die Konsequenzen.

Intention: Mit der folgenden Übung stärken Sie Ihre Willenskraft und Ihre Eigenverantwortlichkeit. Machen Sie sich bewusst, dass Sie jederzeit die Wahl haben. Und dass Sie niemand zu keiner Zeit zu irgendetwas zwingen kann. Sie treffen die Entscheidungen, Ihr Wille geschieht. Wenn Sie sich das deutlich machen, hebt das Ihre Motivation und erhöht die Freude am Leben.

Übung: Beobachten Sie in dieser Woche Ihre innere Einstellung, mit der Sie die Dinge des Alltags angehen. Immer wenn Sie sagen: „Ich *muss* dies tun", machen Sie sich klar, dass Sie jetzt die Wahl dafür treffen oder früher einmal getroffen haben. Sagen Sie sich: „Ich *will* dies jetzt tun", indem Sie sich Ihre Wahl und Motivation verdeutlichen.
Statt „ich muss zur Arbeit fahren", „ich will zur Arbeit fahren".
Statt „ich muss jetzt einkaufen gehen", „ich will jetzt einkaufen gehen".
Statt „ich muss meinen Rechtsanwalt anrufen", „ich will meinen Rechtsanwalt anrufen".
Wenn Sie eine Einladung ablehnen, sagen Sie nicht: „Ich muss etwas anderes tun", sondern „ich will etwas anderes tun".

Ausrichtung: Ich tue, was ich will.

3. Woche
Mein Wille geschieht

„Mein Wille geschieht" hört sich sehr provokant an. Viele denken an den Satz in der Bibel: „Dein Wille geschehe". Die Haltung „mein Wille geschieht" klingt für sie wie Blasphemie. Diese Aussage löst aber noch aus einem anderen Grund Widerstand aus, denn wir haben uns mit der Sichtweise abgefunden, dass wir keinen Einfluss auf unser Leben und andere Menschen haben. Die Sufis, die spirituellen Mystiker des Islam, sagen: „Der Mensch ist eine Maschine." Und sie haben damit recht, denn der allergrößte Teil unserer alltäglichen Handlungen geschieht völlig unbewusst, wie auf Autopilot. Nur haben wir vergessen, dass wir selbst den Autopiloten eingestellt und die Programmierung vorgenommen haben. Und danach klagen wir über das Ergebnis wie in folgender Anekdote:

Ein Kapitän geht in Hamburg am Abend vor der Abfahrt seines Schiffes nach London noch mal auf die Reeperbahn. Dabei denkt er an seine verflossene Liebe in Kopenhagen, und die Sehnsucht nach ihr quält ihn so sehr, dass er sich richtig volllaufen lässt. Sturzbetrunken torkelt er nachts auf die Kommandobrücke und beschließt, zu ihr zu fahren – er programmiert den Autopiloten auf Kopenhagen um. Danach fällt er in tiefes Delirium. Am Morgen kann er sich an nichts mehr erinnern und fährt aus dem Hafen. Sobald er die Küste hinter sich gelassen hat, stellt er den Autopiloten an, und das Schiff dreht auf Kurs nach Kopenhagen. Er meint jedoch nach London zu fahren und versteht die Welt nicht mehr, als plötzlich Dänemark in Sicht kommt. „Da wollte ich doch gar nicht hin", beklagt er sich. „Wer von euch hat den Autopiloten geändert?", stellt er die Mannschaft erbost zur Rede.

Kennen Sie das? Ihr Wille geschieht immer, nur sind Sie sich der einmal getroffenen Entscheidung oft nicht bewusst. Für welche Sichtweise der Welt entscheiden Sie sich? Es gibt Sichtweisen, die uns glücklich machen und Kraft verleihen, und Sichtweisen, die uns schwächen. Für beide Sichtweisen – „mein Wille geschieht" und „mein Wille geschieht nicht" – können Sie jeden Tag unzählige Beweise finden. Aber Sie entscheiden, wofür Sie Belege sammeln wollen.

Intention: Machen Sie sich in dieser Woche Ihre konditionierten Handlungen bewusst. Stärken Sie Ihre Willenskraft und Ausrichtung.

Übung: Entscheiden Sie sich heute, Beweise dafür zu sammeln, dass Ihr Wille geschieht. Stellen Sie sich vor, Sie hätten mit einem Freund eine Wette abgeschlossen: Sie wollen ihn am Abend überzeugen, dass Ihr Wille heute geschehen ist. Er dagegen sammelt die Gegenbelege dafür. Also halten Sie sich heute ran, wenn Sie gewinnen wollen: Bevor Sie irgendetwas tun, kündigen Sie dies vorher innerlich an. Sagen Sie sich: „Ich entscheide mich, jetzt Kaffee zu kochen." Tun Sie es auch und sagen Sie sich hinterher, wenn Sie erfolgreich waren: „Mein Wille ist geschehen." Und machen Sie innerlich einen Strich auf Ihrer Beweisliste. Tun Sie dies mit möglichst vielen Aktivitäten im Laufe des Tages. Das können komplexe Handlungsabläufe wie Einkaufen sein oder kleine konkrete Dinge wie Aufstehen, Wasser einschütten, Schuhe anziehen, Schuhe zuknüpfen und so weiter. Grundsätzlich gilt: je detaillierter, desto besser.

Zusatz: Wann immer Sie bemerken, dass Sie gerade etwas unbewusst tun, das heißt, dass Sie etwas tun, wofür Sie sich vorher nicht entschieden haben, übernehmen Sie in dem Moment die Verantwortung dafür. Wenn Sie zum Beispiel bemerken, dass Sie mit dem Bein nervös wippen, halten Sie kurz an, sagen Sie innerlich: „Ich entscheide mich, mit dem Bein zu wippen." Und tun Sie es dann weiter. Sagen Sie sich dann: „Mein Wille ist geschehen." Ein Punkt für Sie.

Am Abend: Auf wie viele Beweise sind Sie gekommen? Wie viele wären es wohl gewesen, wenn Sie die Übung bei jeder kleinen Handlung gemacht hätten? Beeindruckend, oder?

Ausrichtung: Mein Wille geschieht.

4. Woche
Entscheidungen treffen

Sie allein sind für Ihr Leben verantwortlich. Erlauben Sie niemandem zu keiner Zeit, Entscheidungen für Sie zu treffen. Entscheiden Sie selbst.

Menschen, die in unsere Beratungen oder Seminare kommen, beklagen oft, dass sie sich unfähig fühlen, bestimmte Entscheidungen in ihrem Leben zu treffen. Jeder Entschluss bedarf eines langwierigen Abwägens, und selbst danach quälen sie Zweifel, ob die getroffene Wahl die beste war. Sie erleben die Möglichkeit, Entscheidungen zu treffen, nicht als Freiheit oder kreative Herausforderung, sondern als Belastung und Überforderung. Meist erwarten die Menschen dann im Coaching Hilfestellung, um eine bestimmte Lebensentscheidung zu treffen, und hoffen dann, dass durch die Richtungswahl alles anders wird. Das ist jedoch meistens nicht der Fall. Es geht also darum, die Fähigkeit und Freude wieder daran zu entwickeln, dass man die Macht und Freiheit nutzt, selbst zu entscheiden. Erfolgreiche Menschen unterscheiden sich von Erfolglosen dadurch, dass sie möglichst viele Entscheidungen selbst fällen und dies genießen. Nur durch das eigene Entscheiden lernen wir. Die Fähigkeit, mit Freude und Leichtigkeit sich zu Dingen zu entschließen, ist nicht angeboren, sondern trainierbar. Machen Sie sich deutlich: Ob Sie wollen oder nicht, Sie entscheiden immer. Nicht zu entscheiden oder andere entscheiden zu lassen, ist auch eine Entscheidung. Erwachsen werden bedeutet, eigene Entscheidungen zu treffen und die Verantwortung dafür zu übernehmen. Die eigene Entscheidungsmacht abzugeben und dann andere für das angenehme oder unangenehme Ergebnis verantwortlich zu machen ist ein kindliches Verhalten. Jedes Mal, wenn Sie nicht selbst wählen oder die Verantwortung dafür abgeben, schwächen Sie Ihre eigene Willenskraft. Mit jeder bewussten Entscheidung, deren Ergebnis Sie als positiv bewerten, stärken Sie Ihre Schöpferkraft.

Intention: Erleben Sie in dieser Woche, dass Sie mehr Entscheidungsfreiheit und Wahlmöglichkeiten haben, als Sie glauben. Ihre Willenskraft wird durch jeden Entschluss, den Sie selbst fassen, gestärkt. Sie erleben mehr Freiheit und Macht und trainieren Souveränität und Freude bei Entscheidungen. Sie bekommen ein Gefühl dafür, dass Sie Ihr Leben in der Hand haben und es gestalten.

Übung: Nehmen Sie sich in dieser Woche vor, möglichst viele Entscheidungen selbst zu treffen und sie nicht anderen zu überlassen, es sei denn, Sie haben einen wirklich triftigen Grund dafür. Wenn wir von Entscheidungen sprechen, meinen wir nicht nur die großen „Lebensfragen", sondern all die vielen scheinbar unbedeutenden Wahlmöglichkeiten im Laufe eines Tages, die Sie oftmals unbewusst tun oder jemand anderen für sich klären lassen. Entscheiden Sie selbst, welche Marmelade Sie essen wollen, welchen Weg und welches Verkehrsmittel Sie heute zur Arbeit nehmen. Ob und zu welchem Zeitpunkt Sie etwas kochen wollen und welche Menschen Sie für welche Unternehmungen treffen wollen. Treffen Sie die Wahl der Reihenfolge von den Aufgaben, die Sie heute erledigen wollen. Jeder Tag bietet uns Hunderte von Möglichkeiten. Treffen Sie bewusst möglichst viele Entscheidungen, und übernehmen Sie auch die Verantwortung dafür. Sagen Sie in dieser Woche niemals „ist doch egal". Das fängt wohlgemerkt mit lächerlichen Kleinigkeiten wie der Marmeladensorte auf dem Frühstückstisch an. Bestellen Sie kein „gemischtes Eis" und überlassen Sie keine noch so nichtige Wahl dem Verkäufer oder Kellner. Entschlüsse an andere abzugeben und sich danach über das Ergebnis zu beschweren ist die Haltung eines Opfers, das gerne klagt. Nehmen Sie jede Entscheidung selbst in die Hand. Lassen Sie nicht Bequemlichkeit, Unsicherheit oder Überforderung als Entschuldigung gelten. Und überprüfen Sie jedes Mal: Hat Sie Ihre Entscheidung glücklich gemacht oder hat sie Sie unglücklich gemacht, zufrieden oder unzufrieden? Sie werden erleben, dass es Spaß macht, Entscheidungen bewusst zu treffen! Wenn Sie jemand bittet, ihm eine Entscheidung abzunehmen, oder Ihren Rat will, nehmen Sie heute diese Möglichkeit an. Teilen Sie ihm Ihre Entscheidung oder Ihren Rat mit und übernehmen Sie auch die Verantwortung dafür. Fragen Sie nach, ob der Rat oder die Entscheidung ein positives Ergebnis für den Menschen hatte. Auch hierbei muss es nicht gleich um große Lebensfragen gehen, sondern um die alltäglichen Dinge des Lebens.

Ausrichtung: Ich entscheide.

5. Woche
Veränderungen und Wahlmöglichkeiten

Der Mensch sucht stets Rechtfertigungen für sein altes, gewohntes Verhalten. Lesen Sie selbst: *"Hallo Kumpel!"*, begrüßte Jan gut gelaunt seinen Freund Dirk. *"Lass uns einen trinken gehen und das Rauchen feiern!"* – *"Was meinst du denn damit?"*, fragte Dirk. *"Pass auf"*, sagte Jan. *"Meine Frau will, dass ich aufhöre zu rauchen. Und sie hat mir da eine Methode empfohlen: Immer wenn ich eine Zigarre rauchen will, soll ich stattdessen einen Dauerlutscher nehmen."* – *"Und, hast du das probiert?"*, fragte Dirk. *"Klar! Deshalb will ich ja feiern. Ich rauche jetzt wieder Zigarren. Das mit den Lutschern funktionierte nicht. Glaub mir, ich hab's wirklich probiert. Immer wenn ich eine Zigarre rauchen wollte, hab ich stattdessen einen Lutscher gekauft. Aber weißt du was? Er wollte nicht brennen."*

Die Möglichkeit zu wählen weist auf unsere Freiheit hin. Die Fähigkeit zu wählen ist ein mächtiges Instrument unseres Geistes. Wie Sie Ihr Leben gestalten und Ihre Beziehungen, Ihren Erfolg und Ihr Verhalten, ja selbst Ihre Gefühle und Gedanken sind das Ergebnis all Ihrer vielen Entscheidungen, die Sie getroffen haben. Das bedeutet, dass alles, was Sie im Leben erfahren, das Resultat Ihrer Wahl ist. Wenn Sie mit irgendetwas in Ihrem Leben nicht mehr einverstanden sind und das verändern wollen, treffen Sie eine neue Wahl. Quälen Sie sich nicht mit den Ergebnissen Ihrer früheren Entscheidungen. Schlagen Sie einen neuen Weg ein. Und fangen Sie dabei mit Kleinigkeiten an.

Oft warten wir auf die vermeintlich großen Veränderungen im Leben, die uns glücklich machen sollen. Das neue Auto, das neue Haus, der neue Urlaubsort oder der neue Partner versprechen uns das ersehnte Glück. Aber vielleicht haben Sie das schon einmal bei sich selbst beobachtet: Bereits nach kurzer Zeit, wenn wir etwas Neues in unser Leben geholt haben, wird es alltäglich, und unsere Aufmerksamkeit richtet sich dann wieder auf neue Objekte. Die äußeren Dinge, auf die wir blicken und von denen wir unser Glück erhoffen, wechseln – doch die Art und Weise, mit der wir diese

Dinge betrachten, bleibt dieselbe. Ein Werbeplakat einer Bank veranschaulicht dies recht deutlich. Dort sieht man ein Paar aus dem Fenster ihrer Ferienwohnung aufs Meer blicken (eine neue Aussicht). Darunter steht: „Ihre Ansichten können Sie behalten."

Manchmal bewirken äußere Veränderungen aber auch, dass wir unsere Ansichten, unsere Sichtweisen von Dingen verändern. Ein besonderer Ort in der Natur, eine ungewöhnliche Begegnung mit einem Menschen, neu verliebt zu sein oder ein neuartiges Seminar können uns so sehr beeindrucken, dass wir unsere Sichtweisen oder unser gewohntes Verhalten verändern. So berichtet eine Teilnehmerin über den Neubeginn in ihrem Leben, ausgelöst durch einen Infoabend bei uns: „Ich war von eurem Schnupperabend sehr fasziniert. Wie sehr ich beeindruckt war, habe ich allerdings erst am nächsten Morgen erlebt: Seit 15 Jahren bin ich immer denselben Weg von meiner Wohnung in Mülheim zu meiner Arbeitsstelle nach Essen gefahren. An der ersten großen Kreuzung auf meinem Weg bin ich stets links abgebogen. Nach dem Vortrag bin ich am nächsten Morgen zum ersten Mal in all den Jahren an der besagten Kreuzung rechts abgebogen und in die entgegengesetzte Richtung gefahren. Die Strecke führte mich auch zu meinem Arbeitsplatz, war allerdings etwas weiter und dafür viel schöner. Als mir auffiel, dass der Vortrag in mir diese Veränderung bewirkt hat, dass ich nach 15 Jahren eine neue Strecke zur Arbeit gefahren bin, habe ich mich direkt zu meinem ersten Seminar bei euch angemeldet."

Intention: Machen Sie sich heute bewusst, dass Sie immer eine Wahl haben. Erleben Sie die Freiheit und Macht Ihres Geistes, indem Sie bewusst eine Wahl treffen. Befreien Sie sich von Gewohnheiten und Routine und erleben Sie neue Perspektiven in Ihrem Alltag. Stärken Sie Ihre Fähigkeit, Veränderungen herbeizuführen, und überraschen Sie Ihre Mitmenschen.

Übung: Beschließen Sie für heute einmal aus Ihren lieb gewonnenen Gewohnheiten auszusteigen.
Handeln Sie in möglichst vielen Details anders, als Sie es sonst tun, und beobachten Sie, was passiert. Trinken Sie

Tee statt Kaffee am Morgen, fangen Sie die Zeitung von hinten an zu lesen, hören Sie eine andere Musik, nehmen Sie den Fahrstuhl statt der Treppe, einen anderen Eingang, eine andere Straße, fahren Sie mit der Bahn statt dem Auto, benutzen Sie im Fitnessstudio andere Geräte, melden Sie sich statt mit Ihrem Namen mit „Hallo" am Telefon, kaufen Sie heute einmal ganz andere Produkte oder in einem anderen Geschäft ... Die Möglichkeiten sind unbegrenzt. Machen Sie jeden Tag mindestens zehn bis zwanzig Dinge bewusst anders. Eine innere Haltung der Neugierde ist dabei sehr hilfreich. Seien Sie offen für neue Erfahrungen und Überraschungen und nehmen Sie in Ihrer Vorstellung das Ergebnis nicht gleich vorweg.

Hilfsmittel: Ein kleiner Aufkleber mit „Veränderung", die Armbanduhr am anderen Handgelenk oder Gegenstände in Ihrer Wohnung oder am Arbeitsplatz, auf die Sie häufig schauen, auf den Kopf gestellt, erinnern Sie an die heutige Aufgabe.

Ausrichtung: Ich wähle bewusst.

6. Woche
Raus aus Zwang und Dilemma

Mullah Nasruddin (der arabische Geistliche mit dem speziellen Ruf) war in eine sehr unangenehme Situation geraten. Er hatte mit nicht weniger als drei Frauen gleichzeitig eine Affäre und hatte jeder versprochen, sie zu heiraten. Jetzt drängten sie darauf, dass er sein Versprechen einlöse, und eine drohte sogar damit, an die Öffentlichkeit zu gehen, wenn er sein Wort nicht halten würde. In seiner Not wandte er sich an seinen besten Freund, den Dorfarzt. Als der das hörte, sagte er: „Nasruddin, diesmal kommst du da nicht mehr raus, dein Leben hier im Ort ist für immer ruiniert. Das Einzige, was ich für dich tun kann, ist einen Totenschein auszustellen und eine Scheinbeerdigung zu inszenieren. Und danach musst du dein Glück woanders suchen." In Ermangelung einer Alternative willigte Nasruddin ein. Da er ein berühmter Mann war, wurde es eine beeindruckende Beerdigung. Alle defilierten feierlich am offenen Sarg vorbei, in dem Nasruddin aufgebahrt lag. Zuletzt traten seine drei Freundinnen vor, um ihm die letzte Ehre zu erweisen. „Nasruddin, nie werde ich dich vergessen", schluchzte die Erste. Das zweite Mädchen: „Du warst zwar ein Schwein, aber ich werde dich vermissen." Die Dritte aber schrie erbost: „Du elender Feigling. Stirbst mir einfach vor der Hochzeit weg und machst dich so aus dem Staub. Dafür erschieße ich dich, du feige Ratte! Auch wenn du schon tot bist, lass ich mir das Vergnügen nicht nehmen." Sie zog einen Revolver hervor und zielte auf den Mullah – alle Anwesenden hielten den Atem an. „Halt! Reg dich nicht auf!", rief der Leichnam und setzte sich mit einem Ruck auf. „Ich heirate dich."

Wenn Sie in bestimmten Situationen immer nur auf eine bestimmte Handlungsweise zurückgreifen können, dann handeln Sie aus innerem oder äußerem Zwang. Sie sind unfrei, abhängig oder süchtig. Sie folgen dann einem bestimmten, für andere vorhersehbaren Denkmuster und Reaktionsschema. Das ist die Ebene von unfreier Konditionierung, ähnlich wie bei einfachen Lebewesen, zum Beispiel Insekten, die gemäß ihrer instinkthaften oder genetischen Programmierung in voraussehbarer Form handeln. Wenn Sie immerhin schon zwei Wahlmöglichkeiten haben, sind Sie schon etwas besser dran. Allerdings befinden Sie sich dann in einem Dilemma. Wie der Hund, der nicht weiß, ob er links zur läufigen Hündin oder rechts zum Fressen laufen soll. Ein Dilemma ist das Bewusstsein der limitierten zwei Lösungen oder Entscheidungen, die beide aber Nachteile, Verzicht oder unangenehme Konsequenzen nach sich ziehen. Diese Ebene finden wir bei Säugetieren, die immerhin zwischen verschiedenen Instinkten wählen können.

Unsere persönliche Freiheit beginnt, wenn wir drei Optionen zur Wahl haben. Hier kommen verschiedene Faktoren ins Spiel, und ein Raum für Entscheidungsfreiheit tut sich auf.

Grundsätzlich kann man das Maß an persönlicher Freiheit eines Menschen daran messen, wie häufig er sich im alltäglichen Leben im Zwang, Dilemma oder in einer Wahlmöglichkeit befindet. Je mehr Denk-, Entscheidungs- und Handlungsoptionen ein Mensch hat, umso größer ist das Maß an persönlicher Freiheit.

Tatsächlich sprechen viele Menschen beängstigend oft davon, dass sie dieses oder jenes tun *müssen*, nicht *dürfen* oder *sollen*. Sie präsentieren dem Gesprächspartner vieles von dem, was sie tun, als Zwang oder Dilemma. Das betrifft alltägliche Situationen: „Was soll man gegen die hohen Spritpreise tun, ich muss ja tanken." Die Alternativen – mit Rapsöl oder Gas fahren, Fahrrad oder Elektroauto fahren, öffentliche Verkehrsmittel benutzen, in ein anderes Land ziehen mit niedrigen Spritpreisen – werden nicht gesehen.

Aber selbst bei grundlegenden, wichtigen Lebensfragen wird Zwang oder Dilemma vorgeschoben: „Mit meiner Frau hat das keinen Sinn, die wird sich nie ändern. Aber soll ich mich deshalb scheiden lassen?" Oder: „In unserer Firma wird das niemals anders laufen. Aber ich kann doch nicht kündigen!" Dabei wurde doch die Zwangsheirat und Sklaverei abgeschafft – aber anscheinend nur äußerlich! Und selbst Führungspersönlichkeiten und Regierungschefs bedienen sich des neuen Unworts „alternativlos".

Intention: Das Maß an persönlicher Freiheit und Entscheidungsmöglichkeiten im Alltag erhöhen.

Übung: In dieser Woche finden Sie bei allen Entscheidungen mindestens drei realistische Alternativen. Auch wenn

Sie sich für das entscheiden, was Sie immer tun, machen Sie sich deutlich, dass es auch andere Möglichkeiten gibt. Diese wählen Sie nicht, weil sie unangenehme Konsequenzen nach sich ziehen würden, die Sie nicht erleben wollen. Probieren Sie aber ab und zu andere Alternativen aus, was Sie in der letzten Woche ja schon geübt haben.

Ausrichtung: Ich habe immer die Wahl.

7. Woche
Nein sagen

Mullah Nasruddin kauft mit seinem Sohn auf dem Viehmarkt in der Stadt einen Esel. Auf dem Heimweg gehen die beiden neben dem Tier her, bis ein entgegenkommender Wanderer sie auslacht und fragt: „Ihr habt einen Esel, aber benutzt ihn nicht? Wie kann man nur so dumm sein!" Nach kurzem Überlegen setzt er seinen Sohn auf den Esel, während Nasruddin nebenher läuft. Nach kurzer Zeit begegnen sie einem anderen Wanderer: „Junger Mann, du solltest dich schämen! Du hast junge Beine und reitest, während der alte Mann laufen muss." Also steigt der Sohn ab und der Vater setzt sich auf den Esel. Ein weiterer Wanderer sagt zum Vater: „Was für ein Rabenvater! Sie haben kräftige Beine und reiten und lassen den kleinen Jungen den weiten Weg laufen!" So beschließt Nasruddin, dass sie zu zweit auf dem Esel reiten. Aber der nächste Wanderer beschimpft sie wüst: „Ihr Tierquäler! Habt ihr denn gar kein Mitleid mit dem armen Esel? Zwei Menschen sind viel zu viel für ihn!" Daraufhin suchen sie sich einen langen Ast, binden den Esel daran und tragen ihn so nach Hause. Die verdutzten Menschen, die ihnen begegnen, sagen nichts mehr, sondern schütteln nur noch belustigt den Kopf. Als sie spät und völlig erschöpft zu Hause ankommen, empfängt sie die Ehefrau: „Was seid ihr nur für Dummköpfe! Wofür kauft ihr einen Esel? Um ihn durch die Gegend zu schleppen?"

In unserer westlichen Konsumgesellschaft wird schon den Kindern von klein auf das Leben so angenehm wie möglich gemacht: Die Eltern transportieren ihre Kinder im Auto von A nach B, sie können allen Hobbys nachgehen und für sie wird alles getan, damit sie möglichst erfolgreich ihre Schule und andere Förderprogramme durchlaufen. Es gibt kaum Herausforderungen für Kinder und Jugendliche, die sie in ihrer Integrität, Aufrichtigkeit und ihrem Durchsetzungswillen fördern, es sei denn, sie suchen sie sich selbst. An die jungen Menschen wird weitergegeben, was viele Erwachsene für wichtig erachten: eine starke Außenorientierung. Also: Was denken die anderen über einen, gepaart mit einem Leistungsdruck, der die Erwartungen anderer erfüllen muss. So gleiten immer mehr Menschen in eine Mittelmäßigkeit und Angepasstheit hinein, die weder heiß noch kalt kennt, sondern nur lauwarm. Ein klares Ja oder Nein werden wir selten von diesen Menschen zu hören bekommen, denn der eigene Wille ist nicht trainiert worden und der Zugang zu den eigenen Impulsen oftmals blockiert. So werden sie zu einem „Jein-Sager", der Konflikte und Schwierigkeiten vermeidet und reibungslos durchs Leben kommen will. Dem „Jein-Sager" gehen Willenskraft und Entscheidungsfreude immer mehr verloren. Das Energieniveau sinkt auf Dauer und er findet sich in einem Leben angepasster und spießiger Mittelmäßigkeit wieder, ein Leben, das immer langweiliger und gleichförmiger wird, ohne Abenteuer und Überraschungen. Die ursprüngliche Lebensfreude geht dabei nach und nach verloren.

Wie kommt man da heraus? Indem Sie üben, bewusst „Nein" zu sagen!

Vielen Menschen ist der Zugang zum eigenen Willen bereits in der Kindheit, der sogenannten „Trotzphase", blockiert worden, weil sie machen mussten, was die Erwachsenen wollten. Später wurde der Erziehungsstil fortgesetzt und als Jugendliche hatten sie vor allem brav und angepasst zu sein. Wenn Sie sich zu diesen Menschen zählen, ist diese Übung sehr wichtig und kann Sie kraftvoll aus der Gleichförmigkeit herausholen.

Menschen richten sich in ihrer mittelmäßigen und bequemen Komfortzone ein, weil sie nicht entschieden Nein sagen und Widerstand gegen die Verlockungen der Konsumgesellschaft bieten können. Manche hatten vielleicht auch Eltern, die sie übervorsichtig, gluckenhaft oder ängstlich vor allem behüten und beschützen wollten. Auch diese Menschen zeigen oftmals eine übertriebene Angepasstheit und haben es schwer, eine eigene Meinung zu finden und diese zu vertreten. Sie haben Probleme, anderen gegenüber Klartext zu reden oder sich abzugrenzen, weil sie keinen Streit ertragen oder niemanden verletzen wollen. Sie verbiegen sich dann oder heucheln anderen etwas vor, da sie sich die eigene Angst vor Konflikten oder Ablehnung nicht eingestehen.

Diese Übung stellt somit eine Radikal-Therapie für Jein-Sager, brave, angepasste Mädchen und furchtbar nette Jungs dar.

Intention: Nein sagen und sich abgrenzen lernen, die eigene Konfliktbereitschaft erhöhen, die Willenskraft und Autonomie stärken.

Übung: Machen Sie sich deutlich, wo Sie in Ihrem Leben aus Gewohnheit oder Feigheit nicht Nein sagen, obwohl es angebracht wäre. Sagen Sie in dieser Woche so oft wie möglich Nein. Machen Sie nichts aus Höflichkeit oder Gefälligkeit, wenn Sie es nicht wirklich selbst wollen. Widerstehen Sie den vielfältigen Angeboten der Konsumgesellschaft.

Beispiele:
- Wenn jemand an die Tür klopft und Sie nicht gestört werden wollen, sagen Sie nicht wie sonst „Herein", sondern: „Draußen bleiben".
- Wenn der Anruf eines Freundes oder Familienmitglieds ungelegen kommt, gehen Sie nicht dran oder nehmen Sie nur kurz ab, um zu sagen, dass Sie jetzt nicht telefonieren wollen.
- Wenn jemand in der Schlange fragt: „Darf ich vor?", sagen Sie Nein.
- Riskieren Sie in dieser Woche mal, dass andere Sie unfreundlich finden und Sie nicht von ihnen anerkannt und geliebt werden.
- Vielleicht riskieren Sie ja auch mal einen Streit.
- Wenn Sie immer lächeln (oder besser grinsen), ohne es wirklich zu wollen, dann lassen Sie es!
- Wenn Sie üblicherweise Gefälligkeiten erfüllen, lehnen Sie diese in dieser Woche ab. Halten Sie es aus, wenn der andere Sie unfreundlich findet.
- Wenn durch Ihr unerwartetes Verhalten ein Schweigen zwischen Ihnen und dem Gesprächspartner entsteht, sagen Sie nichts, halten Sie die Spannung aus. Widerstehen Sie der Versuchung, mit freundlichen Worten zu bagatellisieren.
- Lehnen Sie Angebote von Speisen, Getränken, Zigaretten oder anderen Konsummitteln ab, die Ihnen ange-

boten werden, wenn Sie nicht wirklich Hunger oder Durst haben. Essen, trinken oder rauchen Sie nicht unbewusst irgendetwas, nur weil es gerade herumsteht! Sagen Sie Nein zu diesen Konsumangeboten.
- Erleben Sie einmal bewusst einen Tag lang, wie es sich anfühlt, Durst und Hunger zu haben – und halten Sie dies ein paar Stunden aus.
- Zappen Sie nicht von Fernsehprogramm zu Fernsehprogramm, surfen oder spielen Sie nicht aus Langeweile im Internet und kaufen Sie nichts ein, was Sie nicht wirklich brauchen und vorher planten einzukaufen! Widerstehen Sie Schnäppchen und verlockenden Angeboten. Der vermeintliche „Verlust" ist nichts im Vergleich zu der inneren Stärke Ihrer eigenen Willenskraft, die Sie dabei erleben.

Ausrichtung: Ich sage klar und entschieden *Nein*!

8. Woche
Ja sagen

Rengetsu, eine Zen-Nonne in Japan, war auf Pilgerschaft und kam bei Sonnenuntergang in ein Dorf, wo sie um Unterkunft für die Nacht bat. Aber die Dorfbewohner wollten die Zen-Anhängerin nicht dulden und jagten sie davon. Die Nacht war kalt und die alte Frau war hungrig und ohne Bleibe. So blieb ihr nichts anderes übrig, als einen Kirschbaum auf dem Felde vor dem Ort zu ihrem Dach zu machen. Es war eine eisig kalte Märznacht, und sie schlief nicht gut. Gegen Mitternacht wachte sie auf – sie fror erbärmlich – und schaute hoch. Da sah sie im Frühlingsnachthimmel die vollends geöffneten Kirschblüten, wie sie dem verschleierten Mond zulächelten. Überwältigt von dieser Schönheit stand sie auf und verbeugte sich in Richtung des Dorfes: „Durch Ihre Höflichkeit, mir Unterkunft zu verweigern, fand ich mich unter den Blüten wieder, in der Nacht dieses verschleierten Mondes." Aus ganzem Herzen dankte sie den Menschen, die sich geweigert hatten, ihr Unterkunft zu gewähren, da sie sonst unter einem gewöhnlichen Dach geschlafen und diesen gesegneten Moment versäumt hätte. Sie war den Menschen nicht böse, sie akzeptierte deren Entscheidung – mehr noch: Sie bejahte sie aus ganzem Herzen. Sie fühlte sich wirklich dankbar.

Dadurch, dass sie ihre Situation akzeptiert hat, wie sie war, hat sie sich für eine neue Erfahrung geöffnet. So etwas ist selten. Jeder andere wäre im Hader oder wütend auf die Dorfbewohner gewesen. Normalerweise sind wir so besetzt von unserer Begehrlichkeit, so voll von unseren Beurteilungen, dass wir verschlossen bleiben für die Geschenke des Lebens. Es heißt in der Geschichte, dass sie in jenem Moment erleuchtet wurde. Ein Mensch erfährt augenblicklich seine göttliche Essenz, wenn er zu dem, was das Leben ihm bringt, kompromisslos Ja sagt.

Nur wer Nein sagen kann, kann auch mit ganzem Herzen Ja sagen. Ein Effekt der „Jein-Sager" ist, dass sie aus Höflichkeit, Angepasstheit oder Konfliktvermeidung Ja sagen. Es fehlt aber die innere Überzeugung dabei. Wenn jemand nicht nur einmal, sondern wiederholt „Jein" sagt, geht das auf Kosten seiner Begeisterungsfähigkeit und Leidenschaft und seiner Integrität. Da er gelernt hat, nach außen hin eine Rolle zu spielen, wird es in ihm selbst, wenn er einmal hinschauen oder hinfühlen würde, immer leerer. Da er aber nur eine Rolle spielt und tut, was man von ihm erwartet, gibt es auch keine Bereitschaft und Notwendigkeit, die Verantwortung für das Ja zu übernehmen. Ein halbherziges, gequältes „Ja, na gut" hat den Vorteil, dass man nicht so leicht verletzt oder enttäuscht werden kann. Allerdings ist auch der Preis dafür recht hoch. Im Laufe der Jahre führt dieses halbherzige Jasagen nämlich dazu, dass man den Kontakt zu den eigenen Wünschen und Bedürfnissen verliert. Es fällt zunehmend schwerer, ein volles und ehrliches „Ja" aus ganzem Herzen zu sagen und dann auch die Konsequenzen zu tragen, weil man zu häufig halbherzig und feige „Jein" sagt. Wer anderen zuliebe etwas tut, kann diese auch leicht für unangenehme Konsequenzen verantwortlich machen: „Ich habe dir doch vorher gesagt, dass das schiefgehen wird. Aber dir zuliebe habe ich zugestimmt." Ein unverbindliches Ja ohne Leidenschaft und Kraft vermeidet Enttäuschung: „Na ja, ich kann es ja mal probieren. Wenn es nichts ist, ist es auch nicht so schlimm."

Intention: Aus ganzem Herzen und mit Begeisterung und Engagement Ja sagen. Die Konsequenzen der eigenen Entscheidungen verantworten.

Übung: Wann immer in dieser Woche eine Entscheidung ansteht, machen Sie sich deutlich: Sie haben die Freiheit, Ja oder Nein zu sagen. Probieren Sie möglichst oft das Ja in dieser Woche aus – auch in Situationen, in denen Sie sich sonst verweigern.

Beispiele: Jemand bettelt Sie an. Sie geben normalerweise grundsätzlich kein Geld. Sagen Sie in dieser Woche Ja und geben Sie der Person etwas Kleingeld. Finden Sie eine Motivation für sich, sodass Sie nicht den Eindruck haben, das Geld sei sinnlos verschwendet. Überlegen Sie etwa, wann in Ihrem Leben andere Ihnen in Not geholfen haben. Ihre Kollegin hat schon wieder vergessen, den Kopierer auszuschalten, obwohl Sie es ihr schon so oft gesagt haben. Sie sind es leid, hinter ihr herzurennen oder den Handlanger zu spielen. Finden Sie eine innere Haltung, mit der Sie Ja sagen und den Kopierer für Ihre Kollegin ausschalten können. Überlegen Sie, was sie vielleicht schon öfter für Sie getan hat und was Sie ihr zu verdanken haben. Und dann schalten Sie das Gerät ohne Murren und Vorwürfe für sie aus.

Sagen Sie kein halbherziges Ja oder „Jein" mehr. Wenn Sie etwas zum jetzigen Zeitpunkt oder in einer Situation nicht entscheiden können oder wollen, dann reden Sie sich nicht mit einem „Jein" heraus. Sagen Sie klar und deutlich: „Das will ich jetzt nicht entscheiden. Ich werde die Entscheidung am Tag x treffen."

Ihr Partner bittet Sie den Müll rauszubringen. Sie antworten mürrisch: „Ja, mach ich Schatz." Niemand erwartet von Ihnen, das mit Leidenschaft zu tun. Aber machen Sie sich deutlich, dass Sie gute Gründe dafür haben, Ihrem Partner die Bitte zu erfüllen, und motivieren Sie sich selbst dadurch. Vielleicht haben Sie mal einer gemeinsamen Regelung zugestimmt – dann tragen Sie jetzt auch die Konsequenz. Sie können sich dann darüber hinaus immer noch entscheiden, diesen Punkt neu mit ihm zu verhandeln.

Sie fahren zu einem Kunden, den Sie nicht leiden können. Lustlos hoffen Sie, dass er noch absagt, ein Stau entsteht oder etwas anderes dazwischenkommt. Wenn Sie sich bei solchen Gedanken ertappen, fahren Sie einen Moment rechts ran, schließen Sie die Augen und atmen ein paarmal tief durch. Machen Sie sich deutlich: Sie können den Kerl aus ganz bestimmten Gründen nicht leiden. Okay. Bewerten Sie sich nicht dafür. Es ist, wie es ist. Sie haben sich aber auch entschieden, den Auftrag anzunehmen, weil Sie gut daran verdienen oder Ihr Image dadurch aufgebessert wird. Machen Sie sich auch deutlich, dass Sie eine Wahl haben: Sie werden nicht bankrott gehen oder gekündigt werden, wenn Sie diesen Auftrag ablehnen. Also gibt es einen Sinn dafür, dass Sie sich auf den Weg gemacht haben. Finden Sie Ihre Motivation heraus. Finden Sie etwas an dem Menschen, was ihn sympathisch oder liebenswert macht, etwas, wodurch Sie ihn mit anderen Augen betrachten können. Finden Sie ein inneres Ja dazu, für diesen Kunden zu arbeiten. Sie müssen ihn nicht lieben, aber versuchen Sie einen Zugang zu diesem Menschen zu bekommen.

Ausrichtung: Ich sage mit Begeisterung *Ja*.

Präsenz

Wir sind geprägt von unserem Verstand, und der berühmte Satz von René Descartes „Ich denke, also bin ich" bestimmt nach wie vor unsere Vorstellung vom Sein. Dabei sind wir doch viel mehr als unsere Gedanken. Doch wir haben keinen inneren Abstand und keine wirkliche Kontrolle über unsere Gedanken. Die meiste Zeit des Tages sind wir ausschließlich mit Erinnerungen aus der Vergangenheit oder den Sorgen und Plänen für die Zukunft beschäftigt. Wir analysieren Erlebnisse, die schon lange zurückliegen, oder planen die Zukunft, die wir so kontrollieren wollen. Daraus entstehen die endlose Beschäftigung mit Vergangenheit und Zukunft und die Weigerung, den gegenwärtigen Moment zu erleben. Dabei ist das Jetzt der einzige reale Moment im Leben. Dass wir so zwanghaft an der Vergangenheit kleben, liegt daran, dass sie uns eine Identität gibt; die Beschäftigung mit der Zukunft gibt uns die Illusion auf Erlösung und Erfüllung dessen, was wir erhoffen. Beides ist illusionär, was wir jedoch nicht begreifen. Buddha fasste sehr eindrücklich zusammen, warum wir leiden – es gibt nur zwei Gründe dafür: *Die Menschen leiden, weil sie etwas haben, was sie unbedingt loswerden wollen. Oder sie leiden, weil sie etwas nicht haben, was sie unbedingt für erstrebenswert halten.* Leiden entsteht also dadurch, dass wir uns weigern, die Gegenwärtigkeit unseres Lebens anzuerkennen, also zu dem, was wir gerade erleben, Ja zu sagen und ganz darin aufzugehen.

Normalerweise erleben wir unsere Welt nicht mehr unmittelbar als sinnliche Wahrnehmung, sondern aus unseren Gedanken, Vorstellungen und Bewertungen heraus. Alles wird eingeordnet, für gut oder schlecht befunden. Die unmittelbare Erfahrung geschieht jedoch nicht durch unseren Verstand, sondern über das Hören, Riechen, Schmecken, Schauen und Fühlen, und dies erst lässt uns die Kostbarkeit des Lebens erfahren. Viele ältere Menschen haben das Gefühl, ihr Leben nicht ausreichend gelebt zu haben. Dieser Eindruck entsteht nicht mangels äußerer grandioser Ereignisse, sondern dadurch, dass sie vielleicht immer nur bestimmten Zielen hinterhergerannt sind, zu sehr ihr Leben aus einer inneren Distanz der Bewertung und Analyse betrachtet haben, statt die wundervollen Momente ihres Lebens, die Natur und die Menschen um sie herum zu genießen. Die Gegenwart ist der Raum, in dem sich das Leben abspielt; halten sich Menschen jedoch gedanklich in ihrer Vergangenheit oder Zukunft auf, geht das eigentliche Leben, das nur im gegenwärtigen Moment erfahren werden kann, an ihnen vorbei.

Vielleicht erinnern Sie sich an Ihre Kindheit. Als Kind hatten Sie noch kein Gefühl von Zeit oder gar, dass diese Ihnen davonrennt. Vielmehr lebt das Kind vollkommen im Augenblick. Unzensiert und frei von jeder Beurteilung erfährt und erforscht es sinnenhaft die Welt um sich herum. Es taucht ganz ein in die unmittelbare Erfahrung und drückt sich mit seinen Gefühlen direkt darin aus. Es kennt weder Vergangenheit noch Zukunft. Das ist wahrscheinlich der tiefere Grund, weshalb wir von Kindern fasziniert sind und uns ihre Anwesenheit so berührt. Sie bringen uns in Kontakt mit unserem eigenen Bedürfnis, ganz unmittelbar und fühlend in das Leben eintauchen zu können.

Dass das Bedürfnis nach Gegenwärtigkeit groß ist, zeigt auch die zunehmende Beliebtheit von Extremsportarten wie Bungee-Jumping, Fallschirmspringen, von hohen Klippen ins Wasser springen, Bergsteigen, Autorennen oder Ähnliches. Bei diesen Aktivitäten setzt der Verstand für ein paar Sekunden aus – kostbare Sekunden der Freiheit. In diesem Zustand fühlt sich der Mensch losgelöst von seinen Sorgen und Problemen, die ihn plagen, frei vom Denken, frei von der Last seiner Persönlichkeit und voller Lebendigkeit. Der Herzschlag rast, der Puls geht hoch, der ganze Körper kribbelt oder pulsiert. Er fühlt sich vollkommen präsent in der sinnlich körperlichen Erfahrung. Das ist die Ekstase, die wir erleben können, wenn unser Verstand für Sekunden aussetzt, das Bewusstsein von selbst in der Gegenwart ist. Dasselbe kann in der Sexualität beim Orgasmus geschehen, weswegen die meisten Menschen ihn sehr ersehnen und gleichzeitig Angst davor haben. Es ist ein Moment des Kontrollverlustes.

Jeder von uns hat die Fähigkeit, diesen Zustand mit einfachen Mitteln der Meditation zu realisieren, was alle spirituellen Meister verschiedener Traditionen immer wieder betonen.

Die Essenz des Zen-Buddhismus besteht zum Beispiel darin, sich im Raum der Gegenwärtigkeit zu bewegen, so total und vollkommen, dass kein Problem, kein Leiden Bestand haben kann.

Und Rumi, der große islamische Poet und Lehrer der Sufis, erklärt: „Vergangenheit und Zukunft verbergen Gott vor unserer Sicht. Verbrenne beide im Feuer." So lautet die Aufforderung aller spirituellen mystischen Erfahrungen, in der Gegenwärtigkeit anzukommen und in ihr zu verweilen.

9. Woche
Gegenwärtigkeit

Ein Zen-Schüler saß sieben Jahre in einer Höhle und meditierte nach den Anweisungen des Meisters. Nach Ablauf der Zeit begab er sich zum Kloster für ein Dokusan, also ein Gespräch mit dem Meister. Er sollte geprüft werden, ob er bereit sei für weitere Stufen der Meditation. Darauf hatte er sich vorbereitet, war aber etwas nervös, weil er nicht wusste, wonach ihn der Meister fragen würde. Es regnete in Strömen, der Schüler stellte den Schirm ab und trat ein. Der Meister begrüßte ihn mit der Frage: „Schüler, wo hast du deinen Schirm abgestellt: rechts oder links von der Tür?" Der Schüler war völlig verdutzt. „Das ist doch egal", rutschte es ihm heraus. „Gegenwärtigkeit ist das Ziel der Meditation, nicht geistige Erkenntnisse oder Träumereien. Geh noch mal sieben Jahre zurück in die Berge zum Meditieren."

Gegenwärtigkeit ist ein Zustand, in dem wir im Hier und Jetzt verweilen. Es ist ein Zustand jenseits unseres Verstandes und ist für die meisten Menschen erst einmal unbekannt. Da wir uns meistens innerhalb unseres Verstandes, unseres Denkens bewegen, beschäftigen wir uns entweder mit der Vergangenheit oder mit der Zukunft. Wenn Sie sich einmal beobachten, werden Sie feststellen, dass Sie mit dem Analysieren, Interpretieren und Bewerten vergangener Ereignisse beschäftigt sind oder mit dem Vergleichen oder Spekulieren über zukünftige Ereignisse. Sie kommen unmittelbar in die Gegenwart, wenn Sie sich selbst dabei beobachten, wie Sie sich in Gedanken mit Vergangenheit oder Zukunft beschäftigen. Dann können Sie dieses alte Muster loslassen. Sie können Ihre Aufmerksamkeit augenblicklich von Vergangenheit oder Zukunft abkoppeln, einfach indem Sie bemerken, was Sie da gerade tun. Werden Sie Ihr eigener Beobachter Ihres Verstandes: Beobachten Sie Ihre Gedanken, Ihre Gefühle, Ihre Reaktionen, Ihre Handlungen. Beurteilen und analysieren Sie nicht; beobachten Sie, ohne sich erneut in Gedanken verwickeln zu lassen, so sind Sie gegenwärtig. Das ist die eine Möglichkeit, um in die Gegenwärtigkeit zu kommen.

Die andere Art ist, sich auf die sinnliche Wahrnehmung zu konzentrieren. Wenn Sie tief in Ihren Bauch atmen, werden Sie Ihres Körpers gewahr, Ihre Sinne werden sensibilisiert: Riechend, schmeckend, lauschend und fühlend erleben Sie die Welt, sich selbst, die Menschen und die Ereignisse. Sie denken nicht über die Ereignisse nach, analysieren oder bewerten sie nicht. Der Verstand wird nicht aktiv. Sie bleiben in der sinnlichen Wahrnehmung. Beides sind gleichwertige Möglichkeiten, gegenwärtig zu sein. Probieren Sie aus, was Ihnen mehr liegt. Der Beobachter fokussiert; in der sinnlichen Wahrnehmung dehnen Sie sich aus und öffnen sich für das unmittelbare Geschehen. Und vielleicht lernen Sie mit der Zeit beide Arten kennen und beherrschen.

In der Präsenz betreten Sie einen Raum der Zeitlosigkeit, den wir Gewahrsein nennen. Das Gewahrsein ist ein Raum in uns, der jenseits unserer Persönlichkeit, unbeteiligt und unberührt von unserem Denken, Fühlen und Wollen liegt, auch jenseits unserer Identität mit unserer Biografie und Familie. In diesem Raum ist es uns möglich, von der Verstrickung mit der eigenen Persönlichkeit, mit negativen Gefühlen und destruktiven Gedanken einen Schritt zurückzutreten. Aus der gewonnenen Distanz kann die Welt mit neuen Augen gesehen und der Blick für das Wesentliche entwickelt werden. Hier können wir erkennen, wie wir durch unsere Bewertungen und Interpretationen Grenzen und Probleme schaffen und uns letztendlich auch einsam machen.

Gewahrsein ist ein Raum der Grenzenlosigkeit und Zeitlosigkeit. Diesen Raum zu erleben, ermutigt uns, den Schritt ins Unbekannte und Unfassbare zu wagen. Es ist der Schritt über die Begrenzungen der eigenen Persönlichkeit hinaus, um ganz bei dem zu sein, was wir gerade erleben, und das Leben im gegenwärtigen Augenblick zu genießen.

Intention: Mit der ganzen Aufmerksamkeit zu hundert Prozent bei dem sein, was man gerade tut oder erlebt.

Übung: Nehmen Sie sich für diese Woche vor, dass Sie bei möglichst vielen Aktivitäten mit hundert Prozent Ihrer Aufmerksamkeit dabei sind. Richten Sie Ihre volle Konzentration auf das, was Sie tun. Jeder Tätigkeit gehen Sie in ungeteilter Aufmerksamkeit nach:
- essen, ohne dabei Zeitung zu lesen oder Radio zu hören
- warten, ohne dabei mit dem Handy zu spielen

- den Arbeitsweg bewusst gehen, ohne dabei Musik zu hören oder zu grübeln
- mit Ihren Kindern am Nachmittag spielen, ohne die Zeit zu verplanen
- die körperliche Zärtlichkeit, die Sie mit Ihrem Partner teilen, genießen

Wenn Sie bemerken, wie Ihr Verstand einsetzt, kritisieren Sie sich nicht dafür. Bemerken Sie es und entscheiden Sie sich, die Gedanken loszulassen, um sich wieder ganz auf Ihre Wahrnehmung zu konzentrieren.

Ausrichtung: Wenn ich gehe, dann gehe ich. Wenn ich esse, dann esse ich. Wenn ich ..., dann ...

10. Woche
Das Leben genießen

Drei Schüler von verschiedenen Zen-Schulen streiten sich darüber, wer den berühmtesten Meister hat. Der Erste: „Mein Meister vollbringt wahre Wunder. Er kann sogar übers Wasser laufen." Der Zweite: „Mein Meister schreibt auf der einen Seite des Flusses etwas in die Luft, und auf einer Tafel, die ein Schüler auf der anderen Flussseite hält, entsteht die Schrift – das ist ein wahres Wunder." Erwartungsvoll schauen beide den Dritten an. „Mein Meister vollbringt das größte erdenkliche Wunder: Wenn er isst, dann isst er, wenn er geht, dann geht er, wenn er schläft, dann schläft er."

Wer kann das schon? Unsere Außenorientierung und Sinnesüberflutung bewirkt, dass wir selten mit der Aufmerksamkeit bei dem sind, was wir tun. Beim Kaffeetrinken lesen wir Zeitung, beim Essen reden wir über alles Mögliche, beim Autofahren telefonieren wir, beim Sex denken wir an unser letztes Streitgespräch ... Fast niemand tut einfach das, was er tut. Und genau das macht unglücklich. Dies ist sogar die Hauptursache, warum Menschen nicht glücklich sind.

Das Leben zu genießen bedeutet, sich in einem tiefen Zustand der Entspannung aufzuhalten und die Sinne zu öffnen. Der Zustand der Entspannung entsteht, wenn ich ganz Ja sage zu dem, was ich gerade erlebe und empfinde. Die meisten wollen an einem anderen Ort sein als an dem, wo sie sich befinden, wollen etwas anderes erleben, als sie gerade erleben. Sie träumen am Bürotisch vom bevorstehenden Urlaub am Meer. Sie sind mit ihrem Partner im Urlaub und träumen davon, endlich mal allein oder mit einem Freund zu verreisen. Zusammen am Strand reden sie über das bevorstehende Abendessen oder diskutieren über den Hotelservice ...

Normalerweise sind Menschen so sehr in ihren Gedanken, das heißt in ihren Vorstellungen, Meinungen und Urteilen über das, was sie gerade erleben, gefangen, dass sie das, was geschieht, gar nicht genießen können. Urteile und Wertungen verhindern die Akzeptanz des augenblicklich Erlebten. Urteile und Meinungen trennen uns auch von Menschen. Und wenn wir mit unseren

Gedanken beschäftigt sind, sind wir ohnehin von allem getrennt: von uns selbst, den Menschen, den Ereignissen.

Wer kennt die Situation nicht: Da freut sie sich auf das erste Date mit ihm. Doch statt das Zusammensein mit ihm zu genießen, ist sie damit beschäftigt, wie sie ankommt. Sie fragt sich die ganze Zeit, ob sie das Richtige sagt, sich vorteilhaft bewegt. Dabei verspannt sie immer mehr, und nach dem Date fühlt sie sich müde und erschöpft.

In solchen und ähnlichen Situationen empfiehlt es sich, eigene Meinungen und Vorstellungen aufzugeben und sich vorbehaltlos, ohne den kritischen Verstand, in das unmittelbare Erleben hineinzubegeben und sich damit zu verbinden. In dem Maße, in dem wir uns verbinden – mit einem Menschen, der Natur, einer Erfahrung – genießen wir die sinnliche Wahrnehmung. Das sinnliche Erleben wiederum bringt uns in unmittelbaren Kontakt mit uns selbst und anderen Menschen und Ereignissen. Dann kehren wir in den Körper zurück und öffnen alle Sinne, durch die wir die Welt unmittelbar und freudig erleben. Dann ist die Welt auch wieder aufregend, wo sie vorher langweilig oder anstrengend war.

Haben Sie schon einmal den Genuss erfahren, mit ganzer Aufmerksamkeit ein Glas Wasser zu trinken? Oder einfach nur eine Erdbeere zu schmecken? Oder mit ganzer Hingabe einen Menschen zu streicheln? Das Eintauchen im augenblicklichen Sein und ganz darin aufzugehen macht glücklich und gibt uns ein Gefühl von Erfüllung.

Lassen Sie nicht zu, dass Sie sich in Ihren Aufgaben verlieren und für andere aufreiben, dass Sie in Ihren Pflichten und Funktionen rotieren. Halten Sie regelmäßig inne und legen Sie sich eine innere Haltung des Genießens zu. Genießen entsteht aus einer Haltung der Dankbarkeit, die uns für die Schönheiten des Lebens öffnet und uns dafür empfänglich sein lässt. Beginnen Sie den Tag mit einem Dank an das Leben, dass ein neuer Tag vor Ihnen liegt. Freuen Sie sich über Ihren gesunden und beweglichen Körper, der Sie überall hinträgt.

Intention: Durch Präsenz und Entspannung ganz im unmittelbaren Erleben aufgehen, sich in die Sinneswahrnehmung hinein ausdehnen.

Übung: Richten Sie sich darin aus, an jedem Tag in dieser Woche all die Sinneseindrücke, die Ihnen bewusst werden, zu genießen. Richten Sie Ihre ganze Aufmerksamkeit auf einen Sinneseindruck, den Sie gerade erleben, und dehnen Sie sich darin aus, indem Sie hinein entspannen und ganz zu dieser sinnlichen Erfahrung werden: Werden Sie zu dem Geschmack der Schokolade, zu dem Rauschen der Blätter im Wald oder den lustvollen Gefühlen bei der Liebe. Stellen Sie Ihren Verstand auf Stand-by: kein Vergleichen, Analysieren und Bewerten. Erleben Sie einfach, was es zu erleben gibt: den Geschmack, einen Geruch, das Gefühl. Wenn Begrenzungen auftauchen in Form von Gedanken, entscheiden Sie sich, mit einem tiefen Atemzug wieder bewusst in die unmittelbare sinnliche Erfahrung einzutauchen.

Ausrichtung: Carpe diem. Ich genieße den Augenblick.

11. Woche
Den Geist heimholen

Ich bin angekommen,
ich bin zu Hause,
im Hier, im Jetzt.
Ich bin fest, ich bin frei,
im tiefsten Wesensgrund verweile ich.
Thich Nhat Hanh

Inhaltlich knüpft dieses Kapitel an das vorangegangene an. Die hierzu gehörige Übung unterstützt und spezifiziert noch einmal die vorangegangene Übung.

„*Wir sind krank, weil unser Geist nicht da ist, wo unser Körper ist.*" Diese schamanische Weisheit beschreibt das Dilemma der westlichen Menschen. Wir haben in unserer Erziehung, Schule und Ausbildung gelernt, unseren Geist zu Höhenflügen zu animieren und Schnelligkeit zu trainieren, logisch und abstrakt zu denken, zu analysieren und zu interpretieren. Aber der Geist ist ruhelos geworden. Forschungen zeigen, dass zu 99 Prozent des Tages unser Geist nicht dort ist, wo unser Körper ist. Das können Sie sehr leicht selbst überprüfen: Die eigenen Gedanken beschäftigen sich nie mit der Gegenwart, sondern mit der Vergangenheit oder Zukunft, sind immer an einem anderen Ort als an dem, wo Ihr Körper gerade ist. Und das macht auf Dauer krank. Krankheit ist sozusagen die Notbremse Ihrer Psyche, um Ihren Geist wieder in den Körper zurückzuholen, denn Schmerzen sind für die meisten Menschen das einzig wirksame Mittel, damit der Geist und damit die Aufmerksamkeit über längere Zeit im Körper ist.

Eine andere sehr wirkungsvolle Methode, um den Geist heimzuholen, habe ich, Bjørn, als junger 21-jähriger Mann in Indien kennengelernt. Ich wohnte in Benares am Ganges und nahm dort Unterricht in indischer Percussion. Ich war so intellektuell und mein Geist so sprunghaft, dass ich einfach keinen Rhythmus halten konnte. Also bekam ich von meinem Lehrer folgende Aufgabe: „Jeden Morgen auf dem Weg am Ganges entlang von deiner Pension zum Ashram, der Musikschule, zähle deine Schritte." – „So eine primitive Aufgabe", dachte ich, „eine Beleidigung für meinen Verstand."

Aber ich tat, wie mir geheißen. Der Weg dauerte etwa eine halbe Stunde und das Gangesufer, der heilige Fluss Indiens am Morgen ist einfach ein spannendes Abenteuer, voll pulsierendem Leben: Menschen, die aus dem ganzen Land hierherströmen, Verkäufer, die etwas feilbieten, Bettler, die sich aufdrängen, Mönchsgesänge und rituelle Waschungen, Leichenverbrennungen, Opferzeremonien – überhaupt kein Vergleich mit einem deutschen Flussufer. Und ich verlor immer wieder die Zahl, war zu abgelenkt. Der Lehrer stellte mir, als ich ankam, nur zwei Fragen: „Wie viele Schritte hast du gemacht?" Und: „Bist du sicher, dass die Zahl stimmt?" Die erste Frage konnte ich ungefähr beantworten, aber auf die zweite hatte ich nur ein Nein. Am nächsten Tag konzentrierte ich mich wie verrückt und schwor mir, mich heute garantiert nicht ablenken zu lassen. Ich hatte es fast geschafft, als ein frecher Bettler mir in die Tasche greifen wollte, ich mich wehren musste und die exakte Zahl vergaß. Am nächsten Tag war es eine Leichenverbrennung, dann ein wunderschönes Mädchen, einmal bin ich gestolpert und fast in den Ganges gefallen. Es war wie verhext. So dauerte es zwei Wochen, bis ich es endlich schaffte, um dann kompliziertere Rhythmen zum Üben von meinem Lehrer aufzubekommen. Vielleicht sind Sie ein weniger hoffnungsloser Fall, als ich es war.

Wir träumen die meiste Zeit des Tages vor uns hin oder spinnen sinnlose und meist noch destruktive Gedankennetze. Entscheiden Sie sich, diese unbewusste innere Verschmutzung zu beenden und den Geist wieder heimzuholen.

Intention: Ausrichten und Fokussieren der Gedanken; Gegenwärtigkeit im eigenen Körper und Handeln erleben, erhöhte Geistesgegenwart.

Übung: Wenn Sie heute zur Arbeit oder spazieren gehen, joggen oder flanieren, zählen Sie Ihre Schritte und lassen Sie sich nicht ablenken. Stellen Sie sich hinterher drei Fragen:
1. Wie viele Schritte waren es?
2. Bin ich sicher, dass die Zahl stimmt?
3. Wie fühle ich mich? Gibt es eine Veränderung in meiner Selbstwahrnehmung durch das Zählen?

Wenn Ihr Geist durch das Zählen noch immer nicht zur Ruhe gekommen ist, können Sie das Ganze noch steigern und zusätzlich zu den Schritten noch Ihre Atemzüge zählen.

Ausrichtung: Jetzt, immer nur jetzt.

12. Woche
Leer werden

Ein berühmter amerikanischer Professor der Philosophie schrieb sein großes Werk über Zen. Für einige abschließende Fragen reiste er nach Japan, um den berühmten Zen-Meister Nan-In aufzusuchen. Der Professor musste eine ganze Weile auf den Zen-Meister warten und wurde schon ungeduldig, denn er hatte so viele Fragen, auf die er unbedingt eine Antwort haben wollte. Als der Zen-Meister erschien, sprang der Professor aufgeregt auf und wollte gleich einige Fragen loswerden. Der Zen-Meister gab ihm jedoch ein Zeichen, sich zu setzen, um schweigend auf den Tee zu warten, denn jede Audienz beginnt mit einer Tee-Zeremonie. Und es dauerte und dauerte, bis der Tee – echter japanischer grüner Tee – endlich fertig war. Der Professor wurde immer ungeduldiger und legte sich im Geiste alle Fragen zurecht. Schließlich – es erschien ihm wie Stunden – wurde der Tee hereingebracht. Der Professor hielt seine Tasse hin und der Zen-Meister goss Tee in die Tasse des Professors. Er goss und goss, die Tasse war schon randvoll, und der Tee begann bereits über den Rand auf die Untertasse zu fließen. Doch der Zen-Meister goss immer weiter. Dann war auch die Untertasse voll. Der Meister goss immer weiter. Schon tropfte der Tee auf den Fußboden. Da rief der Professor aufgeregt: „Halt! Was tun Sie da? Sehen Sie denn nicht, dass die Tasse bereits voll ist?" Und Nan-In sagte: „So voll wie diese Teetasse ist dein Kopf mit deinen Fragen. Selbst wenn ich sie dir beantworten wollte, so wäre doch gar kein Platz in dir, um die Antworten aufzunehmen. Seit du diese kleine Hütte betreten hast, ist sie überschwemmt mit deinen vielen Fragen. Geh zurück nach Hause, entleere dich und erst dann komm. Mach erst ein wenig Raum in dir."

Den meisten Menschen geht es ähnlich wie dem Professor: Der Geist ist voll mit unnützen Kleinigkeiten und stets beschäftigt. Es ist keine Ruhe und Aufmerksamkeit da, um wirklich neue Ideen, Sichtweisen oder Perspektiven zuzulassen. Sie treffen nur leider keinen Zen-Meister, der sie auf diesen bemitleidenswerten Zustand hinweist.

Intention: Innerlich zur Ruhe kommen, frei von den eigenen Gedanken werden.

Übung: Den Geist entleeren. Nehmen Sie sich für diese Übung zehn Minuten Zeit. Sorgen Sie dafür, dass Sie währenddessen nicht gestört werden. Wenn Ihnen diese Art der Meditation gefällt und Sie diese wiederholen möchten, können Sie später die Zeit auch beliebig verlängern. Achten Sie darauf, dass Ihre Kleidung locker sitzt.
Setzen Sie sich bequem und entspannt auf einen Stuhl oder, wenn bekannt, wählen Sie einen Meditationssitz. Egal ob Sie auf dem Stuhl oder Meditationskissen sitzen, halten Sie Ihren Rücken gerade und aufrecht. Der Kopf ist ganz leicht nach vorn geneigt. Die Hände liegen im Schoß, die rechte Hand ruht dabei in der linken, die beiden Daumen berühren sich leicht. Schließen Sie die Augen oder schauen Sie mit weichem, nicht fokussiertem Blick auf einen Punkt vor sich auf dem Boden. Achten Sie darauf, dass Ihr Körper ruhig und entspannt ist.
Nehmen Sie nun Ihren Körper wahr: die Füße im Kontakt mit dem Boden, Beine und Gesäß auf der Unterlage, auf der Sie sitzen, Bauch, Schultern und Kopf. Gewinnen Sie einen Eindruck von der Form und Haltung Ihres Körpers. Wenn Ihnen das gelungen ist, gehen Sie mit Ihrer Aufmerksamkeit zu Ihrem Atem. Beobachten Sie, wie er ganz natürlich und gleichmäßig ein- und ausströmt. Folgen Sie der Bewegung Ihres Atems, der auf- und wieder absteigt. Jedes Mal, wenn Sie ausatmen, entspannen Sie Ihren Körper noch ein wenig mehr. Bekommen Sie einen Eindruck von dem Raum, den Ihr Atem in Ihrem Körper einnimmt – Ihrem Innenraum. Wenn Ihnen das gelungen ist, vertiefen Sie Ihren Atem. So leicht es geht, atmen Sie etwas tiefer und voller als gewöhnlich ein und lassen dann den Atem etwas langsamer wieder hinausfließen. Halten Sie Ihre Aufmerksamkeit auf den natürlichen Rhythmus Ihres Atems.
Wenn Gedanken oder Bilder auftauchen, nehmen Sie sie wahr. Bleiben Sie nicht an ihnen hängen, sondern lassen

Sie sie weiterziehen mit dem Ausatmen. Erschaffen Sie den Eindruck, dass Sie mit jedem Ausatmen leerer werden. Wenn Ihr Geist und Ihr Alltag so voll sind, dass noch nicht einmal Zeit für zehn Minuten Stille und Nichtstun übrig sind, dann praktizieren Sie die Übung im Zug oder Bus, beim Warten oder anderen Gelegenheiten, die Sie sonst mit Blättern in Zeitschriften, mit dem Handy oder unnützen Gedanken verbringen.

Ausrichtung: Ich halte an und werde still in der Geschäftigkeit des Tages.

13. Woche
Das Körperbewusstsein schulen

Ein – aus
tief – langsam
ruhig – leicht
lächelnd – frei
dieser Augenblick
wunderbarer Augenblick
Thich Nhat Hanh

Unser Körper ist unsere grundlegende Realität. Von Geburt an ist der Körper unser ständiger Begleiter. Er ist das Medium, mit dem wir hier in dieser Welt sind und an ihr teilnehmen. Durch ihn atmen, bewegen, fühlen, denken, lieben wir. Durch ihn teilen wir uns mit, drücken wir uns aus. Er beherbergt unsere Sinne, durch die wir die Welt wahrnehmen, auf sie reagieren und sie genießen können. Indem wir der inneren Bewegung, der sinnlichen Wahrnehmung folgen, fühlen wir. Doch die meisten Menschen haben ein ambivalentes Verhältnis zu ihrem Körper, da er in unserer Kultur – wie aus der Vogelperspektive – als etwas von uns Getrenntes betrachtet wird.

Rein äußerlich wird für diesen Körper alles getan: Kosmetik, plastische Chirurgie, Wellness und Bodybuilding sind in Mode. Trotz dieses Körperkultes lehnen viele Frauen ihren Körper ab und haben alles Mögliche an ihm auszusetzen. Ihre Kritik am eigenen Körper erschwert ihnen den Zugang und trennt sie von diesem. Für Männer ist es oft noch schwieriger, körperlich zu sein. Trotz sportlicher Aktivitäten haben sie oftmals keinen guten Zugang zu ihrem Körper, da sie meist recht kopfgesteuert sind, was durch mentale Arbeit und Hektik im Alltag noch verstärkt wird. Auch frühere Traumata und emotionale Verletzungen führen im Körper zu Stress und Anspannung, wodurch wir den Körper verschließen und den guten Kontakt zu ihm verlieren.

Nur wenn wir vorbehaltlos und ohne Urteil in unseren Körper zurückkehren, können wir uns ganz mit uns selbst verbinden und Glück und andere Sinnesfreuden erleben. Sinnesfreuden und Gefühle des Glücks werden nicht in Gedanken wahrgenommen, sondern sind immer erlebbar an einer bestimmten Stelle im Körper.

Intention: Das eigene Körperbewusstsein schulen, dem Körper Aufmerksamkeit schenken.

Übung: Immer wenn Sie heute bemerken, dass Sie in Gedanken verloren sind und Ihren Körper kaum mehr wahrnehmen, halten Sie für drei Atemzüge inne, die Sie bewusst, langsam und tief in den Bauch atmen.
1. Atemzug: Sagen Sie sich innerlich: „Ich nehme meinen Körper wahr." Und tun Sie es für diesen Atemzug. Gleiten Sie mit Ihrer Aufmerksamkeit vom Kopf durch den ganzen Körper bis zu den Füßen.
2. Atemzug: Sagen Sie sich: „Ich entspanne meinen Körper." Und entspannen Sie bewusst Ihren Körper dabei.
3. Atemzug: „Ich schenke meinem Körper ein Lächeln." Lassen Sie das Lächeln durch den ganzen Körper wandern.
Wenden Sie sich danach wieder Ihrer Tätigkeit zu. Machen Sie dies mehrmals täglich.

Ausrichtung:
ein – aus
tief – langsam
ich nehme meinen Körper wahr –
ich entspanne meinen Körper –
ich schenke meinem Körper ein Lächeln

14. Woche
Leichtigkeit

Leicht ist richtig. Beginne richtig und es ist leicht.
Mache mit Leichtigkeit weiter und du bist richtig.
Chuang-Tzu

Leichtigkeit ist ein körperlich verankertes Gefühl – auf Wolken zu schweben oder alles ist getragen vom Fluss des Lebens. Leichtigkeit entsteht aus dem Eindruck, zum richtigen Zeitpunkt am richtigen Ort das Richtige zu tun und dabei selbst richtig zu sein. Wir treffen die Menschen, die wir treffen sollen. Wir begegnen ihnen auf eine Weise, die uns direkt anspricht und berührt. Menschen und Ereignisse kommen uns für das, was wir wollen, entgegen, sodass ein Gefühl von Getragensein aufkommt. Leichtigkeit entsteht, wenn wir in gutem Kontakt mit uns selbst sind, mit unserer Intuition und so auf die Menschen und Ereignisse eingehen, dass wir in unmittelbarem Kontakt mit allem sind. In dem Maße, wie ich mit meiner Aufmerksamkeit ganz im Moment bin, den Pulsschlag der Gegenwärtigkeit in mir, in der Begegnung mit einem Menschen, in den Ereignissen spüre, spiegelt sich das im Lebensgefühl der Leichtigkeit. Dies ist ein Gefühl, das ich nur im unmittelbaren Erleben der Gegenwärtigkeit erfahren kann. Leichtigkeit und Präsenz sind ein Geschwisterpaar.

In einem Gleichnis heißt es: Wenn wir tot sind und an der Himmelspforte um Einlass bitten, werden wir erst einmal auf eine Waage gestellt. Sind wir auch leicht genug? Denn der Grad unserer Erleuchtung wird an unserer Leichtigkeit gemessen.

Viele Menschen tragen ein Gefühl von Schwere in sich. Das resultiert daraus, dass die meisten Menschen nicht gegenwärtig sind. Sie sind meistens, bis auf wenige Momente am Tag, mit ihren Sorgen, Problemen und Anstrengungen beschäftigt. Sie analysieren und interpretieren das, was schon längst vergangen ist, und quälen sich mit den damit verbundenen schwierigen Gefühlen von Versagen, Misserfolg und Schuld. Sie hängen in ihren leidvollen Erfahrungen aus der Vergangenheit fest und reaktivieren sie stets aufs Neue. Das macht ein Gefühl von Schwere.

Achten Sie einmal darauf: Immer wenn Sie sich schwer fühlen, beobachten Sie Ihre Gedanken. Sie werden feststellen, dass Sie sich dann immer mit Vergangenem beschäftigen. Schwere entsteht aus der Bindung an die Vergangenheit, so wie Leichtigkeit aus der Präsenz erwächst.

Fragen Sie sich einmal selbst: Was waren Momente von Leichtigkeit in Ihrem Leben? Waren es nicht die Augenblicke, Ereignisse oder Begegnungen mit anderen Menschen, in denen Sie ganz unvorbelastet, neugierig und spontan waren: frisch verliebte Augenblicke, Feixen und Lachen mit der besten Freundin, der erste Urlaubstag oder wenn Sie einfach sehr gegenwärtig waren? Wenn Sie sich der Momente der Leichtigkeit entsinnen, erinnern Sie sich wahrscheinlich auch an das Gefühl des Glücks.

Intention: Mehr Leichtigkeit und Glück erleben.

Übung: Gönnen Sie sich eine Woche, in der Sie es sich leicht machen. Treffen Sie am Morgen, wenn Sie aufwachen, die Entscheidung, Leichtigkeit zu erleben, und richten Sie sich immer wieder darauf aus. Achten Sie darauf, die Dinge nicht kompliziert zu machen, nicht zu perfekt sein zu wollen. Immer wenn Sie sich beim Grübeln über Vergangenes beobachten und ein Gefühl von Schwere entsteht, entscheiden Sie sich, wieder präsent zu sein, und richten Sie sich erneut auf das Gefühl der Leichtigkeit aus: „Das Gespräch, das ich gleich führe, verläuft leicht und freundlich." Oder: „Die anstehende Aufgabe geht mir leicht von der Hand." Wenn Sie im Restaurant normalerweise die Karte dreimal rauf und runter lesen, bevor Sie sich entscheiden, nehmen Sie heute das erstbeste Gericht. Lassen Sie diese Woche mal fünfe gerade sein. Tun Sie alles mit Leichtigkeit und bemerken Sie die Wirkung. Und vermeiden Sie es, Dinge zu „verkomplizieren", entscheiden Sie sich für die leichtere und einfachere Lösung.

Ausrichtung: Das Leben ist, wie es ist: einfach, natürlich und leicht.

15. Woche
Atem ist Leben

Der bewusste Atem ist die Brücke, um aus der eigenen Gedankenwelt in die unmittelbare Präsenz und Gegenwärtigkeit zu gelangen. Der bewusste Atem schafft den Zugang zum Fühlen. Der bewusste Atem erweitert das Energiefeld und steigert die eigene Ausstrahlung.

Der Atem ist die Grundlage unseres Lebens. Er ist unser Leben. Unser Leben beginnt mit dem ersten Atemzug nach Durchtrennen der Nabelschnur und endet mit dem letzten Atemzug bei unserem Tod.

Die Atmung geschieht unwillkürlich, wie auch alle anderen Körperfunktionen, die für uns lebenserhaltend sind. Und das ist auch gut so. Stellen Sie sich einmal vor, Sie würden vergessen, zu atmen – Ihr Leben wäre damit beendet.

Alle lebenswichtigen Körperfunktionen und somit auch die Atmung werden von unserem vegetativen Nervensystem gesteuert. Unser Nervensystem besteht aus zwei Teilen: dem Zentralnervensystem mit seinen willkürlichen und bewussten Bewegungen und dem vegetativen Nervensystem, das alle unwillkürlichen Funktionen übernimmt. Der Atem geschieht erst einmal automatisch und ist daher den meisten Menschen nicht bewusst. Er kann aber auch willkürlich, das heißt bewusst gelenkt und kontrolliert werden.

Die meisten Menschen schenken jedoch ihrem Atem wenig Aufmerksamkeit. Das führt unter anderem dazu, dass die Menschen im Allgemeinen recht flach atmen. Die Lungenkapazität eines Erwachsenen umfasst etwas mehr als drei Liter, wovon normalerweise nur ein Siebtel ausgeschöpft wird. Die wenigsten nehmen mehr als einen halben Liter Luft zu sich. Die Lungen bestehen aus drei Kammern oder Lappen: den oberen, unteren und mittleren Lappen. Für gewöhnlich wird nur Letzterer beansprucht.

Vielleicht haben Sie schon einmal in bestimmten Situationen Ihren Atem bewusst wahrgenommen. In Situationen, in denen wir sehr angespannt und gestresst sind, atmen wir für gewöhnlich flach und schnell, während wir nach einer anstrengenden Tätigkeit erst einmal verschnaufen, das heißt, wir holen tief Luft, atmen tief in den Bauch. Und vielleicht haben Sie auch schon einmal beobachtet, wie Sie erst einmal einen tiefen Atemzug nehmen, wenn Sie sich aufs Bett oder Sofa zum Ausruhen legen.

Die Beispiele mögen zeigen, dass Entspannung und Ausruhen mit einer tiefen Bauchatmung einhergehen, während Anspannung und Stress zu einer eher flachen und schnellen Atmung im mittleren Brustbereich führen. Das bedeutet umgekehrt, dass flache und schnelle Atmung eine permanente Anspannung auslöst. Diese schwächt nicht nur das Immunsystem, sondern führt auch zu vielen anderen Krankheiten und Funktionsstörungen, bis hin zum Herzinfarkt. Es gehört heute schon zum Allgemeinwissen, dass Entspannung ein wesentlicher Faktor für Gesundheit ist.

Über den bewussten Atem können wir auch auf Gefühle und Emotionen Einfluss nehmen. Jedes Gefühl hat ein bestimmtes Atemmuster. Angst zum Beispiel lässt uns die Luft anhalten. Wut lässt den Atem zu einem heftigen Schnauben werden. Und eine schöne Landschaft, den Duft einer Blume oder den Gesang der Vögel nehmen wir mit unserem vollen und tiefen Atem in uns auf. Das bedeutet auch umgekehrt, dass wir mit unserem Atem auf Gefühle Einfluss nehmen. Schauspieler beispielsweise, die spontan verschiedene Emotionen ausdrücken müssen, nehmen den Atem zu Hilfe, um sich in diese Gefühle hineinzuversetzen und sie dann auch wirklich authentisch darzustellen.

Die bisher dargestellten Gründe mögen schon ausreichen, um die Bedeutung des Atems zu erkennen. Sowohl aus spiritueller als auch aus körperpsychologischer Sicht kommt aber noch ein weiterer grundlegender Aspekt hinzu: Wir atmen nicht nur ein Sauerstoff-Stickstoff-Gemisch ein, sondern ebenso Prana, Lebensenergie. Prana nehmen wir auch durch Nahrung zu uns, allerdings ist sie im Atem am dichtesten. Die Tiefe und Intensität des Atems entscheidet also darüber, wie viel Lebensenergie wir fühlen.

Die folgende Übung hilft, den vollen und tiefen Atem zu praktizieren. Hierbei werden nacheinander alle drei Bereiche der Lunge mit Atem gefüllt und wieder entleert. Die Atembewegung setzt sich wie eine innere Welle durch den Körper fort und lädt diesen sanft und kraftvoll mit Prana, Lebensenergie, auf. Um das gesamte Potenzial Ihrer mentalen, emotionalen und spirituellen Fähigkeiten auszuschöpfen, lernen Sie, Einfluss auf Ihren Atem zu nehmen. Die tiefe Bauchatmung hat das positive Resultat der Entspannung zur Folge – schöpft jedoch noch nicht die ganze Kapazität der Lunge aus.

Intention: Die Kraft und die belebende Wirkung des Atems erfahren.

Übung: Die volle innere Welle atmen. Diese kleine Atemübung dauert nur etwa zehn Minuten.
1. Setzen Sie sich bequem und entspannt auf einen Stuhl oder Meditationssitz. Sitzen Sie allein für etwa zehn Minuten ruhig da. Nehmen Sie Ihren Atem wahr. Beobachten Sie, wie er ganz natürlich und gleichmäßig ein- und ausströmt. Bleiben Sie mit Ihrer Aufmerksamkeit ganz beim Atem. Entspannen Sie Ihren Bauch. Erlauben Sie sich, ein wenig tiefer als gewöhnlich zu atmen. Spüren Sie, wie sich beim Einatmen Ihre Bauchdecke wölbt und beim Ausatmen wieder senkt.
2. Wenn Sie gut in den Bauch atmen und die Bewegung deutlich spüren, legen Sie die andere Hand auf die Mitte der Brust. Lassen Sie nun den Atem vom Bauch in den Brustraum strömen, sodass eine kleine Welle im Körper entsteht. Zuerst dehnt sich beim Einatmen der Bauch aus, dann der Brustraum. Halten Sie einen Moment inne und atmen Sie dann aus. Zuerst sinkt der Brustraum zusammen, dann der Bauch. Atmen Sie eine Weile in dieser Weise.
3. In einem weiteren Schritt lassen Sie die Atemwelle noch weiter fließen: vom Bauch über den Brustraum noch höher in den oberen Lappen der Lunge unterhalb der Schultern. Um diese Wellenbewegung zu unterstützen, ziehen Sie die Schultern leicht nach oben und hinten. Halten Sie einen Moment in eingeatmetem Zustand inne und atmen Sie dann in umgekehrter Reihenfolge wieder aus. Behalten Sie diese innere Wellenatmung einige Minuten bei.
4. Lassen Sie die bewusste Kontrolle des Atmens los und kehren Sie wieder zum normalen Atmen zurück. Nehmen Sie einen Moment lang wahr, was die wenigen Minuten vertieften Atmens in Ihnen bewirkt haben.

Achten Sie im Laufe des Tages immer wieder auf Ihren Atem. Immer wenn Sie daran denken, atmen Sie voll und tief. Benutzen Sie eine Erinnerung in Form eines Aufklebers etwa auf Uhr, Lenkrad im Auto, am Computer mit der Aufschrift „Atem".

Anmerkung: Wenn Sie normalerweise recht flach atmen, kann der Energieschub, der diese volle Atmung auslöst, ungewohnt oder beängstigend sein. Vielleicht tritt Schwindel auf oder ein starkes Kribbeln, ein Gefühl von Elektrisierung im Körper. Dies sind alles Erscheinungen, die eine erhöhte Lebensenergie signalisieren. Nichts davon ist gefährlich – weder körperlich noch psychisch. Sobald Sie wieder flacher atmen, sinkt der Energiepegel und die Symptome lösen sich auf.
Strengen Sie sich nicht zu sehr an dabei. Vielleicht ist diese Form des tiefen Atmens noch ungewohnt für Sie. Durch die sanfte Kraft und Beständigkeit der Atemwelle werden Sie allmählich Ihr Atmungsmuster verändern und voller und tiefer atmen.

Ausrichtung: Atem ist Leben.

Fühlen

Fühlen zu können ist eine der wesentlichen Fähigkeiten, die das Leben lebenswert macht. Unsere Gefühle bestimmen ganz entscheidend, wie wir unser Leben ausrichten. Es lohnt sich also, den Blick auf diese Qualität des Fühlens zu richten.

Was passiert, wenn wir fühlen? Zu fühlen bedeutet, die Welt unmittelbar über unsere Sinne zu erleben. Riechend, lauschend, schmeckend und fühlend werden wir geboren. Jedes Baby erschließt sich allmählich die Welt über seine Sinne. Durch sie erlebt es seine Umwelt, nimmt sie in sich auf und drückt sich gleichzeitig aus. Die Sinne ermöglichen erst den Kontakt zur Welt und den Menschen. Doch mit der Zeit, wenn das Kleinkind älter wird, geht ihm viel von dieser natürlichen Fähigkeit verloren. Anstelle des Fühlens wird zunehmend der Verstand entwickelt, wenn das Kleinkind beginnt, Begrifflichkeiten und seine Sprache zu entdecken. Sprache ist das Erfassen von Wirklichkeit durch Begriffe. Alles erhält einen Namen, alles erhält einen Begriff. Damit wird ein Prozess in Gang gesetzt, der dazu führt, dass wir die Wirklichkeit nicht mehr fühlend erleben und begreifen, sondern über Begriffe, Wörter und Namen erkennen. So tritt im Laufe der Sozialisation das Fühlen immer mehr zugunsten des Denkens zurück. Der kleine Übersetzungscomputer im Kopf des Kindes entwickelt sich mit zunehmendem Alter zu einem überdimensionalen Apparat, der vollautomatisch funktioniert wie die Zündung im Motor: Sonne – oh hell und schön; Frau – ah ja, sieht gut aus, attraktiv; Rauch – pfui, ungesund.

Ohne dass wir es merken, kommt eine Übersetzung in Form von Begriffen und damit verbunden Bewertungen und Urteile in die sinnliche Erfahrung mit hinein. Die Sinne als Rezeptoren des Körpers und Geistes nehmen etwas wahr, doch noch bevor man anfängt, wirklich zu empfinden, ist bereits eine Übersetzung parat, ein Wort – und damit verbunden eine Bewertung. Durch

Sprache können wir das unmittelbare Erleben für uns handhabbar und kontrollierbar machen. Daran ist nichts Schlechtes, würde der kontrollierende Verstand nicht Oberhand gewinnen und das eigentliche Fühlen in unserer Kultur immer mehr verdrängen und ersetzen.

Sinneswahrnehmung

Mit Fühlen ist hier nicht gemeint, ganz besondere Gefühle zu haben. Fühlen meint viel eher die unmittelbare Wahrnehmung der Realität durch alle Sinne, frei von eigenen Vorstellungen, Bewertungen und Meinungen.

Die Welt fühlend, durch unmittelbare Wahrnehmung zu erleben, bedeutet Präsenz und erschafft ein Empfinden von Verbindung – mit sich selbst, den Menschen und der Welt.

Normalerweise stellen wir den Kontakt mit Menschen durch Reden her. Kommunikation bedeutet da meistens Austausch von Meinungen und Vorstellungen, Vergleichen oder Auseinandersetzung mit Begriffen. Dies schafft aber nicht unbedingt Verbindung. Setze zwei Menschen zusammen und lass sie über ein Thema diskutieren. Sie verbringen den ganzen Tag zusammen und diskutieren. Am Ende werden sie keine Verbindung zum anderen spüren. Im Gegenteil: Sie werden eher die Differenzen und die Trennung wahrnehmen, die dadurch entstanden ist. Setze dagegen zwei Menschen nur eine Stunde zusammen und lass sie miteinander schweigen. Sie werden sich wahrscheinlich bereits nach einer Stunde dem anderen Menschen sehr vertraut und nah fühlen. Weshalb ist das so? Im ersten Fall passiert Kommunikation – von Kopf zu Kopf tauschen sich die Menschen über Meinungen und Vorstellungen aus. Im zweiten Fall passiert so etwas wie Kommunion (lat. *communio* = Gemeinschaft), die dadurch entsteht, dass der Verstand auf Diät gesetzt wird und sich so Raum für die Herzen öffnet. Die Menschen begegnen sich von Herz zu Herz. Es entsteht Verbindung, Nähe, eine gemeinsame Schwingung.

Dies (wieder) zu erleben ist eine große Sehnsucht der Erwachsenen. Die Sonne muss nicht noch heller scheinen, die Temperatur muss nicht noch wärmer werden, der Partner muss nicht noch liebevoller sein, das Auto nicht noch schneller und Erlebnisse nicht noch grandioser. Das Leben gewinnt einzig und allein durch die bewusste Sinneswahrnehmung an Qualität und Intensität.

Sensorische Deprivation

Wenn der mentale Übersetzungscomputer auf Stand-by gestellt wird und wir wieder beginnen, die Welt fühlend wahrzunehmen, kann das unbeschreiblich beglückend sein. Es entsteht der Eindruck, als würde die Welt neu geboren oder wir selbst würden sie zum ersten Mal wahrnehmen.

Wir (Bjørn und Leila) haben das erlebt, als wir nach 72 Stunden aus einem Lavatunnel auf den Kanaren kamen, der tief unter der Erde liegt. Dort hielten wir unser Retreat ab, fastend und meditierend waren wir dort – jeder für sich allein – in absoluter Dunkelheit und Stille zurückgezogen, ohne jegliche Sinneseindrücke. Es bedurfte dieser vielen Stunden unter der Erde, bis wir frei wurden von den Bildern, Begriffen und inneren Filmen, die in unseren Köpfen stets als Drei-D-Kino ablaufen. Wieder zurück über die Erde zu kommen, war ein unglaublich berauschendes Erlebnis, da wir eine bis dahin nicht gekannte intensive Wahrnehmung all unserer Sinne erfuhren. Wir sahen die Welt, als würden wir sie zum ersten Mal erleben. Wir tauchten völlig in die sinnliche Erfahrung unserer Umgebung ein: in den Wind auf der Haut, den trockenen Geruch von Hitze und Erde, den Geschmack des Salzes vom Meer und in die Weite der See und des Horizonts. Wir haben den ganzen Tag einfach nur am Meer gesessen und waren berauscht von den vielfältigen natürlichen Sinneseindrücken dieser Welt.

Unsere Sinne waren geschärft und in erhöhtem Maße sensibilisiert, da wir drei Tage und Nächte lang keinerlei sensorische Reize empfangen hatten. Dieser totale Entzug von Außenreizen heißt im Fachjargon sensorische Deprivation und wird außer für neurologische und psychologische Experimente vor allem in spirituellen Traditionen als eine intensive Form der Meditation angewandt. Der „blaue Tod", wie ihn die Mystiker des Islams nennen, bewirkt, dass unser Geist zur Ruhe kommt und eine Bewusstseinsveränderung oder -erweiterung eintritt, in der die Anhaftung an die eigenen Gedanken und Emotionen erkannt und gelöst wird. Darüber hinaus erfahren alle Sinne eine starke Sensibilisierung, alle Außenreize werden sehr viel intensiver wahrgenommen, weshalb man mit wenigen auskommt.

Das Leben, das sinnlich erfahren wird, anstatt vom Kopf gesteuert zu sein, wird so wieder aufregend und intensiv, auch ohne großartige Außenreize. Die Sinneswahrnehmung führt uns immer in die Gegenwärtigkeit, ins Hier und Jetzt und schafft ein Gefühl von Verbindung: mit uns selbst, den Menschen und dem Erleben. So sind die Menschen in unseren Seminaren immer wieder überrascht, wie trotz der großen Gruppe sehr schnell ein Gefühl von Verbindung unter den Teilnehmern entsteht. Der Grund dürfte nach den Ausführungen klar sein: Wir reden und diskutieren nicht so viel untereinander; dafür atmen und fühlen wir mehr miteinander.

Fühlende Menschen atmen tief in den Bauch

Ein interessantes Phänomen ist der Zusammenhang von Fühlen und Atmung oder Denken und Atmung. Unsere Beobachtung hierbei ist, dass Menschen, die wenig fühlen und viel denken, hoch und flach in den Brustkorb oder sogar nur in den Schulterbereich atmen. Menschen dagegen, die noch in gutem Kontakt mit ihren Gefühlen und der sinnlichen Wahrnehmung sind, atmen tief und langsam vor allem in den Bauchraum. Dies kann man bei kleinen Kindern beobachten, die deswegen die ersten Jahre noch einen kugelrunden Bauch haben, etwas unproportional zum übrigen Körper. Auch die einfachen Naturvölker haben diese Kugelbäuche, sie atmen tief und voll in den Bauch. Für uns gibt es da einen direkten Zusammenhang. Während die tiefe Bauchatmung den guten Kontakt zum Körper und Fühlen unterstützt, scheint etwas weniger Sauerstoff durch eine flache Atmung das Denken zu fördern. Daher haben wir in unseren Seminaren den Satz etabliert: Tiefe Bauchatmung fördert das Fühlen, flache Atmung das Denken. Bisher gibt es dafür keinen wissenschaftlichen Nachweis, dennoch können wir diese Gesetzmäßigkeit immer wieder beobachten.

16. Woche
Fühlen statt denken

Ein Erlebnisbericht: Ich, Leila, bin für ein paar Wochen auf Bali. Ich liege nachts im Bett und werde von einem aufdringlichen Lärm geweckt. Es ist ein undefinierbares Geräusch, Laute, die ich nicht kenne. Ich beobachte, wie mein Geist auf die Suche geht, um diese Laute zu identifizieren und ihnen einen Namen geben zu können. Es macht mich nervös und unsicher, dass ich nicht weiß, was es ist. Schließlich denke ich „Kröte", es muss eine Kröte sein. Die Vorstellung, mit einer Kröte in einem Raum oder vielleicht sogar in einem Bett zu übernachten, bringt mich in Alarmbereitschaft. Aufgeregt wecke ich meinen Partner neben mir. Wir schwingen uns aus dem Bett, verrücken Möbel und suchen die Kröte. Es ist nichts zu finden. Wir legen uns wieder schlafen, doch ich bleibe wach. Mein Geist grübelt, und ich beobachte, wie ich immer beunruhigter werde, da ich den Lauten keinen Begriff zuordnen kann. Am nächsten Morgen erzähle ich davon den Einheimischen. Sie lachen und meinen, dass sei sicherlich ein Gecko gewesen, der unter dem Dach gesessen hat. Die Holzdächer, unter denen der Gecko gerne schläft, verstärken seine Laute in der Nacht zu einem richtigen Lärm. In den nächsten Nächten höre ich diese Laute noch sehr oft. Aber jetzt ist es anders. Jetzt weiß ich, es ist ein Gecko – und Geckos bringen Glück. Und ich begrüße innerlich das Tier und kann wunderbar mit seinen Lauten einschlafen.

Was ich hier erlebt habe, ist nicht das Hören eines Lautes. Vielmehr habe ich zunächst meine Unsicherheit empfunden, weil ich etwas Unbekanntes nicht einordnen konnte, und danach meine positive Bewertung von Geckos. Was ich da ganz explizit erfahren habe, geschieht auf einer unbewussten Ebene ständig. Wir erleben die Welt nicht mehr unmittelbar über unsere Sinneseindrücke, so wie sie ist, sondern über unsere Vorstellungen, unsere Meinungen und Bewertungen darüber!

Erwachsene nehmen zu einem geringen Anteil die Welt über die unmittelbare Sinneswahrnehmung, das Fühlen, wahr und zum größten Teil über die Begriffe, Bewertungen und Vorstellungen. Viele Menschen klagen darüber, dass sie nicht mehr fühlen können. Sie leiden unter dem Eindruck, nicht mehr unmittelbar am

Leben teilzunehmen. Sie empfinden sich getrennt von sich selbst, den Menschen und dem Leben. Die Ursache hierfür liegt darin, dass die Welt nicht mehr fühlend, sondern nur noch über die Gedanken erfahren wird.

In der Regel erleben wir ein Gefühl als eine Reaktion auf Sinneseindrücke oder auf unsere eigenen Gedanken und Vorstellungen. Kinder reagieren durch ihre Gefühle und den spontanen Ausdruck auf ihre Umwelt und verbinden sich so mit ihr. Diese natürliche Fähigkeit, alle Emotionen zu erleben und unmittelbar auszudrücken, haben wir jedoch als Erwachsene weitgehend verloren. Das ist der Grund, warum Menschen sich leer, energielos oder wenig in Kontakt mit der Umwelt empfinden. Was ist da passiert? Als Kinder waren für uns alle Gefühle gleichwertig. Es gab keine guten und schlechten Emotionen, keine, die erstrebenswert waren oder die man möglichst vermied. Oft jedoch erlebten wir als Kinder eine stark bewertende Reaktion der Erwachsenen auf unsere Gemütsbewegungen. Bei bestimmten Gefühlen wie Angst, Wut oder Traurigkeit erfuhren wir Ablehnung, Liebesentzug oder sogar Gewalt. Bei anderen, wie etwa Freude, bekamen wir Belohnung und Kontaktbereitschaft. Das Unterdrücken bestimmter, unliebsamer Gefühle bot also einen (vermeintlichen) Schutz vor den Reaktionen der Umwelt.

Im Laufe unseres Lebens haben wir uns Mechanismen angewöhnt, wie wir unsere Gefühle kontrollieren können, um bestimmte Reaktionen der Umwelt hervorzurufen oder zu vermeiden. So haben wir etwa begonnen, Emotionen durch Bewertungen zu ersetzen oder durch Begriffe zu abstrahieren, was allerdings unseren Kontakt mit der Welt verringert. Je mehr wir unsere Gefühle gegen Bewertungen und Begriffe austauschen, umso weniger Lebendigkeit und Kontakt erleben wir. Wir haben irgendwann die Bewertungen für unsere Gefühle übernommen. Alles Erleben begann sich aufzuteilen in „gut" oder „schlecht". Eine dieser beiden Antworten erhalten wir auch häufig, wenn wir jemanden fragen: „Wie geht es dir?" Meist sind wir mit dieser Antwort zufrieden und fragen nicht weiter nach. Über die Gefühle dieses Menschen haben wir dabei jedoch nichts erfahren – lediglich seine Bewertung.

Wir lernten nicht nur unsere Gefühle, sondern auch Dinge, Zustände, Menschen, unsere gesamte Umwelt zu bewerten. In der Schule und der Gesellschaft funktioniert vieles nach dem

„Bewertungsmaßstab". Wir lernten mit der Zeit, immer schneller und automatischer Erlebnisse und Wahrnehmungen mit Bewertungen zu etikettieren, also durch Symbole zu ersetzen. Diese meist blitzschnelle Tätigkeit des Verstandes ersetzte so nach und nach das Erleben der Welt. Die Folge ist eine gewisse Gefühlsarmut, der Eindruck des Getrenntseins von der Welt und anderen Menschen, das Leiden unter der ständigen Kontrolle des Verstandes, nicht Loslassen-können und eine permanente Anspannung.

Das Bewerten ist bei den meisten Menschen der westlichen Welt so automatisiert, dass es scheinbar gar nicht abzuschalten ist. Jemand sieht eine Blume und denkt sofort: „Schön." Bevor Zeit für die fühlende Verbindung mit der Blume da ist, wird ihr ein Begriff zugeordnet, und das Thema ist abgehakt. Über diese Begriffe und Symbole können wir kommunizieren, aber sie erfüllen uns nicht. Immer mehr erleben wir so die Welt durch den Filter unserer Bewertungen, Meinungen und Urteile – nicht mehr die Welt selbst.

Denken ist der Widerstand gegen das Fühlen

Aus dem therapeutischen Kontext wissen wir auch, dass das Denken ein Widerstand gegen das Fühlen, das Erleben ist. Diese These können Sie ganz leicht verstehen, wenn Sie sich einmal Situationen in Ihrem Leben vergegenwärtigen, in denen Sie gelitten haben. Denken Sie an Situationen, wo Sie zum Beispiel von einem geliebten Menschen verlassen, von Menschen enttäuscht wurden oder etwas, was Sie sich sehr wünschten, nicht bekamen. Haben Sie nicht stundenlang über mögliche Gründe gegrübelt, Ihr eigenes Verhalten und das Ihres Partners immer wieder analysiert und nach Ursachen gesucht, die Tage mit inneren Dialogen oder Gesprächen mit der Freundin verbracht, in denen analysiert, theoretisiert und bewertet wurde? Wie viel Zeit haben Sie dagegen einfach nur getrauert, geweint oder geschrien und so Ihre Wut zum Ausdruck gebracht? Sehr wahrscheinlich bedeutend weniger.

Auch Krisen oder traumatische Erlebnisse in der Kindheit und die damit verbundenen Gefühle von Ohnmacht, Angst und Verlust vergessen wir – aber die Überzeugungen, die wir uns darin gebildet haben, damit wir nicht mehr fühlen müssen, behalten wir ein Leben lang, und genau die prägen dann unseren Alltag und unsere Beziehungen.

Daher geht es in dieser Woche darum, wieder mehr zu unserer ursprünglichen Fähigkeit, die Welt fühlend wahrzunehmen, zurückzufinden. Das braucht in der Regel etwas Zeit, da der Verstand nicht so gerne die Kontrolle abgibt. Meistens rebelliert er gegen den „Zwangsurlaub". Das sieht individuell sehr unterschiedlich aus: Der Verstand produziert ablenkende Gedanken, kritisiert die Übungen, bewertet das Ganze als langweilig, unnötig, anstrengend oder zu schwierig.

Tatsache ist jedoch, dass eine fühlende Verbindung mit der Welt der leichteste, erfrischendste, aufregendste und beglückendste Zustand überhaupt ist. Wenn Sie Zweifel daran haben, beobachten Sie einmal kleine Kinder!

Intention: Den Widerstand gegen das Fühlen aufgeben und wieder mehr Kontakt zum unmittelbaren Gefühl bekommen.

Übung: Entscheiden Sie sich in dieser Woche, den Fokus auf das Fühlen zu richten. So oft Sie daran denken, werden Sie sich Ihrer emotionalen Verfassung bewusst. Halten Sie immer mal wieder einen Moment inne. Atmen Sie tief in den Bauch und spüren Sie in den Körper. Fragen Sie sich dann: „Wie fühle ich mich jetzt? Wo im Körper erlebe ich das Gefühl?"

Wenn Sie sehr mit den Aktivitäten Ihres Geistes beschäftigt sind, dann werden Sie Ihrer Gedanken gewahr. Wenn Sie sich selbst dabei beobachten, wie Sie innere Dialoge mit Menschen führen, wie Sie Ereignisse oder andere Menschen analysieren, wenn Sie mit Menschen diskutieren, halten Sie einen Moment inne und fragen Sie sich selbst: „Was vermeide ich in diesem Moment zu fühlen? Mit welchen Gefühlen komme ich in Kontakt, wenn ich die Aktivität meiner Gedanken einstelle?" Halten Sie inne. Atmen Sie tief und langsam in den Bauch. Und erlauben Sie sich zu fühlen.

Hilfsmittel: Schreiben Sie als Hilfe das Wort „Fühlen" auf einen Zettel, den Sie an eine markante Stelle kleben.

Ausrichtung: Ich fühle.

17. Woche
Es ist okay, alles zu fühlen

Wenn wir uns unseren Gefühlen stellen, eins mit ihnen werden, sie beruhigen und loslassen, können wir einen tiefen Blick auf ihre Ursachen werfen, die häufig auf falschen Vorstellungen beruhen. Sobald wir Ursachen und Wesen unserer Gefühle verstehen, beginnen sie sich zu verwandeln.
Thich Nhat Hanh

Gefühle wahrzunehmen und sie auch zum Ausdruck zu bringen sind natürliche Fähigkeiten, die wir von Geburt an mitbekommen haben. In Kontakt zu sein mit unseren Gefühlen gehört somit zu unserer Natur und beinhaltet einen wesentlichen Aspekt unserer Lebensqualität. Emotionen bereichern unser Leben, halten unsere Beziehungen lebendig und kommunikativ und geben uns selbst Integrität.

Viele Menschen haben jedoch im Laufe ihres Lebens diese natürliche Fähigkeit verloren. Durch Belohnung oder durch Bestrafung haben sie schon sehr früh als Kind gelernt, nur bestimmte Empfindungen zu zeigen und andere zu verstecken. Das hat sie dazu veranlasst, die eigenen Gefühle als gut und schlecht zu bewerten und aufzuteilen. Die guten Gefühle dürfen ausgedrückt werden, die schlechten müssen verborgen bleiben. Diese Einteilung hat wiederum dazu geführt, dass viele Menschen nur noch sehr wenig empfinden. Sie umgehen es grundsätzlich zu fühlen, denn sie könnten mit Emotionen in Kontakt kommen, die ihnen unangenehm sind oder die sie als negativ oder schlecht bewerten. Angst, Enttäuschung, Scham, Schmerz, Wut oder Trauer werden vermieden. Das Problem dabei ist, dass wir nur wählen können zwischen fühlen oder nicht fühlen. Wir können uns nicht entscheiden, nur die guten Gefühle zuzulassen – und nicht die „schlechten". Denn Emotionen sind lediglich Ausdruck unserer Lebensenergie. Wenn wir uns entscheiden, wieder mehr in Kontakt mit unseren Gefühlen zu kommen, braucht es die Bereitschaft, alle Gefühle anzuerkennen – die „guten" wie die „schlechten".

Machen Sie sich klar, dass nicht die Gefühle an sich „schrecklich, schwierig oder schlecht" sind, sondern dass es Ihre Bewertungen sind, die bestimmte Empfindungen nicht akzeptieren. Nicht Wut, Trauer oder Enttäuschung bewirken, dass es uns schlecht geht, sondern unsere Bewertung, dass diese Gefühle furchtbar, nutzlos oder unangemessen sind und sich nicht gehören.

Der „Ja-/Nein-Schalter"

In unserem Organismus gibt es eine Art „Ja-/Nein-Schalter". Ist unser innerer Schalter auf „Ja" gestellt, fühlen wir uns offen und ausgedehnt, großartig und leicht. Wir fühlen uns schön, energiegeladen und attraktiv. Wir sind risikofreudig, gehen neugierig auf andere zu und wagen etwas Neues. Wir sind bereit, das Leben zu leben und zu lieben. Wir sind kreativ, initiativ und dadurch attraktiv.

Anders, wenn unser Schalter auf „Nein" steht. Dann wird es eng um unser Herz, alles zieht sich zusammen. Wir ziehen uns zurück, scheuen den Kontakt, suchen die Sicherheit im Gewohnten und haben an allem und allen etwas auszusetzen. Wir fühlen uns kalt und leblos, eng, trocken, hässlich, unbeweglich, langweilig und unattraktiv.

Verbringen wir unser Leben damit, uns selbst und unsere Gefühle zu bewerten oder andere Menschen, steht unser innerer Schalter auf „Nein". Wir fühlen uns dann starr, leblos, langweilig und getrennt in unseren Beziehungen. Kritisieren wir uns für bestimmte Gefühle, spalten wir uns von einem wesentlichen Teil von uns selbst ab. Wir können uns dann nicht mehr leiden und würden uns am liebsten unter die Bettdecke verkriechen. Manche Menschen verbringen damit viele Tage. Das muss jedoch nicht sein!

Wir haben jederzeit die Möglichkeit, den Schalter wieder auf „Ja" umzulegen, wenn wir uns erlauben, alle Gefühle zu fühlen, und uns selbst gegenüber dabei wohlwollend eingestellt sind. Dann mögen wir uns wieder selbst und nehmen wieder gern Kontakt zu anderen auf. Der authentische Ausdruck unserer Gefühle schafft Verbindung – zu uns selbst und in unseren Beziehungen.

Unser innerer Schalter wechselt während eines langen Tages viele Male von „Ja" auf „Nein" und wieder auf „Ja". Oftmals versäumen wir aber auch das Umschalten. Dann hängen wir in unserem „Nein" fest, ohne dass wir es merken. Wir lassen die schönen Dinge des Lebens an uns vorbeigehen, ohne sie zu bemerken und uns an ihnen zu erfreuen.

Intention: Wieder guten Kontakt zu allen Gefühlen bekommen und dadurch den inneren Schalter auf „Ja" halten.

Übung: Achten Sie heute darauf, dass Ihr Schalter auf „Ja" steht.
Wenn Sie sich im „Nein" fühlen, das heißt, keine Lust haben, Widerwillen spüren, sich verweigern oder mit jemandem kämpfen, halten Sie einen Moment inne. Fragen Sie sich selbst: „Welche Gefühle vermeide ich jetzt zu spüren?" Vielleicht sind Sie ängstlich, unsicher oder fühlen sich überfordert und gestehen sich das nicht ein. Fragen Sie so lange, bis Sie eine Antwort finden. Akzeptieren Sie dann das, was Sie fühlen. Sagen Sie sich selbst: Es ist okay, jetzt unsicher oder enttäuscht zu sein. Es ist okay, das jetzt zu fühlen. Und erlauben Sie sich, für einen Moment die Unsicherheit – oder was immer es ist – zu empfinden. Finden Sie Ihr inneres Ja dazu. Wenn Ihnen das gelingt, schaltet sich Ihr innerer Schalter auf „Ja" und alles wird sich augenblicklich ändern. Akzeptieren Sie die Gefühle, die Sie gerade nicht haben wollen oder als unpassend, peinlich oder unangemessen bewerten. Wenn Sie nichts fühlen, aber etwas fühlen sollten, dann sagen Sie sich: „Es ist okay, nichts zu fühlen." Geben Sie den Widerstand gegen sich selbst auf.

Ausrichtung: Es ist okay, das jetzt zu fühlen.

18. Woche
Stimmungen meistern

König Narod war im ganzen Reich für seine Launenhaftigkeit und wechselnden Stimmungen bekannt: Einmal war er großzügig und verschenkte Reichtümer, kurz darauf unbarmherzig und rachsüchtig und ließ Menschen wegen der kleinsten Vergehen köpfen, anderntags war er so albern, dass keine Verhandlungen geführt werden konnten, dann wieder deprimiert. Der ganze Hofstaat und nicht zuletzt auch der König selbst litten unter diesem unbeherrschbaren Stimmungswandel. Schließlich rief der König alle Minister zusammen und sprach: „So kann es nicht weitergehen. Ich träumte heute Nacht von der Lösung meiner Launenhaftigkeit: einem magischen Stimmungsring. Dreht man ihn, so wird der Träger fröhlich, dreht man ihn wieder, wird er traurig, verliebt oder wütend – ein Ring, um die Stimmungen zu meistern. Ich brauche diesen Ring – koste er, was es wolle –, besorgt ihn mir." Und die Boten brachen in nahe und ferne Länder auf, um nach diesem Ring zu suchen. Allerlei zauberhafte und magische Ringe konnten die Boten finden, aber der gesuchte Stimmungsring war nicht dabei. Der König wurde immer hoffnungsloser, als der letzte Bote ohne den Ring zurückkam. Plötzlich stand ein Magier neben dem Thron des Königs. „Eure Majestät: Ihr verlangtet nach einem Ring, mit dem Ihr Eure Stimmung meistern könnt? Hier ist er." Und er hielt einen funkelnden Ring mit einem großen Rubin darin hoch. Der König war so fasziniert, dass er ganz vergaß, zu fragen, wie der Magier in den bewachten Palast gekommen war. „Ich muss diesen Ring haben: Was immer Euer Preis ist, ich werde ihn zahlen." Der Magier antwortete: „Ich schenke ihn Euch. Aber nur unter einer Bedingung. Unter dem Rubin ist eine Botschaft verborgen. Versprecht mir, dass Ihr nur darunterschaut, wenn alles verloren ist, Ihr hilflos und verzweifelt seid, und es keine Rettung mehr gibt." Der König versprach es – er hätte für diesen Ring alles versprochen. Er steckte den Ring auf und drehte ihn, und seine Stimmung veränderte sich. Frieden kam in das Königreich. Doch dann wurde das Land von den Mongolen erobert, die alle niedermetzelten. Als das Heer geschlagen war, floh der König in die Berge, seine Leibwache wurde ermordet, sein Pferd brach vor Erschöpfung zusammen, er floh zu Fuß, bis er in eine Sackgasse geriet, vor ihm der Abgrund. Er hörte die Pferde und das Kriegsgeschrei nahen. Da ent-

sann er sich im letzten Augenblick des Ringes. In Todesangst hob er den Stein an und las die Botschaft: „Auch das geht vorbei."

Viele Menschen fühlen sich als Opfer ihrer Gefühle und Stimmungen und identifizieren sich damit. Besonders Frauen, die meistens einen besseren Kontakt zu ihren Gefühlen haben, aktivieren den alten emotionalen Schmerz immer wieder aufs Neue. Gefühle des Schmerzes (Verletzung, Enttäuschung, Trauer, Angst, Wut) werden meistens intensiver empfunden und werden auch eher gespeichert als Glücksgefühle, das haben neurologische Forschungen ergeben. Wenn wir dann etwas für uns Schwieriges oder Schmerzhaftes erleben, knüpfen wir ganz leicht an die alten gespeicherten schmerzhaften Gefühle an. Sie werden reaktiviert und wir fühlen uns als Opfer dieser Gefühle. Die Buddhisten sprechen auch von Anhaftung: Der Eindruck entsteht, wir könnten nicht anders als traurig, enttäuscht, wütend und so weiter sein.

Verstärkt wird diese Tendenz durch eine Psychotherapie, die als Antwort auf die einseitige Intellektualisierung der Psychologie die Gefühle und ihren Ausdruck besonders betont, wie es zum Beispiel die Körpertherapie tut. So glauben viele Menschen, ein Wutanfall würde sie von ihrer Wut befreien, Tränen von der Trauer erlösen und das Fühlen der eigenen Bedürftigkeit sie aus ihrer Minderwertigkeit befreien. Bei unseren eigenen Erfahrungen als Therapeuten mit einigen Tausend Menschen hat sich diese Vorstellung inzwischen als nicht haltbar erwiesen. Und auch in der wissenschaftlichen Psychologie gibt es keine Beweise für diese Annahme. Vielmehr hat man bereits vor einigen Jahrzehnten herausgefunden, dass der wiederholte Ausdruck von Wut die Wut eher noch steigert, die immer wiederholten Tränen tiefer in die Depression führen. Zudem wird eine neue Konditionierung geschaffen: die wöchentliche Katharsis in der Therapiestunde.

In dieser Woche geht es nun also darum, schmerzhafte Emotionen im Moment ihrer Entstehung zu erkennen, zu fühlen und dann die Entscheidung zu treffen, sie bewusst loszulassen. Je bewusster wir uns unserer Gefühle sind, desto besser können wir mit ihnen umgehen. Wir brauchen sie dann auch nicht immer auszudrücken, denn manchmal zerstört das mehr, als dass es hilft, sich von ihnen zu lösen.

Intention: Lernen, auf die eigene Stimmung Einfluss zu nehmen, um aus dem inneren Gefängnis auszubrechen.

Übung: Setzen Sie heute einen imaginären Stimmungsring auf einen Finger. Wann immer Sie bemerken, dass Sie in einer Stimmung hängen, die Ihnen nicht guttut, entscheiden Sie sich, Ihre Stimmung zu verändern. Drehen Sie an Ihrem Ring und entscheiden Sie sich für eine Stimmung, die Ihnen guttut.

Wenn Sie zum Beispiel morgens immer im Stau stehen, aber die äußeren Umstände nicht ändern und nicht mit dem Zug fahren wollen, dann tun Sie Folgendes: Fragen Sie sich, wie Ihre Stimmung ist. Vielleicht sind Sie gereizt, fühlen sich ohnmächtig, haben den Eindruck, die Zeit zu vertun, und verharren in dieser Stimmung. Drehen Sie den Stimmungsring und werden Sie sich bewusst, dass Sie selbst sich in diese Situation gebracht haben und dass die ohnmächtigen Gedanken und gereizte Stimmung Ihnen schaden. Entscheiden Sie sich, Ihre Stimmung zu wechseln und die kostbare Zeit im Stau kreativ zu nutzen: Beschließen Sie, Ihre Lieblingssongs, einen Vortrag oder ein Hörbuch zu hören, eine Atemübung zu machen oder etwas anderes, um sich selbst machtvoll und kreativ zu erleben und damit Ihre Stimmung zu verändern. Sie müssen nur über Ihren Schatten und Ihre Gewohnheit springen.

Oder verändern Sie Ihre Stimmung, indem Sie Ihre Körperhaltung und das Atemmuster verändern. Wenn Sie etwa in trauriger oder depressiver Stimmung verharren, heben Sie beide Arme hoch, springen Sie mehrmals in die Luft und atmen Sie tief durch. Oder singen oder pfeifen Sie ein witziges Lied. Sie werden erleben, dass es Ihnen selbst lächerlich erscheint, weiter in depressiver Stimmung zu bleiben. Vielleicht bemerken Sie aber, dass Ihnen die depressive Stimmung sympathischer ist als die fröhliche. Dann drehen Sie den Ring zurück und entscheiden Sie sich, hundert Prozent traurig zu sein: Jammern und klagen Sie, nehmen Sie die Körperhaltung und den Tonfall eines zu

Tode betrübten Menschen ein. Übertreiben Sie ruhig ein wenig dabei. Wenn Sie das wirklich tun, werden Sie schon nach wenigen Minuten erleben, dass es Ihnen reicht, das Klagen langweilig wird und Sie etwas Neues erleben wollen. Dann ist es Zeit, den Stimmungsring wieder zu drehen.

Ausrichtung: Auch das geht vorbei.

19. Woche
Positive Eindrücke sammeln

Ein alter Indianer saß mit seinem Enkelsohn am Lagerfeuer. Es war bereits dunkel geworden und die beiden schauten schweigend dem herunterbrennenden Feuer zu. Schließlich sagte der Alte: „Weißt du, wie ich mich manchmal fühle? Es ist so, als ob zwei Wölfe in meinem Herzen miteinander kämpfen würden. Der schwarze Wolf ist rachsüchtig, aggressiv und grausam. Der weiße hingegen ist liebevoll, sanft und mitfühlend." – „Welcher von beiden wird wohl den Kampf um dein Herz gewinnen?", fragte der Junge. – „Der Wolf, den ich füttere", antwortete der Alte.

Die Welt, wie wir sie erleben, entsteht in unseren Köpfen, denn unser Gehirn verarbeitet die von außen kommenden Reize und Informationen und reagiert darauf. Neurowissenschaftler schätzen, dass wir Menschen mit unserem hochkomplexen Nervensystem auf jedes äußere Signal mit mehreren Millionen Impulsen reagieren. Das bedeutet konkret, dass wir auf vielerlei Weise äußere Reize verarbeiten und auf sie antworten, im Vergleich zu ganz einfachen Lebewesen mit einfachem Nervensystem, die nur ein paar wenige Impulse kennen und in ihrem Verhalten von der Außenwelt bestimmt sind. Die Wissenschaftler ziehen daraus die Erkenntnis, dass Empfindungen selbst gemacht sind, da sie letzten Endes auf Wahlfreiheit und Entscheidung beruhen.

Der Grund hierfür liegt in der Lernfähigkeit und Weiterentwicklung unseres Gehirns. 1999 gelang es einem Neurobiologen zum ersten Mal, die Veränderung, die unser Gehirn durch Lernen erfährt, also das Wachstum der Neuronen, unter einem neuartigen Mikroskop zu beobachten und zu filmen. Dabei wurde deutlich, dass Wandlung oder Wachstum ganz entscheidend durch Wiederholung geschieht. Je öfter eine Telefonnummer gewählt oder dieselbe Strecke zurückgelegt wird, umso fester prägt sie sich ein. Die bewusste Beschäftigung mit bestimmten Handlungen, Emotionen oder Gedanken verstärkt die Verankerung im Gehirn (genau das ist ja auch der Sinn von bewusstem Lernen oder auch Selbstsuggestion). Durch Wiederholung entstehen neue Verknüpfungen im Gehirn. Alles, was wir wahrnehmen über unsere Sinne, alles, was wir denken, fühlen und handeln, verändert das Gehirn, das wiederum unser Fühlen, Denken und Handeln bestimmt.

Diese noch recht jungen Forschungsergebnisse der Neurologie sind für uns so faszinierend, da wir in diesen Punkten eine Ähnlichkeit zu der jahrtausendealten buddhistischen Lehre und Praxis erkennen, die Grundlage für unsere Seminararbeit mit Menschen ist. Die buddhistische Lehre fordert uns auf, unser Glück nicht von äußeren Umständen abhängig zu machen; denn auf die haben wir nur bedingt Einfluss. Vielmehr wird unser Erleben von Glück durch unsere Gedanken, unsere Sichtweise und unsere Gefühle beeinflusst; so ist es lohnenswerter, ihnen unsere Aufmerksamkeit zu schenken.

Buddhistischem Verständnis nach ist unser Bewusstsein wie ein Feld, auf dem alle möglichen Samen gesät sind: Samen für Leiden, Glück, Freude, Ärger und so weiter. Die Gefühlserinnerung wird als eine Art Vorratskammer mit allen möglichen Samen beschrieben. Sobald sich ein Same in unserem Bewusstsein manifestiert, kehrt er kraftvoller in dieses Vorratslager zurück. Immer wenn wir etwas Liebevolles oder Friedfertiges erleben, verstärken wir die Samen für Liebe und Frieden – und gleichzeitig erhalten schmerzhafte Samen wie etwa Angst oder Wut keine Nahrung.

Ein Beispiel: Jemand, den Sie nicht kennen, kommt auf Sie zu und sagt: „Du gefällst mir." Wenn Sie sich gut fühlen, wenn Sie in gutem Kontakt mit sich und Ihrem Körper sind, werden Sie sich voraussichtlich freuen und bestätigt fühlen und Sie sagen: „Danke schön." Wenn Sie sich gerade gar nicht leiden können, fühlen Sie sich vielleicht irritiert und denken: „Wenn der wüsste ...", und sagen gar nichts. Wenn Sie misstrauisch sind, denken Sie vielleicht: „Was will der denn von mir? So eine blöde Anmache!", und lassen eine abwehrende Bemerkung fallen. So haben Sie die Möglichkeit, auf verschiedene Weise auf seine Äußerung zu reagieren. Sie haben die Wahl. Wählen Sie etwas, was Sie in Ihrem Glück bestärkt, oder etwas, was Sie in Ihrem Unglück hält?

Glück ist keine Glückssache

Glücksgefühle sind demnach kein Zufall, auch wenn diese Annahme bei uns weitverbreitet ist, sondern Wirkung von entsprechenden Gedanken, Gefühlen, Worten und Handlungen und deren Verankerung durch Wiederholung.

So ist es ratsam, positive Eindrücke zu sammeln: Je öfter wir Gedanken, Gefühle und Handlungen pflegen, die uns glücklich machen, umso mehr werden diese in uns verankert und rufen wiederum Gedanken, Gefühle und Handlungen in uns hervor, die uns – und auch andere – glücklich machen.

Positive Eindrücke auf der Handlungsebene zu sammeln bedeutet zum Beispiel, achtsam mit sich und den Orten zu sein, an denen man sich ständig aufhält. Sind die häuslichen und beruflichen Gegebenheiten so, dass Sie sich wohlfühlen, Ihr Herz aufgeht und Sie sich entspannen?

Manchmal sind wir auch mit Menschen zusammen, die uns „irgendwie runterziehen", schlechte Gefühle hervorrufen oder uns energielos werden lassen. Dann ist es gut, sich von diesen Menschen zurückzuziehen. Manchmal trennen wir uns auch von ehemals guten Freunden, weil wir uns verändert haben und wir merken, die Art, wie sie denken oder auch leben, passt nicht mehr zu mir und bekommt mir auch nicht.

„Du tust mir gut", bringt zum Ausdruck, wie sich jemand beim anderen wohlfühlt und dadurch positive Eindrücke sammelt. Der andere verstärkt vielleicht die eigene Fröhlichkeit oder Kreativität, oder er kann in der Gegenwart des anderen seine Gefühle zeigen, er braucht keine Rolle zu spielen, kann sich frei ausdrücken, fühlt sich aufgehoben. Die Worte, die Gespräche, die sie miteinander teilen, sind achtsam und wohlwollend. Ein Gefühl von Wärme, Nähe und Vertrautheit entsteht vielleicht. Wenn wir mit solch einem Menschen zusammen sind, sammeln wir positive Eindrücke. Positive Eindrücke können wir auch mit uns allein sammeln: in der Meditation oder in der Natur, wenn wir Frieden, Konzentration, Verbindung spüren. Positive Eindrücke tragen dazu bei, dass wir gut in Kontakt mit uns selbst sind, dass wir uns frei ausdrücken, dass wir uns verbunden fühlen und Freude, Frieden oder Liebe empfinden.

Intention: Bewusstheit darüber entwickeln, was glücklich macht, wie sich Glück anfühlt und wodurch das Gefühl von Glück erreicht werden kann.

Übung: Achten Sie heute einmal darauf, bewusst positive Eindrücke zu sammeln. Achten Sie auf das, *was* Sie tun und *wie* Sie es tun:
- Achten Sie auf schöne Details, interessante Perspektiven oder Einsichten, ungewöhnliche Ausdrücke oder witzige Zufälle, ästhetische Eindrücke, schöne Musik, angenehme Düfte, leckere Speisen …
- Achten Sie auf die Begegnungen mit Menschen und Ihre Gefühle dabei.
- Achten Sie auf Ihre Gedanken.
- Achten Sie darauf, dass Sie nur solche Gedanken zulassen, die Ihnen angenehme Gefühle machen.
- Wenn Sie beobachten, wie Sie unangenehme Gedanken oder Gefühle haben, entscheiden Sie sich, diese sofort aufzugeben. Entscheiden Sie sich für Gedanken und Gefühle, die Sie glücklich machen.
- Wenn Sie beobachten, dass Sie sich im Kontakt mit einem Menschen nicht wohlfühlen, ziehen Sie sich zurück oder besser noch: Verändern Sie etwas, damit Sie sich wieder wohlfühlen. Das gilt auch für die Dinge, Aufgaben und so weiter, die Sie heute tun.

Fragen Sie sich am Abend, welche positiven Eindrücke Sie gesammelt haben. Beziehen Sie dabei die Handlungsebene, die Wortebene (Gespräche), die Gefühlsebene und die Gedanken mit ein. Danken Sie sich selbst in dem Bewusstsein, heute etwas zu Ihrem Glück beigesteuert zu haben.

Ausrichtung: Ich wähle die positiven Eindrücke aus.

20. Woche
Mitgefühl entwickeln

Mögen alle Wesen Glück erleben und die Ursachen von Glück.
Mögen sie frei sein von Leid und den Ursachen von Leid.
Mögen alle verweilen im Zustand der Glückseligkeit,
frei von Gier, Hass und Urteil.

Mitgefühl ist das Bewusstwerden einer tiefen Verbindung zwischen einem selbst und allen Geschöpfen. Die Verbindung beruht auf der Erkenntnis, dass wir Menschen alle gleich sind, und zwar in zweierlei Hinsicht. Wir sind gleich, denn wir teilen für eine Weile miteinander dieses Leben hier. Wir haben alle einen Körper, der vergänglich ist, also sterben wird. Das bedeutet, je mehr wir unsere eigene Vergänglichkeit anerkennen und annehmen, umso tiefer entwickeln wir Mitgefühl und fühlen uns mit den Menschen verbunden, da wir das gleiche Schicksal erfahren. Und wir sind gleich, weil wir alle denselben Wunsch nach Glück, Liebe, Freude haben, das heißt, die Sehnsucht nach Hause zu kommen zu uns selbst, zu unserem ursprünglichen göttlichen Wesenskern. Auch darin sind wir gleich, daran haben wir alle gleichermaßen Anteil. Denn wir alle kommen aus diesem göttlichen Ursprung und tragen diesen Wesenskern in uns. Wenn wir bei uns selbst angekommen und im Reinen sind, geben wir anderen die Freiheit so zu sein, wie sie sind, ohne dass wir uns vergleichen müssen. *Gier*, *Hass* und *Urteil* entstehen, wenn wir uns mit anderen vergleichen. *Gier* entsteht aus einem Gefühl des Mangels – wir wollen unbedingt etwas erreichen, was wir nicht haben und worunter wir leiden. *Hass* und *Urteil* entstehen aus dem Vergleich mit anderen, wenn wir unter einem niedrigen Selbstwertgefühl leiden, statt uns wertzuschätzen.

Wenn wir uns jedoch bewusst machen, dass wir alle bestrebt sind, unser Leiden zu verringern und glücklich zu sein, erleben wir Gleichheit und Verbundenheit. Wenn wir uns dagegen mit anderen vergleichen, sind wir von ihnen getrennt. Auch *Mitleid*, was manche mit *Mitgefühl* verwechseln, beruht auf Trennung. Wenn wir Mitleid mit jemandem haben, vergleichen wir uns mit dem anderen und gehen von einer anderen, besseren Position aus. Wir schauen auf diesen Menschen herab und sind im Grunde froh, nicht dort zu stehen, wo der andere sich befindet. Das ist keine Verbindung. Wenn wir ganz durchdrungen sind von Mitgefühl, dann ist Verbindung da. Sie erlaubt keinerlei Trennung mehr. Mitgefühl bedeutet im wörtlichen Sinne mit dem anderen zu fühlen und dadurch eine innere Verbindung herzustellen. Dies ist eine sehr wirksame Medizin gegen Einsamkeit und das Gefühl des Getrenntseins von anderen Menschen. Wollen wir Verbundenheit und Mitgefühl erleben, müssen wir alle trennenden Gedanken des Vergleichens aufgeben.

Intention: Die Erfahrung von Gleichheit machen und Mitgefühl entwickeln.

Übung: Diese Übung können Sie mit jedem Menschen machen. Besonders empfehlenswert ist es, Personen zu wählen, deren Schicksal Ihnen sehr nahegeht und Sie beschäftigt, oder Menschen, die Ihnen fremd sind, die Sie nicht verstehen oder sogar hassen.
Nehmen Sie sich einige Minuten Zeit. Führen Sie sich den Menschen innerlich vor Augen. Fühlen Sie sich in sein/ihr Schicksal ein und sagen und fühlen Sie:
- Auch dieser Mensch hat Leid erlebt – genau wie ich.
- Auch dieser Mensch möchte frei sein von Leid – genau wie ich.
- Auch dieser Mensch möchte Glück erleben – genau wie ich.

Atmen Sie das Leiden dieses Menschen in Ihr Herz ein – beim Ausatmen stellen Sie sich vor, wie Sie ihm Ihre Liebe, Kraft oder was immer Sie meinen, was er braucht, geben.
Machen Sie diese Übung mindestens einmal am Tag. Sie werden eine Veränderung in Ihrer Haltung und vielleicht sogar in der Haltung dieses Menschen Ihnen gegenüber bemerken.

Ausrichtung: Auch dieser Mensch möchte glücklich sein – genau wie ich.

21. Woche
Das Göttliche im anderen sehen

Du meinst mich
Und entdeckst in mir
Was ich selbst nie sah.

Du lockst und wirbst
Und lädst mich ein
Und willst mich so
Wie du mich erkannt.

Du schmückst mich
Und ich halte zitternd still.
Ich erkenne dich.

Unsere zwischenmenschlichen Kontakte und Beziehungen werden von dem ersten Eindruck – sympathisch oder unsympathisch – bestimmt. Dabei sind wir uns der eigenen Beurteilungskriterien und Wahrnehmungsfilter, die wir dabei verwenden, gar nicht immer bewusst. Dies können äußere Kriterien wie Aussehen und Kleidung sein sowie Auftreten und Ausstrahlung, die darüber entscheiden, ob wir Interesse an anderen Menschen zeigen. Aber auch die eigene Befindlichkeit und die eigenen Bedürfnisse bestimmen darüber, ob wir Kontakt zu anderen aufnehmen oder eher abweisend und abgegrenzt sind.

Damit wird aber schon deutlich, dass wir einen Menschen nur sehr selektiv wahrnehmen und viele Aspekte, die ihn ausmachen, ausblenden. Wir nehmen ihn durch die Brille unserer Vorstellungen, Vorlieben und Interessen wahr. Diese Brille verhindert, dass wir anderen unmittelbar und ungefiltert jenseits unserer Vorlieben und Gedanken begegnen. Wenn Sie zum Beispiel zu kritischen und distanzierenden Gedanken neigen, dann werden Sie Menschen mit diesem Filter wahrnehmen. Die Menschen werden Ihre innere Haltung spüren und ebenfalls auf Distanz gehen. Wenn Sie die ganze Zeit nur Gemeinheiten und Negatives über einen Menschen denken, mit dem Sie zusammen sind, wird er es auf einer unbewussten Ebene spüren und sich nicht für Sie öffnen können. Umgekehrt ist es genauso.

Unser Blick ist verstellt durch die Brille, durch die wir sehen. Wenn Sie als Frau zum Beispiel der Überzeugung sind, dass Männer alle „unverbindliche Drückeberger" sind, so werden Sie den Männern mit dem entsprechenden Misstrauen und Vorbehalten begegnen. Wenn Sie als Mann glauben, dass Frauen zickig und herablassend sind, werden Sie das im Kontakt mit Frauen auch erleben. Es ist, als würden wir die Menschen insgeheim bitten, bestimmte Rollen für uns zu spielen, damit wir uns in unseren Überzeugungen bestätigt fühlen können. Diese Wahrnehmungsfilter begrenzen uns jedoch sehr im Umgang miteinander, da wir den anderen nicht unmittelbar und wahrhaftig wahrnehmen.

Da viele Beziehungen auf diese Art entstellt und verzerrt sind, möchten wir Ihnen eine einfache Methode vorstellen, wie Sie dies ändern können und Ihre Beziehungen dadurch wahrhaftiger, besser und intensiver gestalten.

In dieser Woche geht es darum, die Einzigartigkeit jedes einzelnen Menschen bewusst wahrzunehmen und auf die Suche nach der Schönheit dieses Menschen zu gehen, nicht nur die äußere, sondern auch die innere Schönheit. Innere Schönheit ist nicht immer sofort zu sehen; manchmal braucht es einen zweiten Blick vom Herzen, um sie erkennen zu können. Die innere Schönheit bezieht sich auf die Einzigartigkeit und die besonderen Potenziale eines Menschen. Diese Schönheit hat immer auch mit Wahrhaftigkeit zu tun – fern aller Rollen, Kostüme und Masken, die wir füreinander spielen und tragen.

Dem liegt unser Verständnis zugrunde, dass wir nicht nur einen physischen Körper, Emotionen und Gedanken haben, sondern darüber hinaus auch einen spirituellen oder göttlichen Kern in uns tragen. Je leichter Sie sich für einen Menschen begeistern und die Schönheit in jeder Frau und jedem Mann erkennen können, umso mehr werden Sie sich Ihrer eigenen Einzigartigkeit bewusst.

Die innere Schönheit ist nur vom Herzen her zu sehen, wie der französische Schriftsteller Antoine de Saint-Exupéry seinen kleinen Prinzen sagen ließ: „Man sieht nur mit dem Herzen gut." Nur wenn wir unser Herz öffnen für einen anderen Menschen, können wir seine Schönheit erblicken, offenbart sich die Kostbarkeit und

Einzigartigkeit des anderen. Dies wiederum beflügelt unser eigenes Herz; wir fühlen uns in der Begegnung beschenkt und inspiriert.

Zu uns kommen öfter Menschen, die Probleme haben, sich zu verlieben oder eine dauerhafte Beziehung einzugehen. Sie warten und warten, dass endlich der oder die „Richtige" kommt. Ihnen geben wir folgende Übung:

Als Frau versuchen Sie in jedem Mann, mit dem Sie in Kontakt sind, als Mann in jeder Frau das Göttliche zu erkennen. Entdecken Sie einen positiven, liebenswerten, erotischen Aspekt seiner Männlichkeit und ihrer Weiblichkeit, egal ob er oder sie „Ihr Typ" ist und zu Ihrer Altersklasse, sozialen Schicht oder Nationalität gehört. Entdecken Sie ein kleines Detail, das Sie bewundern, liebenswert oder attraktiv finden. Wenn Sie das bei tausend Männern oder Frauen aufrichtig gemacht haben, wird sich Ihr Männerbeziehungsweise Frauenbild sehr verändert haben. Ihre Liebes- und Ihre Beziehungsfähigkeit werden sich damit entscheidend verbessern. Die Chance, sich neu zu verlieben, wird dadurch erheblich steigen.

Intention: Die Schönheit und Einzigartigkeit jedes Menschen erkennen, das eigene Herz öffnen, die Liebesfähigkeit stärken, eine erhöhte Präsenz im Umgang mit Menschen erlangen.

Übung: Betrachten Sie Menschen in dieser Woche besonders genau, und zwar in folgender Weise:
- Sehen Sie in jedem Menschen seine eigene Schönheit.
- Entdecken Sie etwas im anderen, das Sie einzigartig, besonders, liebenswert oder attraktiv finden.
- Gehen Sie auf die Suche nach dem göttlichen Aspekt in jedem Menschen.
- Dabei atmen Sie am besten langsam und tief in den Herzbereich.

Machen Sie die Übung bei bekannten wie unbekannten Menschen. Bei einigen wird es Ihnen leichtfallen, bei anderen schwer. Das ist normal, weil wir manche Menschen mit stark negativen Bewertungen behaftet, von denen wir uns nur schwer lösen können. Wenn es Ihnen leichtfällt und es Ihnen bei vielen Menschen gelingt, dann machen Sie die Übung auch und besonders bei Menschen, mit denen Sie im Streit sind, die Sie ablehnen, von denen Sie sich ungerecht behandelt fühlen und so weiter. Wenn Sie diese Übung wirklich ernsthaft und erfolgreich durchführen, hat sie einen prägenden Einfluss auf Ihr Menschenbild. Wenn Sie den göttlichen Aspekt auch in diesen Menschen (oder Situationen) erkennen können, haben Sie eine wichtige und großartige Lektion gelernt.

Ausrichtung: Man sieht nur mit dem Herzen gut.

22. Woche
Verbundenheit erleben

Einmal, am Rande des Hains,
stehn wir einsam beisammen
und sind festlich, wie Flammen –
fühlen: Alles ist Eins.

Halten uns fest umfasst;
werden im lauschenden Lande
durch die weichen Gewande
wachsen wie Ast an Ast.
...
Meine Seele spürt,
dass wir am Tore tasten.
Und sie fragt dich im Rasten:
Hast Du mich hergeführt?

Und du lächelst darauf
so herrlich und heiter
und: bald wandern wir weiter:
...

Rainer Maria Rilke

Was waren die glücklichsten Momente in Ihrem Leben? Bevor Sie weiterlesen, schließen Sie kurz die Augen, atmen Sie tief durch und erinnern Sie sich an die Situationen oder Begegnungen, in denen Sie wirklich glücklich waren. Versuchen Sie dabei, sich möglichst viele Details ins Gedächtnis zu rufen.

Vielleicht haben Sie sich an eine intensive Begegnung mit einem Menschen, eine Phase der Verliebtheit, die Geburt Ihres Kindes oder ein Erfolgserlebnis erinnert. Vielleicht haben Sie aber auch an „unspektakuläre" Situationen wie ein Erlebnis in der Natur, ein Konzert oder eine intensive Meditationserfahrung gedacht. Was haben all diese Glücksmomente gemeinsam? Wir haben danach geforscht und auch viele Menschen danach gefragt und sind zu einigen interessanten Ergebnissen gelangt:

1. In Momenten des Glücks fühlt man sich den Menschen sehr nah und verbunden. Man taucht ganz ein in das Erleben der Natur: dem Rauschen des Wasserfalls, dem Geruch des Waldes oder dem Gezwitscher der Vögel. Man vergisst sich und die Umgebung beim Lauschen eines Konzerts. Es ist umgekehrt unmöglich, sich mit einem Menschen glücklich zu fühlen, wenn man bewusst die Trennung zwischen sich selbst und dem anderen wahrnimmt. Es ist auch nicht möglich, sich in der Natur glücklich zu fühlen, wenn man das Getrenntsein von sich selbst und der Umgebung erlebt. Glück und das Gefühl der Verbundenheit gehören also zusammen.
2. Die Momente des Glücks sind sinnliche Erfahrungen, in denen der Verstand mit seinen Gedanken schweigt. Wenn man nach der Geburt das eigene Kind im Arm hält oder im Liebesspiel in Ekstase ist, fühlt man sich selbst und den anderen ganz intensiv. Die bewertenden und analysierenden Gedanken schweigen in diesen Augenblicken.
3. In diesen Glücksmomenten ruht man in sich selbst. Der Atem geht dann tiefer als gewöhnlich. Den meisten Menschen ist der Zusammenhang zwischen tiefer Atmung und Glücksgefühlen nicht bewusst, weil die Atmung normalerweise unbewusst abläuft.
4. In Momenten der Verbundenheit sind die Augenbewegungen ruhig und der Blick fokussiert nichts. Auch dies ist den meisten Menschen nicht bewusst.
5. Wer sich glücklich fühlt, achtet nicht so sehr auf Details, sondern auf den Gesamteindruck. Das spricht dafür, dass die rechte assoziative Hirnhälfte aktiver ist als die linke logisch analysierende.
6. Das Bewusstsein für Zeit und Raum ist eingeschränkt in glücklichen Momenten. Wer weiß schon, wie lange der wunderbare Sex gedauert hat, und wer hat ein Bewusstsein für die Größe des Raums, wenn er stundenlang ekstatisch tanzt?

Diese Untersuchungen sind besonders aufschlussreich, wenn man bedenkt, dass wir in unserer westlich-abendländischen Kultur normalerweise die Welt in der Subjekt-Objekt-Trennung wahrnehmen. Das bedeutet, dass alles, was außerhalb von uns selbst und den eigenen körperlichen Grenzen existiert, als etwas von uns Getrenntes betrachtet wird. Das betrifft sowohl andere Menschen als auch andere Lebewesen wie auch die materiellen Dinge. Mit dieser Sichtweise halten wir uns sozusagen „andere Menschen vom Leib" und erschaffen unseren eigenen Raum. Das scheint ganz normal und unumstößlich wie ein Naturgesetz zu sein, und im heutigen Zeitalter des Narzissmus wird die Abgrenzung von Mensch und Natur geradezu kultiviert. Jeder ist heute darauf ausgerichtet, die eigene Individualität zu finden und zu pflegen und sich dadurch von den anderen zu unterscheiden. Die eigene Individualität kann nur in Abgrenzung zu anderen entwickelt werden. Je mehr Ego, also Identität aufgebaut wird, umso mehr Abgrenzung muss stattfinden. Erst wenn es bestimmte Verbindungen gibt – gemeinsame Lebensräume wie Schule, Uni, Beruf oder Sportclubs –, lassen wir Menschen näher an uns herankommen und gehen auf sie ein. Wir stellen eine Verbindung zu den Menschen her aufgrund von Verwandtschaft, gemeinsamen Interessen und Vorstellungen, Vorlieben und Sympathien. Je weniger wir diese Verbindung herstellen können, umso abgegrenzter sind wir von unserer Umgebung und den Menschen.

Das ist heute der durchschnittliche Normalzustand aller Beziehungen in unserer Gesellschaft, was auch bedeutet, dass viele Menschen unter dem Gefühl der Einsamkeit leiden, das unumgänglich damit verbunden ist. Einsamkeit ist das Resultat von verloren gegangener Verbundenheit und von Trennung. Einsamkeit ist ein grundlegendes Gefühl, das alles durchdringen kann, unabhängig davon, ob ein Mensch allein lebt, in Partnerschaft oder von vielen Menschen umgeben ist. Es ist eine melancholische Stimmung, die die Sehnsucht des Menschen nach der verlorenen Verbundenheit ausdrückt.

Es gibt eine tiefe Sehnsucht in jedem Menschen nach Verbundenheit und Einssein. Denn als Babys im Mutterleib und die ersten Monate nach der Geburt haben wir fast alle das Paradies der vollkommenen Verschmelzung und Verbundenheit mit der Mutter erfahren dürfen. Diese Verbundenheit existiert lediglich in der zeitlosen Gegenwärtigkeit des Augenblicks und ist ein äußerst beglückender Zustand des Seins. Wir gehen davon aus, dass dieser Zustand schon einmal von jedem von uns vor der Geburt erfahren wurde, ansonsten würden wir uns nicht erinnern und ihn ein Leben lang wieder herbeisehnen. Alle Schöpfungsmythen enthalten die Vertreibung aus dem Paradies, in denen der Mensch seinen größten Schmerz, den Schmerz der Trennung, verarbeitet.

Die erste große Trennung erleben wir bei unserer Geburt, die so traumatisch ist, dass sich normalerweise kein Mensch an sie erinnert. Es ist erst der Beginn unseres Erdenweges, der durchzogen ist von Trennungen – Trennungen von geliebten Menschen oder auch von Orten oder bestimmten Lebensweisen. Manche Menschen schaffen es nicht, diese Trennungen zu verarbeiten, besonders dann, wenn diese gehäuft in der Kindheit auftraten durch Scheidung, Tod, Krankheit oder sozialer Verwahrlosung. Hier wird sich der Mensch aufgrund seines frühkindlichen Schmerzes zurückziehen, sein Herz verschließen, damit ihm das nicht noch einmal geschieht. Manchmal wird dieser Schmerz dann kompensiert, indem man besonders unabhängig wird, niemanden mehr braucht und sehr abgegrenzt lebt. Doch der Schmerz der Einsamkeit wird weiterhin nagen und die Sehnsucht nach der ursprünglichen essenziellen Verbundenheit, die verloren gegangen ist, wird bleiben und den Menschen auf die Suche gehen lassen.

Wenn Sie die obigen Beobachtungen mit der gesellschaftlichen Realität in Beziehung setzen, dann werden Sie feststellen, dass an allen Schulen, Universitäten und Ausbildungen gelehrt wird, wie man Glück vermeidet, anstatt wie man es bewusst erschafft. Denn dort lernt man den eigenen Intellekt zu schulen, zu analysieren, zu interpretieren, zu vergleichen und zu bewerten. Dies sind alles nützliche Fähigkeiten für den Alltag. Das Tragische daran ist: Je besser man sie trainiert hat, umso erfolgreicher wird man. Gleichzeitig nimmt aber das Gefühl der Trennung zu und Glückszustände werden immer seltener. Niemand lernt in der Schule, wie er sich glücklich fühlen kann.

Verbundenheit ist ein Zustand, der bewusst herbeigeführt werden kann, anders als in der Symbiose oder Verschmelzung. Letztere Zustände sind eher unbewusster Natur, sozusagen die kindliche Ausgabe der erwachsenen Verbundenheit.

Die folgende Übung ist äußerst simpel, aber radikal. Sie setzt obige sechs Beobachtungen um und hilft Ihnen, Glückszustände bewusst zu erzeugen. Ihr Verstand wird dabei allerdings auf Diät gesetzt und wird vermutlich rebellieren.

Albert Hofmann, der große Pionier auf dem Gebiet der Bewusstseinsforschung, beschreibt seine ersten Erlebnisse der tiefen Verbundenheit in der Natur als junger Bub folgendermaßen: „Es war an einem Maimorgen. Das Jahr weiß ich nicht mehr, aber ich kann noch auf den Schritt genau angeben, an welcher Stelle des Waldweges (...) es eintrat. Während ich durch den frisch ergrünten, von der Morgensonne durchstrahlten, von Vogelsang erfüllten Wald dahinschlenderte, erschien auf einmal alles in einem ungewöhnlich klaren Licht. Hatte ich vorher nie recht geschaut, und sah ich plötzlich den Frühlingswald, wie er wirklich war? Er erstrahlte im Glanz einer eigenartig zu Herzen gehenden, sprechenden Schönheit, als ob er mich einbeziehen wolle in seine Herrlichkeit. Ein unbeschreibliches Glücksgefühl der Zugehörigkeit und seligen Geborgenheit durchströmte mich."

Intention: Sich bewusst mit Menschen oder der Natur verbinden.

Übung:
1. Im Kontakt mit der Natur oder leblosen Dingen:
- Betrachten Sie zum Beispiel einen Baum.
- Betrachten Sie ihn einmal in seiner ganzen Größe und nehmen Sie ihn in der Abgrenzung zu anderen Dingen wahr: dem Himmel, dem Boden, anderen Bäumen.
- Dann schauen Sie mit weichem Blick auf einen Punkt am Baum. Dort gehen Sie mit Ihrer ganzen Aufmerksamkeit in den Baum hinein und dehnen sich in Ihrer Vorstellung darin aus, bis an seine Grenzen.
- Atmen Sie tief und langsam in Bauch und Herzbereich.
- Wenn Sie das geschafft haben, kehren Sie mit Ihrer Aufmerksamkeit wieder zu sich selbst zurück.

2. Im Kontakt mit einem Menschen:
- Schauen Sie den Menschen mit ruhigem und nicht fokussiertem Blick an – so als würden Sie durch ihn hindurchschauen.
- Atmen Sie zunächst einige Atemzüge lang tief und langsam in Bauch und Herz.
- Dann übernehmen Sie, wenn möglich, den Atemrhythmus und die Körperhaltung Ihres Gegenübers.

- Wenn Gedanken der Beurteilungen, Meinungen oder Kritik kommen, lassen Sie diese los.
- Lassen Sie das Gefühl zu, dass sich die Grenzen zwischen Ihnen und der anderen Person auflösen.
- Interpretieren Sie nicht („Wie fühlt sich der Mensch gerade?"), geben Sie Ihren Gedanken keine Bedeutung.

Die Wirkung dieser Übung ist frappierend. Sie fühlen nicht nur die intensive Verbundenheit mit dem Menschen oder Baum, Sie fühlen sich auch sehr mit sich selbst verbunden und in Frieden. Umgekehrt ist es genauso: Wenn Sie sich von anderen abgrenzen und distanzieren, erzeugt das auch ein Gefühl der Trennung in Ihnen selbst.

Zusatz: Zu Beginn mag Ihnen die Übung komisch vorkommen. Sie haben vielleicht den Eindruck, in den anderen Menschen oder den Baum einzudringen. Viele Menschen, mit denen wir diese Übungen schon gemacht haben, kamen sich zu Beginn lächerlich vor oder hatten Skrupel. Aber dahinter verbirgt sich oft die Angst, jemandem zu nahezukommen und intim zu sein. Doch Sie können sicher sein: Diese Art der achtsamen Nähe und Intimität hat noch niemandem geschadet. Im Gegenteil. Und auch Sie werden Wohlwollen, Liebe und Verbundenheit spüren, was Sie sehr beglücken wird.

Ausrichtung: Ich bin verbunden mit allen Lebewesen.

Persönlichkeit und Essenz

Wenn man tief in den Geist hineinschaut, im innersten Teil des Selbst, wenn es sehr, sehr still wird und man ganz genau hinhört, in diesem grenzenlosen Schweigen beginnt die Seele zu flüstern und ihre federsanfte Stimme trägt einen weit über das hinaus, was der Geist sich nur jemals vorstellen konnte. In ihrem sanften Flüstern gibt es die feinsten Andeutungen einer unendlichen Liebe, Schimmer eines Lebens, das die Zeit vergaß.
Ken Wilber

Eingesperrt in einen dunklen, engen Käfig, den wir uns selbst gebaut haben und den wir für das ganze Universum halten, können sich nur sehr wenige von uns eine andere Dimension von Wirklichkeit überhaupt vorstellen. Ein buddhistischer Mönch erzählte hierzu die Geschichte von einem alten Frosch, der sein Leben lang in einem Brunnen gelebt hatte:

Eines Tages kam ein Frosch vom Meer zu Besuch. „Wo kommst du her?", fragte der Brunnenfrosch. „Vom großen Ozean", erwiderte der andere. „Wie groß ist dein Ozean?" – „Er ist riesig!" – „Etwa ein Viertel meines Brunnens?" – „Größer." – „Größer? Du meinst – halb so groß?" – „Nein, noch größer." – „Ist er etwa ... genauso groß wie dieser Brunnen?" – „Kein Vergleich!" – „Das ist unmöglich! Das muss ich selber sehen." So machten sie sich zusammen auf zum Meer. Als der Brunnenfrosch den Ozean erblickte, war der Schock so groß, dass ihm der Kopf zersprang.

Unsere Persönlichkeitsstrukturen sind die Art und Weise, wie wir denken, wie wir fühlen und mit der Welt in Beziehung treten. Persönlichkeit haben wir im Laufe unseres Lebens entwickelt und aufgebaut, geprägt durch die Familie, in die wir hineingeboren wurden, die Werte, die uns vermittelt wurden, die soziale Schicht, Religion, gesellschaftlicher Status, Schulform, Nationalität. Die

Persönlichkeitsstrukturen oder Anteile von ihr meinen wir meistens, wenn wir „ich" sagen, also unseren Körper, die Emotionen und Gefühle, unsere Bedürfnisse und Intuition, das Unterbewusstsein, aber auch unsere Vorstellungen, unsere Überzeugungen und unsere Philosophie. Die Persönlichkeit gibt uns Sicherheit, mit den Erfahrungen des Lebens umzugehen, und lässt uns eingebunden fühlen in einen größeren gesellschaftlichen Kontext. Der Glaube an die Realität unserer Persönlichkeit und die Identifizierung mit ihr wird von den meisten Menschen in unserem Kulturraum geteilt. Sie prägt unser gesamtes Leben. Unsere Persönlichkeit bildet die Matrix, von der aus wir normalerweise das Leben wahrnehmen und schöpferisch gestalten: Erfolg und Misserfolg, unseren Umgang mit uns selbst und anderen, unsere Liebesbeziehungen. Wir erleben sie wie eine „zweite Haut", wie angewachsen, besonders dann, wenn wir aus ihr hinauswollen, aber nicht können, oder wenn diese Persönlichkeitsstrukturen uns einengen, unseren Handlungsspielraum begrenzen und uns immer wieder dieselben „Fehler" begehen und in die gleichen „Fallen" tappen lassen.

Die meisten Menschen kennen nur ihre Persönlichkeit. Sie identifizieren sich mit ihren Gedanken, Gefühlen und Vorstellungen. Werden diese infrage gestellt, so fühlen sie sich in ihrer Identität angegriffen. Doch die Persönlichkeit ist nur *eine* mögliche Realität. Sowohl die humanistische Psychotherapie als auch die spirituellen mystischen Traditionen kennen neben der Persönlichkeit noch andere Realitäten. Die Persönlichkeit ist demnach nicht unser einziges und schon gar nicht unser eigentliches Wesen. Wilhelm Reich (1897–1957), der Begründer der Körperpsychotherapie, sah die Entwicklung der Persönlichkeit als Folge eines Mangels, und zwar des Mangels an freiem Fließen unserer Lebensenergie. Er entdeckte diese ursprüngliche, frei fließende und pulsierende Energie in jedem Menschen, die er Orgonenergie nannte. Diesen freien Fluss der Energie sah er in den Menschen durch Erziehung mit ihren Ge- und Verboten oder auch durch Schockerlebnisse eingeschränkt und blockiert. Je mehr der freie Fluss der Energie blockiert wird, umso mehr Persönlichkeit wird nach seinem Verständnis entwickelt. Dort wo Energie über einen längeren Zeitraum massiv blockiert wird und stagniert, spricht er sogar von Persönlichkeits- oder Charakterpanzerungen.

Auch C. G. Jung (1875–1961) sah in der Persönlichkeit nur einen Anteil des Menschen. Er nannte sie Persona. Die Persona war für ihn ein Gebilde, eine Art Rolle, die im Wesentlichen aus der Kollektivität entstand. Intention seiner Arbeit war es, unter anderem Menschen in ihrem Individuationsprozess zu begleiten und zu unterstützen. Individuation bedeutete für ihn die Befreiung und Herauslösung aus der Persona, der Persönlichkeit, und die Freilegung und Entfaltung des individuellen Ichs.

Die spirituellen mystischen Traditionen sind noch radikaler. Sie leugnen die Persönlichkeit als eine eigenständige Realität und sprechen von ihr als „Illusion" (Maya). Eines der drei Dharma-Siegel des Buddhismus (die drei Daseinsmerkmale der buddhistischen Lehre) ist das Nicht-Selbst (anatman). Es will zu verstehen geben, dass kein Lebewesen eine separate Existenz oder ein eigenständiges Selbst oder Persönlichkeit hat. Für die Buddhisten gibt es nur „Inter-sein", Verbindung. „Nicht-Selbst" will deutlich machen, dass wir Menschen, wie alle Lebewesen, sehr viele verschiedene Anteile in uns haben, die uns mit anderen Menschen verbinden, da sie bei allen gleich sind. Deswegen kann man nach dem Verständnis der buddhistischen Lehre nicht von einer eigenen Existenz der Persönlichkeit sprechen. Im Buddhismus ist daher der tiefste Wesensgrund und die eigentliche Realität der Menschen Leere.

Auch für die Sufis, die Mystiker des Islam, ist die Entwicklung der Persönlichkeit nur eine Art Scheinwelt, eine Art Ersatz, die der Mensch entwickelt, weil er sein eigentliches Wesen, seine essenzielle Natur im Laufe seines Heranwachsens, seiner Sozialisation, verliert. Die Rückgewinnung der Essenz als natürlicher Wesensgrund des Menschen ist Intention dieses spirituellen Weges. Und das bedeutet die Befreiung des Menschen von seiner Persönlichkeit.

Folgen wir den Ansätzen der Psychotherapie und noch deutlicher der Sichtweise der spirituellen Traditionen, dann verstehen wir, dass es neben unserer Persönlichkeit noch eine andere Realität gibt, die wir den spirituellen Kern oder Wesensgrund des Menschen nennen.

Dieser Anteil in uns ist unabhängig und frei von unserer Persönlichkeit, berührt diese jedoch und steht mit ihr in Beziehung. Von diesem Raum in uns, der leer und frei von unserer Persönlichkeit ist, können wir diese betrachten und wenn gewollt auch verändern oder verwandeln, transformieren. Darum geht es auch in diesem Glückskurs.

Als Essenz bezeichnen wir den ursprünglichen und grundlegenden Wesenskern, der in jedem Menschen von Geburt an vorhanden ist. Er enthält alles, was wir für ein glückliches und sinnerfülltes Leben brauchen: das natürliche Erleben und der unschuldige Ausdruck unserer Emotionalität, Sexualität und Spiritualität. In Kontakt mit unserem essenziellen Wesenskern zu sein bedeutet ein körperlich verankertes tiefes Gefühl des Selbstwertes, der Verbundenheit mit den Menschen und der Welt und der Sinnhaftigkeit des Lebens. Als Babys und kleine Kinder waren wir auf unbewusste Weise noch ganz in Kontakt mit unserer Essenz: dem Urvertrauen, der Unschuld, der Verbundenheit. Im Laufe unseres Lebens, meistens bereits in den ersten Lebensjahren, haben wir den Kontakt zu unserer Essenz verloren. Um die daraus entstehende Leere, Selbstzweifel und Sinnlosigkeit nicht fühlen zu müssen, bauen wir uns ein Gerüst aus vermeintlichen Pseudogefühlen, Erklärungsversuchen (Überzeugungen) und Verhaltensstrategien, mit denen wir uns dann identifizieren und die wir als unsere Persönlichkeit festigen. Diese Strategien, die eigenen „Löcher" nicht zu fühlen, bilden zusammen das Ego. Im Hier geht es darum, die ursprünglichen Qualitäten unserer Essenz wieder freizulegen und in Kontakt damit zu kommen. Unsere eigene Essenz besteht dabei aus vielen Facetten – etwa wie ein geschliffener Diamant. In Kontakt mit der eigenen Essenz zu sein bedeutet, Wahrhaftigkeit, Liebe, Stärke, Vertrauen, Ekstase und viele andere essenzielle Qualitäten wieder zum Strahlen zu bringen.

23. Woche
Perspektiven verändern

Die Weisheit des Hakim
Ein Sultan nahm für eine Seereise seinen besten Diener mit auf das Schiff. Dieser hatte noch nie ein Schiff betreten, ja als Sohn der Berge noch niemals in seinem Leben die Wüste des Meeres erblickt. So saß er zusammengekauert da, schrie, jammerte und weinte. Alle waren freundlich und versuchten ihn zu beruhigen. Doch ihre Güte erreichte nur sein Ohr, aber nicht sein ängstliches Herz. Der Sultan konnte das Geschrei seines Dieners kaum mehr ertragen, es verdarb ihm die Reise über das Meer, auf die er sich so gefreut hatte. Dies bemerkte der Hakim, sein weiser Leibarzt, und trat an ihn heran: „Majestät, wenn Sie es gestatten, dann werde ich ihn auf meine Art beruhigen." Ohne zu zögern gab der Sultan seine Erlaubnis. Der Hakim befahl der Mannschaft, den Diener über Bord zu werfen. Nur zu gern kamen die Seeleute der Aufforderung nach. Der Diener schrie, strampelte, schluckte Wasser und hielt sich verzweifelt an der Bordwand fest. Als er darum flehte, wieder im Schiff aufgenommen zu werden, zog man ihn unsanft herein. Wie durch ein Wunder saß er von nun an still in der Ecke, kein Laut der Angst war mehr aus seinem Mund zu vernehmen. Der verwunderte Sultan fragte den Hakim: „Welche Weisheit steckte in dieser Handlung?" Der Hakim antwortete: „Dein Diener hat noch nie das Salz des Meeres geschmeckt. Er hatte keine Ahnung, wie groß die Gefahr ist, im offenen Meer zu schwimmen. Deshalb hatte er die Sicherheit der festen Schiffsplanken nicht zu schätzen gewusst. Den Wert der Ruhe und Sicherheit kennt nur derjenige, der schon der Gefahr ins Auge geschaut hat. Du, der du satt bist und niemals Hunger leidest, weißt nicht, wie eine einfache Brotsuppe schmeckt. Das Mädchen, dass du nicht begehrst, ist meine Geliebte. Es gibt einen Unterschied zwischen dem, der seine Geliebte stets bei sich hat, und demjenigen, der sehnsuchtsvoll auf sie wartet."

Mullah Nasruddin saß am Fluss, als jemand vom anderen Ufer aus rief: „Wie komme ich denn hier auf die andere Seite?" Darauf antwortete Nasruddin: „Du bist auf der anderen Seite!"

Die Realität ist nicht einfach so, wie sie uns erscheint. Wie wir Dinge, Menschen und Situationen wahrnehmen, hängt wesentlich von der Perspektive ab, die wir einnehmen. Aus der Perspektive des Sohnes sehe ich meine Mutter völlig anders als mein Vater oder ein Außenstehender. Aus der Perspektive eines kleinen Kindes sehen die Dinge anders aus als aus der Sicht eines Erwachsenen. Es macht einen wesentlichen emotionalen Unterschied, ob ich am Rand des Schwimmbads oder oben auf dem Sprungturm stehe. Allein die räumliche Beziehung verändert die eigene Sichtweise der Dinge. Um nicht zu eingeengt zu sein, sollten wir immer verschiedene Perspektiven einnehmen.

Wir neigen zu Gewohnheit und Bequemlichkeit. Am liebsten wiederholen wir das Bekannte und nehmen damit immer dieselbe Perspektive ein. In unseren Seminaren beobachten wir oft, dass die meisten Teilnehmer ein und denselben Platz, den sie zu Beginn wählten, bis zum Ende des Seminars beibehalten. So haben wir uns angewöhnt, sie aufzufordern, öfter den Platz und damit die Perspektive zu wechseln, um die Dinge – im wahrsten Sinne des Wortes – in einem anderen Licht zu sehen. Selbst scheinbar unbedeutende räumliche Perspektivwechsel eröffnen manchmal neue Dimensionen.

Intention: Bewusst Perspektiven im Alltag wechseln und die Veränderungen in der Wahrnehmung der Realität erkennen.

Übung: Entscheiden Sie sich in dieser Woche, möglichst oft ungewohnte Perspektiven einzunehmen. Damit sind erst einmal ganz praktische Dinge gemeint:
- Setzen Sie sich auf einen anderen Platz als sonst am Esstisch, auf dem Sofa, im Büro, im Zug und so weiter.
- Betrachten Sie Dinge und Menschen von unterschiedlichen Seiten.
- Wenn Sie normalerweise das Auto lenken, lassen Sie Ihren Partner/Kollegen fahren und umgekehrt.
- Wählen Sie auch im übertragenen Sinn andere Sichtweisen: die Perspektive Ihres Chefs, Ihres Partners …
- Wählen Sie im Kino oder Theater einen ungewohnten Platz.

- Führen Sie Gespräche, wenn einer sitzt und der andere steht.
- Wählen Sie beim Liebesspiel ungewöhnliche Stellungen (sagen Sie Ihrem Partner einfach, wenn er überrascht ist, das gehöre zum Lehrgang).
- Seien Sie in dieser Woche kreativ beim Einnehmen neuer Perspektiven.

Hilfsmittel: Schreiben Sie sich als Hilfe das Wort „Perspektivwechsel" auf einen Zettel, den Sie an eine markante Stelle hängen.

Ausrichtung: Perspektivwechsel

24. Woche
Persönliche Grenzen erweitern

Ein Wissenschaftler machte einmal ein Experiment mit einem Fisch. Er stellte ein Aquarium auf und setzte den Fisch hinein. Was machte dieser? Er schwamm seine Kreise entlang der Glasscheiben und nahm so das Aquarium ein. Eines Tages setzte der Wissenschaftler eine Scheibe in die Mitte des Aquariums und halbierte es. Was machte der Fisch? Nun, er versuchte zunächst seinen gewohnten Raum einzunehmen und stieß dabei mit seinem Maul immer wieder gegen die Glasplatte. Nach einer Weile gab er das auf – und schwamm seine Kreise in der einen Hälfte des Aquariums. Wieder einige Zeit später setzte der Wissenschaftler noch eine zweite Scheibe ein, sodass der Raum auf ein Viertel der ursprünglichen Größe verkleinert wurde. Was machte der Fisch? Er versuchte zunächst wieder seinen gewohnten Raum einzunehmen und schwamm dabei immer wieder gegen die neue Glasscheibe. Nach einer Weile gab er das wieder auf – drehte nunmehr seine Kreise auf einem Viertel des Aquariums. Als einige Zeit vergangen war, nahm der Wissenschaftler beide Scheiben wieder heraus. Was machte der Fisch? Er schwamm weiterhin nur in dem einen Viertel des Aquariums.

Wir alle haben unser Leben innerhalb bestimmter Grenzen eingerichtet. Teilweise wurden uns die Grenzen bereits in unserer Kindheit von unseren Eltern oder anderen Erziehungspersonen gesetzt, teilweise haben wir uns selbst Grenzen geschaffen aus Schutz, Sicherheit oder einem bestimmten Vorteil heraus. Wie im Beispiel des Fisches vergessen wir häufig zu überprüfen, ob Grenzen, die es früher gab, heute noch existieren.

Nach einer US-Studie hören Kinder und Jugendliche bis zu ihrem 18. Lebensjahr durchschnittlich 148 000-mal Botschaften, die ihnen Grenzen setzen, wie: „Das schaffst du nicht. Schlag dir das aus dem Kopf. Das ist unrealistisch. Werde erst mal erwachsen. Lass das sein. Werde endlich realistisch."

Was waren zentrale Sätze in Ihrer Familie, mit denen Eltern und andere Angehörige Ihnen Grenzen gesetzt haben?

Früher haben unsere Eltern uns Schranken gesetzt, heute tun wir selbst es. Wie Sie leicht überprüfen können, sind Sie es selbst, der sich Grenzen setzt: weder Ihre Eltern, noch Ihr Chef, der Partner oder die Gesellschaft. Sie werden andere Menschen oder Umstände vielleicht gerne anführen, wenn Sie aber ruhig und ehrlich nachdenken, bemerken Sie: Nur *Sie selbst* können Grenzen setzen, überprüfen und überwinden! Niemand anderes kann das für Sie tun!

Grenzen zu setzen, sich selbst oder anderen gegenüber, kann dabei durchaus sinnvoll sein, wenn es in bewusster und kluger Absicht geschieht. Grenzen gibt es meist auf der körperlichen Ebene in unseren Bewegungsmustern, die wesentlich eingeschränkter sind als bei Kleinkindern; auf der emotionalen Ebene, indem wir uns nur bestimmte Gefühle erlauben zu fühlen und auszudrücken, auf der mentalen Ebene oder auch in unseren Beziehungsmustern. Meistens werden diese Grenzen im Laufe des Lebens nicht mehr infrage gestellt und überprüft, ob sie noch sinnvoll sind. Dann begrenzen sie uns und schränken uns in unserer Entfaltung und unseren Möglichkeiten ein. Richten Sie sich also in dieser Woche darauf aus, sich der Beschränkungen und Grenzen bewusst zu werden, und überprüfen Sie, ob diese noch aktuell sind.

Intention: Aufmerksam werden für einschränkende, persönliche Begrenzungen und diese gegebenenfalls erweitern.

Übung 1: Die folgende Übung zeigt Ihnen, wie einfach es sein kann, persönliche Grenzen zu erforschen und sanft zu erweitern:
Stellen Sie sich schulterbreit hin und strecken Sie die Arme gerade zu den Seiten aus. Während Arme und Beine gestreckt bleiben, drehen Sie nun den Oberkörper und Kopf, so weit Sie können, in eine Richtung nach hinten um die eigene Achse. Merken Sie sich den Punkt, wie weit Sie sich drehen (zum Beispiel einen Punkt an der Wand). Drehen Sie sich wieder zurück und entspannen den Körper.
In welcher Situation in Ihrem Leben erfahren Sie immer wieder eine persönliche Grenze? Diese kann wie gesagt im körperlichen, emotionalen, zwischenmenschlichen oder

mentalen Bereich liegen. Formulieren Sie diese Grenze für sich.
Jetzt beginnen Sie tief und entspannt in den Bauch zu atmen. Stellen Sie sich vor, wie es wäre, wenn Sie diese Grenze überwinden würden. Was würden Sie dann tun, sagen oder wie sich verhalten? Wie würden Sie sich fühlen? Stellen Sie sich das Resultat möglichst konkret vor. Atmen Sie dabei bewusst tief ein und aus und entspannen Sie Ihren Körper.
Beschließen Sie, die alte, selbst gesetzte Grenze nicht mehr zu akzeptieren oder diese sanft zu erweitern, wenn Ihnen das lieber ist. Treffen Sie bewusst diese Entscheidung. Heben Sie dann wieder beide Arme und drehen Sie sich, so weit wie Sie kommen.
Sind Sie über die Grenze vom ersten Mal hinausgekommen? Bravo! Was Sie auf der körperlichen Ebene vollbracht haben, können Sie auch auf anderen Ebenen.

Übung 2: Achten Sie in dieser Woche auf persönliche Begrenzungen. Das kann auf der körperlichen Ebene beim Sport sein; das kann Zurückhaltung im Kontakt mit anderen sein oder eine andere Situation, in der Sie sich durch selbst geschaffene, begrenzende Vorstellungen blockieren. Wenn Sie solch eine Schranke bemerken, halten Sie bewusst einen Moment inne, bleiben Sie an der Grenze stehen, atmen Sie tief und entspannen Sie sich. Entscheiden Sie sich dann, die Grenze zu erweitern. Gehen Sie einen kleinen Schritt über die Grenze hinaus und beobachten Sie, was mit Ihnen passiert.

Ausrichtung: Alle Möglichkeiten sind in mir.

25. Woche
Selbstboykott auflösen

Ein junger Mann will seine Familie zur Einweihung seines neuen Penthouse einladen und macht dafür die letzten Besorgungen. Er möchte etwas ganz Besonderes kochen und entdeckt im Supermarkt echten russischen Kaviar. Obwohl er sündhaft teuer ist, kauft er ihn spontan und malt sich schon die Überraschung auf den Gesichtern seiner Familie aus. Am Abend sieht er zufällig im Fernsehen eine Reportage darüber, wie Stören bei lebendigem Leib die Bäuche aufgeschlitzt und die Eier herausgeholt werden – eben echter Kaviar. Dann verenden die Tiere elendig. Schockiert und entrüstet denkt er: „Wie kann man nur Kaviar kaufen! So etwas sollte verboten werden!" Doch plötzlich fällt ihm sein Kaviarkauf ein. Was tun? Lebensmittel kann man nicht umtauschen und das teure Zeug einfach wegwerfen? Also schiebt er das teure Glas erst einmal in die hinterste Regalecke und entscheidet sich für ein anderes Gericht. In der folgenden Zeit ärgert er sich jedes Mal, wenn er das Glas im Regal sieht. Als Monate später seine neue Freundin den Kaviar entdeckt und ihn fragt, warum er denn so etwas kaufe, antwortet er: „Das habe ich nicht gekauft, das hat der Vormieter wohl stehen lassen."

Manchmal wünschen wir uns etwas von ganzem Herzen. Unser Herz und unser Geist, unser ganzes Wesen ist darauf gerichtet und wir wundern uns oder sind sogar verzweifelt darüber, dass es nicht eintritt, obwohl wir alles Mögliche dafür tun. Oder aber wir versuchen alles, um eine Situation aufzulösen, durch die wir leiden oder Schmerzen erleben: zum Beispiel eine Beratung oder Therapie, direkte Konfrontation, die Situation verlassen ... – jedoch ohne dauerhaften Erfolg. Jeder kennt dies in seinem Leben: die erfolglosen Versuche, Leid zu vermeiden oder Glück zu erlangen.

Der Grund dafür sind widersprüchliche Gefühle oder konkurrierende Wertvorstellungen in uns selbst. Entweder wir haben – wie in obigem Beispiel – unsere Meinung geändert und verstricken uns selbst oder dieser innere Widerspruch ist unbewusst. Häufig aber wird die Ursache auf die Umwelt projiziert. Alles, was uns im Leben geschieht, hat seinen Ursprung in uns selbst, anders ausgedrückt: Wir sind Schöpfer all dessen, was wir erleben, auch wenn wir etwas erleben, worunter wir leiden.

In beiden Fällen, also wenn wir etwas haben wollen, was wir nicht besitzen, oder etwas loswerden wollen, das wir haben, und es nicht schaffen, liegen eigene gegensätzliche Ausrichtungen vor, die gegeneinander arbeiten und oft als Selbstboykott erlebt werden. Wir identifizieren uns dann mit dem bewussten Anteil in uns und verkünden ihn als unser Ziel. Die tiefer liegende unbewusste Motivation mit einem gegenteiligen Interesse wird aber auf unsere Umwelt, den Partner, Chef oder Kollegen projiziert, damit wir einen Widersacher haben. Oder aber die unbewusste Gegenausrichtung lässt uns in unbedachten Momenten scheinbar sinnlos, zerstörerisch oder kontraproduktiv handeln.

Bei unbewussten Gegenausrichtungen richten wir also unsere eigene Schöpferkraft gegen uns selbst, mit den bekannten Auswirkungen. Sind wir in solchen Fällen einfach nur nicht willensstark genug, zu dumm oder unfähig?

Nein! Alles, was wir kreieren, geschieht erstens immer in der besten Absicht und ist zweitens immer die beste uns zur Verfügung stehende Möglichkeit. Nur sind wir uns eben oft der versteckten Beweggründe unserer Handlungen nicht bewusst. Grundsätzlich bieten uns alle unsere Motivationen und Handlungen einen Vorteil. Und wenn wir den erkennen, können wir verstehen, warum es innere oder nach außen projizierte Konflikte und Widerstände in unserem Leben gibt.

Intention: Innere gegensätzliche Intentionen erkennen, die Glück verhindern, den versteckten, geheimen Vorteil oder Sinn erfassen.

Übung: Widersprüche bei Handlungen, Worten, Gedanken erkennen.
Wenn Sie wieder einmal in einer leidvollen Situation stecken oder sich etwas wiederholt, was Sie schon längst überwunden glaubten, machen Sie sich deutlich, worum es im Kern geht. Fragen Sie sich selbst (oder beauftragen Sie Ihren Coach/einen Freund, Sie zu fragen):
- Welchen Vorteil bringt mir diese Situation/dieses Verhalten/dieser Konflikt?
- Wovor schütze ich mich dadurch?

- Welchen (versteckten) Gewinn habe ich davon?
- Was kann ich daraus lernen?

Auch scheinbar sinnlose Dinge, Schmerzen, Misserfolg oder Leid, haben immer einen versteckten Vorteil. Wenn Sie zunächst keinen Vorteil oder Nutzen sehen können, dann suchen Sie in einer anderen Richtung, betrachten das Ganze aus einer anderen Perspektive. Bleiben Sie hartnäckig bei diesen Fragen, bis Sie zufriedenstellende Antworten gefunden haben. Der versteckte Schutz oder Nutzen Ihrer Gegenausrichtung muss in jedem Fall genauso stark oder überzeugend sein wie das angestrebte Ziel. Wenn Sie den versteckten Nutzen gefunden haben, können Sie sich gratulieren. Jetzt wissen Sie, warum Sie so handeln, wie Sie handeln. Jetzt können Sie sich entscheiden: entweder auf den geheimen Nutzen oder Schutz zu verzichten oder sich ein Verhalten zu überlegen, wodurch dieser Schutz oder Nutzen auf andere, für Sie konstruktivere Weise realisiert werden kann.

Ein Beispiel dazu: Jens hatte den festen Entschluss gefasst, mit dem Rauchen aufzuhören. Er hielt es immer einige Zeit durch und fing dann doch wieder an, was ihn sehr frustrierte und an seiner eigenen Willenskraft zweifeln ließ. Seine Motivation lautet also: „Ich rauche nicht mehr", seine Gegenausrichtung: „Rauchen ist gut für mich." Auf meine Frage nach dem versteckten Nutzen kam erst einmal nur Negatives zu den bekannten Auswirkungen des Rauchens im Allgemeinen und in seinem persönlichen Leben im Konkreten. Nach einer Weile fing Jens an umzudenken und fand einige handfeste überzeugende Vorteile des Rauchens für ihn: Als Raucher hat er einen triftigen Grund für Pausen. Als Raucher hat er leicht Kontakt zu den anderen Rauchern. Als Raucher gehört er zu einer diskriminierten Minderheit, und diese Rolle entspricht seinem Image. Als Raucher hat man ein Ritual bei Stress, nach Feierabend, zum Espresso nach dem Essen ... Als Raucher kann er sich von seiner Freundin, die Nichtraucherin ist, abgrenzen ...

Das sind überzeugende Vorteile, die emotional mindestens so stark sind wie die Angst vor den gesundheitlichen Schäden oder der finanziellen Belastung. Ansonsten würden nicht so viele Leute rauchen und es so schwer haben, damit aufzuhören.

Die Lösung in diesem Fall ist ein Wertschätzen der Vorteile und die Suche nach alternativen Möglichkeiten, die diesen Nutzen bieten können.

Ausrichtung: Alles, was ich kreiere, hat einen Sinn für mich.

Persönlichkeit und Essenz 119

26. Woche
Sorgen entsorgen

Eine alte Frau fuhr in einem Bus und war sehr ängstlich und voller Sorgen, dass sie die Haltestelle, an der sie aussteigen wollte, verpassen würde. Jemand, der neben ihr saß, sagte: „Machen Sie sich keine Sorgen. Der Schaffner ruft jede Station aus. Sie können Ihre nicht verpassen." Er rief den Schaffner, und die Frau bat den Schaffner auch persönlich, daran zu denken, auch wirklich ihre Haltestation auszurufen. „Machen Sie sich keine Sorgen. Ich rufe jede Haltestation aus. Aber jetzt werde ich es mir merken und ich werde extra zu Ihnen kommen und Ihnen Bescheid geben, wenn wir an Ihrer Haltestelle angekommen sind. Wo wollen Sie denn hin?" Die Frau – schweißgebadet vor lauter Sorge – sagte: „Meine Haltestelle heißt Endstation."

Wir können das Leben immer nur im gegenwärtigen Moment genießen, wir können nur in der Gegenwart glücklich sein. Wir verhindern unser Glücklichsein, weil wir unseren emotionalen Schmerzkörper aktivieren, indem wir uns wie in der Geschichte Sorgen um die Zukunft machen oder uns an vergangene Erlebnisse mit angstvollen oder schmerzhaften Gefühlen erinnern. Die meisten Menschen verpassen so den gegenwärtigen Augenblick, da sie die größte Zeit mit ihren meist sorgenvollen Gedanken beschäftigt sind. Die Gedanken sind aber der Zeit unterworfen und beschäftigen sich *immer* mit der Vergangenheit oder der Zukunft. Die Gegenwärtigkeit oder Präsenz wird fühlend, wahrnehmend, über die Sinne erlebt – nicht über die Gedanken. Wenn wir uns Sorgen machen, wie die Frau in der Geschichte, sind wir ängstlich und angespannt und erzeugen somit Schmerz. Der Schmerz besteht darin, dass wir die gegenwärtige Situation nicht akzeptieren und annehmen, sondern ihr Widerstand entgegenbringen, indem wir an die Zukunft denken. Ebenso geschieht es, wenn wir uns an die Vergangenheit erinnern. Die Vergangenheit mit ihren Verletzungen, Enttäuschungen, Verlusten, Trennungen ist in unserem Körper und in unserem Verstand (Erinnerungsvermögen) eingemeißelt. Dieser Schmerzkörper speichert leidvolle oder schmerzhafte Erfahrungen, die wir in unserem Leben machen, ab, mit der Intention, sich immer daran zu erinnern und zukünftiges Leid zu vermeiden. Dieses Energiefeld existiert auf zwei Arten in uns: schlummernd oder aktiv. Ein Schmerzkörper kann fast immer ruhig sein; bei einem unglücklichen Menschen ist er, bis auf wenige Momente, überwiegend aktiv. Einige Menschen leben sehr in ihrem Schmerzkörper; andere aktivieren ihn nur in bestimmten Situationen: in nahen, intimen Beziehungen, in Situationen der Enttäuschung, des Verlusts oder der Trennung. Er braucht aber Nahrung, um aktiv zu werden. Und wir geben ihm diese „Nahrung", indem wir uns mit ihm identifizieren und ihn mit den entsprechenden Gedanken immer wieder bestärken.

Die Vergangenheit loszulassen bedeutet, in den Momenten, in denen der Schmerzkörper durch aktuelle Ereignisse aktiviert wird und die alten Gefühle wieder hochkommen, sich nicht in die Gedanken zu versenken. Es bedeutet, wach und gegenwärtig zu sein und sich nicht mit den verletzten Gefühlen zu identifizieren. In dem Moment, wo die Verletzungen da sind, fühlen Sie sie. Gehen Sie nicht in Gedanken der Vergangenheit. Fühlen Sie die Gefühle, bleiben Sie wach, lassen Sie sie da sein und nehmen Sie sie als das wahr, was sie sind: Gefühle – nicht mehr und nicht weniger. Aktivieren Sie den Beobachter in sich, in diesem Moment, der die Gefühle wahrnimmt – ohne sie zu bewerten und ohne sich mit ihnen zu identifizieren. Dann bleiben Sie gegenwärtig, präsent und der Schmerzkörper der Vergangenheit hat keine Chance, aktiv zu werden. Sie lassen das aktuelle schmerzhafte oder unangenehme Gefühl in sich und durch sich hindurchziehen und müssen es nicht festhalten.

Wenn Sie ein Schmerz nicht loslässt oder Sie ihn nicht loslassen können, können Sie sicher sein, dass der Schmerzkörper der Vergangenheit aktiviert ist. Manchmal müssen wir uns dann noch einmal ganz bewusst dem vergangenen Schmerz zuwenden, um ihn endgültig aufzulösen.

Intention: Anhaltend Glück erfahren im gegenwärtigen Augenblick.

Übung: Wann immer Sie in dieser Woche bemerken, dass Sie mit Ihren Gedanken bei leidvollen Erlebnissen der Vergangenheit oder Sorgen in der Zukunft sind, holen Sie sich

zurück in die Gegenwart. Nehmen Sie einen tiefen Atemzug und öffnen Sie sich für das, was gerade ist.
Wenn Sie also im Wartezimmer des Zahnarztes sitzen, dann genießen Sie den Moment, lesen Sie einen interessanten Artikel oder machen Sie eine Meditation. Lassen Sie sich nicht von Ihren spekulativen Gedanken verrückt machen, was nachher im Behandlungszimmer passieren wird. Sonst bekommen Sie womöglich schon im Wartezimmer Zahnschmerzen.
Wenn jemand Sie unfreundlich behandelt, fühlen Sie einfach Ihren Ärger oder die Enttäuschung, gehen Sie in Gedanken aber nicht zurück in Situationen, in denen Sie so behandelt wurden.
Achten Sie besonders bei Sorgen über die Zukunft darauf, ob diese Gedanken in dieser Situation sinnvoll und notwendig sind – ansonsten stellen Sie sie ab. Hören Sie auf, Ihren Schmerzkörper zu aktivieren: Wenn Sie an leidvolle Situationen oder potenzielle zukünftige Probleme denken, dann steigen Sie bewusst aus diesen Gedanken aus.

Ausrichtung: Ich lasse Sorgen und Schmerzen los und öffne mich für die Gegenwart.

27. Woche
Mensch, ärgere dich nicht

Zwei Mönche, die im Zölibat lebten, waren auf dem Rückweg zum Kloster. Sie kamen an einen Bach, der aber, da es Regenzeit war, zu einem reißenden Fluss angeschwollen war und die Brücke weggerissen hatte. Eine schöne junge Frau stand hilflos am Ufer und wusste nicht, wie sie herüberkommen sollte. Kurz entschlossen nahm der Ältere der beiden Mönche die Frau auf seine Schultern und trug sie zur anderen Seite des Flusses. Die Frau freute sich und schlang ihre Arme um seinen Hals, bis er sie am anderen Ufer sanft absetzte. Mit einer anmutigen Verbeugung dankte sie ihm, und die Mönche setzten schweigend ihren Weg fort. Kurz bevor sie das Kloster am Abend erreichten, platzte der jüngere Mönch plötzlich heraus: „Du kannst sicher sein, ich werde es dem Meister erzählen!" Der andere: „Wovon redest du?" Der erste, zornig: „Tu doch nicht so fromm. Die schöne junge Frau hat mit ihren Schenkeln auf deinen Schultern gesessen und die Arme um dich geschlungen – so etwas verstößt gegen die Gelübde!" – Der andere zu seinem Gefährten: „Ich habe die schöne Frau auf der anderen Seite des Flusses wieder abgesetzt. Du aber, so scheint es mir, trägst sie immer noch mit dir herum."

Die wesentlichen Aspekte, die uns daran hindern, glücklich zu sein – vor allem im zwischenmenschlichen Kontakt – sind Ärger, Neid und Missgunst. Diese Gefühle entstehen, wenn wir mit uns selbst oder einer Situation unzufrieden sind und mit ihr hadern, während sich andere einfach mit Leichtigkeit darüber hinwegsetzen. Gleichzeitig fühlen wir uns aufgrund eigener Moralvorstellungen im Recht, während wir den anderen ins Unrecht setzen. Es ärgert uns dann, wenn der andere sich nicht an unsere oder allgemeine Regeln des Anstandes und der Moral hält, während wir selbst es tun, dies allerdings nur halbherzig und wenig überzeugt. Gleichzeitig ärgern wir uns dann über die eigenen Gefühle von Ärger oder Neid und wollen uns diese „hässlichen" Emotionen nicht eingestehen. So bildet sich ein „Teufelskreis" aus Unzufriedenheit, Missgunst und Ärger, der sich immer weiter aufschaukelt und in den Menschen gärt, weil sie oftmals auch nicht wissen, wie sie wieder daraus herauskommen sollen.

Ein ganz alltägliches Beispiel: Die zweispurige Autobahn verengt sich wegen einer Tagesbaustelle auf eine Spur. Sie haben sich brav in den Stau frühzeitig rechts eingereiht und sind nervös, weil Sie fürchten, zu einem wichtigen Termin zu spät zu kommen. Kurz vor dem Ende der linken Spur kommt mit hoher Geschwindigkeit ein Wagen an, macht eine Vollbremsung und reiht sich in die knappe Lücke vor Ihnen ein. Sie schimpfen erbost über das unsoziale und gefährliche Verhalten dieses Menschen. Zu Ihrer Nervosität kommt jetzt noch Ärger auf diesen rücksichtslosen Fahrer hinzu. Und Sie fühlen sich immer zerrissener und im Unfrieden mit sich selbst. Vielleicht schimpfen Sie vor sich hin und lassen kein gutes Haar am anderen. Wenn Sie jedoch ehrlich wären und Ihre Gefühle analysieren würden, dann würden Sie sich wahrscheinlich eingestehen, dass Sie zunächst erschrocken waren und danach neidisch. Heimlich haben Sie sich geärgert und vielleicht gedacht: „Warum bin ich nicht selbst auf die Idee gekommen und so frech wie der andere gewesen, dann hätte ich wahrscheinlich noch pünktlich den Termin erreicht."

Intention: Sich aus den selbst gestrickten Emotionen von Ärger und Neid befreien, die Sie blockieren und den guten Kontakt zu Ihren Mitmenschen verhindern.

Übung: Führen Sie sich vor Augen, wenn Sie Emotionen von Vorwurf, Schuldzuweisung, Missgunst, Eifersucht oder Neid anderen gegenüber hegen. Diese können durch kleine alltägliche Situationen, wie in dem Beispiel, ausgelöst werden oder auch durch länger anhaltende Situationen im privaten oder beruflichen Kontext, die sehr belastend sind.
1. Schritt: Gestehen Sie sich die Situation und all Ihre damit verbundenen Gefühle ein. Akzeptieren Sie *alle* Gefühle, die mit der Situation oder einem Menschen verbunden sind. Sagen Sie sich selbst: „Ja, es ist okay, dass ich jetzt fühle, dass ich gerade neidisch bin. Es ist okay, dass ich den Kerl gerade hasse und zum Teufel wünsche." Benennen Sie jede einzelne Emotion, die Sie plagt. Niemand liebt diese Empfindungen wirklich, aber das Eingeständnis ist der erste Schritt.

2. Schritt: Erlauben Sie sich, das zu fühlen, und finden Sie einen *lautstarken Ausdruck* dafür. Im obigen Beispiel im Auto sollte das kein Problem sein. Machen Sie dem Schreck, dem Neid oder der Missgunst lautstark Luft.
3. Schritt: Machen Sie sich bewusst, wofür diese Erfahrung gerade gut war.
Folgende Fragen helfen Ihnen dabei:
- Welche Erkenntnis habe ich durch das Verhalten dieses Menschen gewonnen? (Im Beispiel oben: Vielleicht manchmal mutiger und frecher zu sein?)
- Was spiegelt derjenige mir? (Im Beispiel oben: meine eigene Ängstlichkeit, mangelnde Kreativität oder Reaktionsschnelle?)
- Was habe ich gelernt? (Obiges Beispiel: Ich hätte nicht so emotional reagiert, wenn ich nicht mit meinem eigenen Verhalten hadern würde.)
- Was bewundere ich an diesem Menschen? (Obiges Beispiel: Mut, Selbstbewusstsein, Risikofreude?)
- Danach fragen Sie sich: „Wie werde ich nächstes Mal in einer ähnlichen Situation handeln?"

Diese Übung wird Ihnen besonders dienlich sein, wenn Sie lang anhaltend im Ärger oder Hader mit Menschen privat oder im Beruf liegen, denen Sie nicht aus dem Weg gehen können. Die Ursprungssituation, in der Ärger oder Zorn entstanden ist, liegt vielleicht schon länger zurück. So eine Situation ist sehr belastend, auch wenn Sie versuchen, irgendwie damit umzugehen. Unbewusst werden Sie Gelegenheiten suchen, um „schmutzige Wäsche zu waschen" und sich für Ihre eigenen Gefühle zu rächen. Tatsächlich wird der freie Fluss Ihrer Lebensenergie, Ihre Liebe und Lebensfreude dadurch erheblich blockiert und natürlich auch der Kontakt mit dem Menschen. Sie stecken fest und kommen nicht weiter. Weder für sich selbst noch in der Beziehung mit dem anderen. Dann sollten Sie diese Übung unbedingt machen. Stellen Sie sich vor Ihrem inneren Auge lebhaft vor, was damals passiert ist, und steigen Sie noch einmal in die Emotionen ein. Dann vollziehen Sie Schritt eins bis drei wie beschrieben. Beobachten Sie, was sich danach in der Begegnung mit diesem Menschen verändert.

Ausrichtung: Mensch, ärgere dich nicht.

28. Woche
Inneren Frieden finden

Wir haben alles, was nötig ist, um den gegenwärtigen Augenblick zum glücklichsten Moment unseres Lebens zu machen. Das Einzige, was dazu nötig ist, ist, dass du vollkommen präsent bist, dass du ganz im gegenwärtigen Augenblick verweilst.
Thich Nhat Hanh

Diese Art von Glück ist anhaltend, da das Glück aus der Gegenwärtigkeit, dem Gewahrsein entsteht. Normalerweise sind wir glücklich, wenn etwas so ist, wie wir es uns vorstellen, wenn wir etwas als positiv bewerten. Dieses Glück ist an unsere begrenzte Persönlichkeit oder an unser Ego gebunden, denn es ist mit unseren Vorstellungen, Bewertungen und Gefühlen verknüpft. Und somit ist auch dieses Glück begrenzt; es kommt und geht, wie die Geschichte vom Zauberpferd sehr schön deutlich macht (siehe 39. Woche). Das Glück aus dem Gewahrsein dagegen ist anhaltend und bedeutet Frieden. Frieden entsteht, wenn ich meine Beurteilungen und Vorstellungen über bestimmte Menschen oder Ereignisse aufgebe und Ja sage zu dem, was gegenwärtig ist. Unsere Persönlichkeit unterliegt den Phänomenen von Anziehung und Abstoßung, Sympathie und Antipathie – und daher auch unsere Bewertungen von positiv und negativ. Unsere Persönlichkeit beinhaltet damit immer Dualität, Trennung. Davon sind wir auch in unserer Beziehung zu uns selbst betroffen. Viele Menschen betrachten sich unentwegt aus der Vogelperspektive und bewerten ihr eigenes Verhalten und ihre Gefühle. Oftmals fallen die Urteile über sie selbst noch schärfer aus als über andere, und sie verletzen sich selbst dadurch. Sie leben dann im tiefsten Unfrieden mit sich und anderen.

Frieden bedeutet die Überwindung von Dualität und Trennung, die durch Bewertungen, Urteile und Abgrenzung entstehen. Frieden entwickeln wir durch das vorbehaltlose Ja zu dem, was ist, zum gegenwärtigen Augenblick. Frieden kann von daher nur jemand entwickeln, der davon überzeugt ist, dass auch Begrenzungen, Konflikte und Unglück wie Krankheit, Trennung und Verluste zum Leben dazugehören, das heißt zum guten Ganzen beitragen und einen Sinn machen, auch wenn man den oft erst viel später erkennen kann. Nur wenn wir in solchen Momenten genug vertrauen und eine entsprechende Sichtweise einnehmen, können wir aus solchen Ereignissen mit großem persönlichem und spirituellem Wachstum und Gewinn daraus hervorgehen. Ansonsten werden uns solche Ereignisse, die immer wieder geschehen, zum Unglück gereichen, in dem Sinne, dass wir Groll, Hass und Unmut letztendlich gegen das Leben selbst ansammeln. Die Entwicklung von Frieden geschieht somit in Zeiten des Unfriedens, des Haderns. Letztendlich bedeutet die Entwicklung von Frieden die Überwindung jedes dualistischen trennenden Denkens und das Zurückkehren in den ursprünglichen Zustand des Gewahrseins, das Glück, Liebe und Lebensfreude beinhaltet.

Dies drückt auch der Weisheitsspruch der Buddhisten pointiert aus, der an dieser Stelle als Ausrichtung dienen soll: „Mögen alle Wesen in dem großen Glück verweilen, frei von Gier, Hass und Urteil." Denn die Gier fokussiert die Gedanken einzig und allein auf das begehrte Objekt. Auch Sympathie gehört dazu, wenn sie unbewusst bleibt und das Verhalten gegenüber dem anderen beeinflusst. Der Hass bestimmt das Verhalten gegenüber einem Menschen oder sorgt dafür, dass man jemanden oder eine Sache abstoßend findet. Sympathie und Antipathie machen die meist unbewussten Anhaftungen deutlich, die das Verhalten prägen. Und das Urteil teilt Menschen und Erleben in gut und schlecht. Durch die Beurteilung werden dann „negatives Erleben" abgelehnt und verdrängt, „positives" befürwortet und gesucht. Alle drei Eigenschaften sorgen dafür, dass wir nur mit einem begrenzten Teil des Lebens in Kontakt gehen und nicht das ganze Leben erfahren.

> **Intention:** Den Hader und Groll aufgeben; Frieden in sich finden.
>
> **Übung:** Gier: Beobachten Sie sich selbst in dieser Woche. Wo lassen Sie sich von Gier leiten? Wo fixieren Sie sich auf eine Sache oder einen Menschen? Wovon machen Sie Ihr Glück und Ihre Zufriedenheit abhängig? Es ist manchmal lächerlich, mit welcher Penetranz man selbst glaubt: „Nur

wenn ich dieses eine Ding noch bekomme, bin ich zufrieden." Sie hetzen sich am Freitagabend ab, um in letzter Minute noch ein Geschenk, eine Reservierung oder bestimmte Essenszutaten zu besorgen, anstatt sich zu fragen: Ist das wirklich entscheidend, damit ich ein glückliches Wochenende habe? Atmen Sie tief durch und lassen Sie Besitzdenken, übertriebene Fixierung und Gier los. Fragen Sie sich in obigem Fall lieber: „Was brauche ich, um am Wochenende glücklich zu sein?"

Hass: Wo lassen Sie sich von Hass leiten? Wann sind Sie voll innerer Abwehr und Widerstand? Sie streiten mit der Politesse, obwohl es aussichtslos ist? Die ganze Rückfahrt drehen sich Ihre Gedanken und das Gespräch um ein Knöllchen von 20 Euro? Sie regen sich über den Nachbarn auf, weil er Ihre Einfahrt blockiert hat, klingeln an und streiten mit ihm – anstatt den Wagen woanders abzustellen. Wo hadern Sie mit Ihrem Schicksal (in Form der Politesse oder des Nachbarn) und kämpfen dagegen an, eine kleine Unannehmlichkeit in Kauf zu nehmen. Atmen Sie tief durch und fragen Sie sich, ob es die Angelegenheit wert ist, sich so aufzuregen. Wenn Sie einfach nur Spaß haben, ein wenig zu streiten, dann ist es natürlich etwas anderes ... Dann vergessen Sie aber das Ergebnis und achten Sie darauf, dass Sie Freude daran haben.

Urteil: Beobachten Sie Ihren Geist. Wann immer Sie bemerken, wie Sie eine Situation beurteilen, Menschen oder sich selbst kritisieren oder abwehren, verzichten Sie auf diese Gedanken. Identifizieren Sie sich nicht damit. Ziehen Sie in Betracht, dass Sie vielleicht „recht haben", was aber noch lange nicht die Wahrheit ist. Machen Sie sich bewusst: Sie können recht haben oder Frieden. Beides geht nicht. Entscheiden Sie sich für den Frieden.

Ausrichtung: „Mögen alle Wesen in dem großen Glück verweilen, frei von Gier, Hass und Urteil."

29. Woche
Neugierde wird zu Lebensfreude

Lebensweisheit besteht darin, im Alltäglichen das Wunderbare zu sehen.
Pearl S. Buck

Erinnern Sie sich noch daran, als Sie das letzte Mal Urlaub in einem ganz neuen und unbekannten Land machten? Wie Sie alles bestaunten, neugierig waren, Fragen stellten? Wie Sie morgens aufstanden und die Entdeckerlust in Ihnen wach wurde, wie Sie jede Kleinigkeit ausgiebig betrachteten? Einheimische wundern sich über Touristen, die einen Kaktus bestaunen, so wie ich mich über eine brasilianische Freundin wunderte, die ganz aus dem Häuschen geriet, als sie zum ersten Mal in ihrem Leben im Schnee war.

Als Kind war das Leben ein permanentes Abenteuer, dem wir jeden Tag voller Neugier begegneten, in dem es etwas zu entdecken gab – und alles war einmalig, ohne Vergleich. Wie armselig ist da doch oft das Leben der Erwachsenen! Wir essen die exotischsten Speisen und genießen sie längst nicht mit der Hingabe, mit der ein Kind seinen Apfel isst. Wir fliegen in die entferntesten Länder, um wieder Staunen zu lernen. Aber beobachten Sie einmal die Touristen, die vom Hotel zum Strand gehen: Spätestens ab dem dritten Tag haben sie denselben Gesichtsausdruck, dieselbe Langeweile wie beim alltäglichen Weg zur Arbeit. Als Kind gab es für die meisten Menschen auf dem Schulweg im Park mehr Aufregendes zu entdecken als für einen Erwachsenen auf einem Südseeatoll!

Wir, die Autoren, sind gerne und viel gereist in unserem Leben, meist fernab von üblichen Touristenzielen. Reisen bedeutet für uns nicht Entspannung und Erholung, sondern eher neuen Menschen, neuen Sichtweisen zu begegnen und uns dadurch verändern zu lassen. Das Wesentliche aber dabei ist für uns nicht, das Exotische in der Ferne wahrzunehmen, sondern der Moment, wenn wir wieder nach Deutschland zurückkommen und Bekanntes mit den Augen eines Fremden wahrnehmen. Dann erscheint plötzlich das Alltägliche in einem ganz anderen Licht und wir beginnen unsere Wirklichkeit durch eine veränderte Sichtweise neu zu erschaffen.

Lebensfreude entsteht, wenn wir wieder neugierig werden, wieder lernen zu staunen. Unser Gehirn ist so programmiert, dass wir unsere Sinneswahrnehmungen selektieren, dass Bekanntes betont und Neues ausgeblendet wird: Unbewusst suchen wir nach dem Bekannten oder suchen bei Neuem doch zumindest nach Ähnlichem. Im Urlaub oder in einer fremden Situation wird dies besonders deutlich.

Intention: Lebensfreude und Neugier entwickeln, Veränderungen und Neues wahrnehmen.

Übung: Stellen Sie sich vor, Sie wären ein Zeitreisender aus dem Mittelalter oder ein Tourist aus Papua-Neuguinea, so wie in dem Buch „Der Papalagi" von Erich Scheurmann. Betrachten Sie Ihre Welt diese Woche einmal mit neuen Augen, so als würden Sie alles zum ersten Mal sehen, hören, schmecken, riechen oder fühlen. Achten Sie auf Dinge, die Sie vorher noch nicht wahrgenommen haben, und richten Sie Ihre Aufmerksamkeit auf das Neue, auf das Unbekannte. Äußerlich brauchen Sie dabei nichts zu verändern. Wenn Sie aber im Zug sitzen und dieselben Menschen wie jeden Morgen sehen, dann erinnern Sie sich daran, wie aufmerksam und neugierig Sie die Menschen betrachteten, als Sie in einem ganz fremden Land im Zug saßen. Stellen Sie sich vor, Sie würden zum ersten Mal in Ihrem Leben Zug fahren und hätten noch nie weiße Menschen gesehen. Entdecken Sie an den Menschen, die Ihnen heute begegnen, etwas, das Ihnen vorher noch nicht aufgefallen ist. Entscheiden Sie sich heute für Neugierde und Entdeckerdrang! Und spüren Sie, wie Lebensfreude allein durch diese innere Haltung entsteht. Erleben Sie heute alles wie zum ersten Mal und entdecken Sie Ihre Unschuld dabei wieder.

Ausrichtung: Neues entdecken!

30. Woche
Lebensfreude – der Wert des Lebens

Lebe jeden Tag, als seist du morgen tot.
Freu dich tagelang aufs neue Morgenrot.
Heut ist der erste Tag von deines Lebens Rest,
der endlich so gelebt, der dich ans Steuer lässt.
Lass die Sonne frei, stell die Uhren neu.

Betrachte einen Stern,
pflanz einen Apfelkern.

Spür den Wind im Haar
an einem Wasserfall,
setz dich ganz still – hör, was er sagen will.

Verlieb dich heute mal – in irgendwas, egal.
Oder in irgendwen – heute wird es gehn.
Sing mit den Vögeln mit – vielleicht ein Liebeslied.
Songtext von Ape, Beck & Brinkmann

Wer weiß schon, wann der letzte Tag seines Lebens anbricht? Unser Leben ist zwar in hohem Maße abgesichert, so wie in kaum einem anderen Land der Welt wie zu keiner Zeit vorher. Und doch kann das Ende plötzlich kommen. Wie schockiert und unvorbereitet reagieren wir, wenn ein Freund durch einen Unfall ums Leben kommt, wie überrascht, wenn eine Beziehung mit einem Mal zu Ende geht, wenn wir plötzlich eine Kündigung im Job bekommen.

Nach dem Schreck ist die erste Reaktion dann meist Bedauern. Und zwar deshalb, weil wir einem Menschen etwas nicht gesagt haben, etwas nicht getan haben, uns etwas nicht getraut haben und es nun dafür zu spät ist.

Auch Menschen, die von ihrem nahen Tod erfahren, erleben häufig Bedauern – sie sterben mit Bedauern über das, was sie noch nicht erlebt, was sie verpasst haben. Aber dieses Bedauern, das Gefühl, das Leben verpasst zu haben, prägte bereits alle Lebenssituationen. Sie leben mit „halber Energie", geben sich nicht ganz dem Leben, den Gefühlen, den Risiken, den Höhen und Tiefen hin – sie behalten die Kontrolle und haben danach aber das Gefühl, etwas verpasst zu haben. Und mit diesem Gefühl gehen sie aus einer Beziehung, aus dem Job und auch aus dem Leben. Und es gibt einige wenige Menschen, die mit Freude und Hingabe sterben. „Unvorstellbar", denken Sie vielleicht – in unserer materialistischen Kultur sicherlich. Aber die Menschen, die mit Freude sterben, haben mit Freude und Hingabe gelebt.

Es gibt dabei eine einfache Gleichung, die lautet: So wie wir sterben, haben wir gelebt. Und auch der Umkehrschluss gilt: So wie wir gelebt haben, sterben wir. Die meisten Menschen sterben in Angst – in Todesangst. Und genau diese Angst prägt unterschwellig ihr ganzes Leben, ihre Handlungen, Beziehungen, ihr Wertesystem. Menschen, die etwas bewusster sind, die meditieren oder einen spirituellen Weg verfolgen, verlieren diese Angst vor dem Tod und damit auch vor dem Leben.

Das ist also die Gleichung: Wer in Angst lebt, wird mit Angst sterben. Wer immer wieder verpasste Chancen im Leben bedauert, wird mit Bedauern sterben. Wer mit Freude und Akzeptanz lebt, wird friedvoll oder gar mit Freude sterben.

Vielleicht haben Sie schon einmal die Erfahrung gemacht, dass plötzlich, wenn Sie nach einer Kündigung die letzten Tage oder Wochen am Arbeitsplatz verbrachten, die allerschlimmsten Kollegen freundlich und kooperativ waren, Ihr mies gelaunter Chef Sie auf einmal freundlich lobte und spannende Aufträge hereinkamen, auf die Sie jahrelang vergeblich gewartet hatten. Oder Sie haben sich entschieden, sich von Ihrer langjährigen Beziehung zu trennen, und verbringen eine letzte Nacht zusammen: Vielleicht sind Sie völlig verunsichert, wenn Sie in dieser Situation plötzlich eine aufregende, erotische und berührende Begegnung wie in der ersten Verliebtheitsphase erleben und nicht mehr verstehen, warum Sie sich von diesem fantastischen Partner trennen wollen.

Was passiert in solchen Situationen? Sie entscheiden sich, Ihre Zurückhaltung und Kontrolle aufzugeben und das Leben in vollen Zügen zu erleben, denn Sie wissen, es ist der letzte Tag oder Monat, die letzte Gelegenheit. Sie geben Ihre Angst und Zurückhaltung auf und entscheiden sich, mit Freude zu erleben. Vielleicht kennen Sie auch dieses Gefühl: Wenn man auf der Spitze des Glücks ist, seiner ganzen Leidenschaft und Ekstase, mit jeder Zelle seines Körpers, dann wäre es leicht zu sterben. Je intensiver man gelebt hat, umso leichter ist es, alles wieder loszulassen.

Intention: Lebensfreude erleben durch die Wertschätzung der Einmaligkeit und Einzigartigkeit jeden Augenblicks und durch das Bewusstsein der Vergänglichkeit.

Übung: Warten Sie nicht auf den letzten Tag Ihres Lebens, um ihn wirklich zu genießen. Tun Sie einfach so, als wäre es der letzte Tag, um ihm mit voller Aufmerksamkeit zu begegnen. Stellen Sie sich die Frage: „Was würde ich tun, wenn heute mein letzter Tag wäre?"
Erleben Sie alles mit offenen Sinnen, begegnen Sie heute Ihren Freunden und Kollegen, als wäre es das letzte Mal. Geben Sie die Ängste und Zurückhaltung auf und entscheiden Sie sich, diesen Tag in vollen Zügen zu genießen. Alles, was Sie tun, sollten Sie mit hundert Prozent tun. Fragen Sie sich: Ist das wirklich wichtig? Was müsste ich heute tun und wie müsste ich heute leben, damit ich am Abend in Frieden sterben könnte? Sie müssen dafür diese Woche keinen Urlaub nehmen. Entdecken Sie das Wunderbare in den Kleinigkeiten des Alltags und sehen Sie Ihre Mitmenschen mit neuen Augen. Stellen Sie sich vor, Sie würden heute zum letzten Mal zur Arbeit fahren, Ihre Kollegen das letzte Mal sehen, Ihren Partner, Ihre Kinder. Was würden Sie dann anders machen? Wie Ihren Liebsten zu Hause und Ihren Mitmenschen begegnen – im ganz normalen Alltag?

Ausrichtung: Das Leben ist zu kurz, um halbherzig zu leben.

Lieben

*Den Sinn erhält das Leben einzig durch die Liebe.
Das heißt: Je mehr wir zu lieben und uns hinzugeben fähig sind,
desto sinnvoller wird unser Leben.*
Hermann Hesse

Die Liebe zu erleben ist eines der größten Geschenke, die wir im Leben empfangen können. Die Liebe, wenn sie uns ereilt, durchdringt und erfüllt unser ganzes Wesen. Geist, Herz und Sex werden von ihr erfasst, und gleichzeitig trachtet unser ganzes Wesen danach, die Liebe zu verwirklichen. Es gibt viele Spielarten der Liebe, und sie ist deswegen ein Geschenk, weil wir sie nicht willentlich „machen" können. Obwohl die Liebe alle Ebenen unseres Menschseins betrifft – Gedanken, Gefühle, Vorgänge in unserem Körper, die Handlungsebene –, ist sie doch nicht zu beschränken. Die Liebe ist allumfassend und unser essenzieller Seinszustand, der unser Gefühl berührt und durchdringt. Die dichteste Form der Liebe – und daher am anschaulichsten – zeigt sich in der Liebe zwischen Mann und Frau (natürlich ebenso in der homosexuellen Beziehung).

Sie beginnt mit Eros – der sexuellen Anziehung zwischen Mann und Frau: die Suche der Frau/des Mannes nach dem anderen und das ihm innewohnende Versprechen der Erfüllung in Verbindung und Vereinigung. Wenn sich zwei Menschen in dieser sie alles durchdringenden Liebe finden, wird ihr Leben von Freude, Zärtlichkeit und Süße umgeben. Sie werden ein wenig verrückt, sehen das Leben in neuem Glanz und tun Dinge, die sie vielleicht schon lange nicht mehr getan haben. In der gegenseitigen Liebe erneuern sie ihre Herzen und schwingen gemeinsam zu neuen Ufern. Liebe bedeutet die Freude, sich ganz zu geben und gleichzeitig zu empfangen. Engagiert zu sein für den anderen, indem man sich selbst ganz gibt. Geben wird dabei gleichzeitig zum Empfangen, wird eins. Zwei werden eins – wenngleich auch immer nur für eine kurze Dauer. Durch das Einssein entsteht etwas Neues in der Welt, im schöpferischen Prozess der Verbindung. Wer wirklich liebt, ist mit ganzem Herzen, Körper und Geist dabei.

Die Herzensliebe drückt sich auch aus in *Philia* (griech. = Freundschaft). Das ist die freundschaftliche Verbindung zwischen zwei oder mehreren Menschen, die sich von Herzen zugetan sind, durch dick und dünn miteinander gehen, sich in schweren Zeiten und Krisen mit Trost und Zuspruch beistehen und bereit sind, immer wieder für den anderen da zu sein. Diese Liebe zeigt sich in der Freundschaft zwischen Frauen oder Männern untereinander, und auch zwischen Mann und Frau kann diese Art Liebe sein. Auch die Liebe zwischen Mutter oder Vater und Kind zählt hierzu.

Dann gibt es noch *Agape* (griech.), die allumfassende Liebe. Sie ist weder an bestimmte Menschen noch an bestimmte Situationen gebunden. Agape empfinden und entwickeln wir, wenn wir von der göttlichen Liebe berührt werden; sie ist unabhängig und frei und füllt unser ganzes Dasein aus. Diese Liebe erwartet keine Antwort als Gegenliebe von anderen; sie genügt sich selbst. In ihr finden wir die Bestätigung unserer selbst in unserem Dasein; sie ist daher sinnstiftend und vermittelt uns das Gefühl, geborgen und getragen zu sein in diesem Leben.

Liebe in ihrer essenziellen und spirituellen Form bedeutet ein Gefühl von Einheit und Verbundensein, Geborgenheit, sich getragen und gehalten fühlen in und durch jemanden oder etwas, das größer ist als wir selbst. Sie bedeutet die sinnhafte Bestätigung unserer Existenz, unabhängig davon, wie sich diese gestaltet.

31. Woche
Alte Bindungen lösen

In einem Stadtpark standen zwei Bronzestatuen: ein Junge und ein Mädchen in der Pose von Liebenden, die einander sehnsuchtsvoll anschauten. Sie hatten dort schon seit mehr als dreihundert Jahren gestanden, ihre Arme in heißem Verlangen nacheinander ausgestreckt, aber ohne sich zu berühren, als eines Tages ein Zauberer des Weges kam und Mitgefühl hatte. Er sagte sich: „Ich habe die Macht, sie für eine Stunde lebendig zu machen, also werde ich es tun. Eine Stunde lang wird es ihnen vergönnt sein, sich zu küssen, sich zu berühren, sich zu umarmen und zu lieben." Und der Zauberer schwang seinen Zauberstab. Sofort sprangen die beiden Statuen von ihren Sockeln und rannten Hand in Hand ins Gebüsch. Da ging es hoch her: ein Schreien, Krachen von Ästen, ein Zwitschern und Flattern! Von unwiderstehlicher Neugierde getrieben, schlich der Zauberer auf Zehenspitzen zum Gebüsch und lugte durch die Blätter. Das Mädchen hockte über einer Taube, die der Junge auf den Boden drückte und festhielt. Plötzlich sprang er auf. „Jetzt hältst du sie fest, damit ich auf sie drauf scheißen kann."

Die Moral von der Geschichte: Dreihundert Jahre beschissen zu werden quält uns mehr als jede Sehnsucht.

Eines der größten Hindernisse für die Liebe ist die Vergangenheit mit ihren alten Bindungen, Brüchen, Enttäuschungen und Verletzungen. Im Laufe unseres Lebens gehen wir verschiedene Beziehungen ein, und oftmals, ohne dass wir die alten Beziehungen wirklich verabschiedet und entlassen haben. Die emotional stärksten Bindungen sind dabei natürlich die Liebesbeziehungen und Ehen, die Beziehungen zu den eigenen Kindern und zu den Eltern.

Problematisch wird es vor allem, wenn wir neue Liebesbeziehungen oder Partnerschaften eingehen und die alte Thematik mit dem vergangenen Partner noch mit uns herumtragen. Oftmals ist der nicht verabschiedete Ex oder die nicht verziehene Verletzung der Grund, weshalb Menschen es schwer haben, neue Liebesbeziehungen überhaupt einzugehen. Denn wenn wir uns trennen, dann nicht aus Mangel an Liebe, sondern weil es Verletzungen gegeben hat: Enttäuschung, Verrat, Betrug, Vorwürfe, Kritik ... Damit gehen die allermeisten Menschen aus ihren alten Beziehungen heraus und tragen sie mit hinein in die neuen Beziehungen.

Die Bindung, die noch stärker wirkt als Liebe, ist die aus Hass. Kritik, Ablehnung, Vorwürfe dem alten Partner gegenüber erzeugen Bindung an ihn. Die allerstärkste Bindung jedoch wird durch Schuldgefühle erzeugt. Schuldgefühle sind der stärkste Klebstoff an die Vergangenheit, und dies umso mehr, da Schuldgefühle heute „out" sind und niemand mehr welche haben will.

Die tiefsten Verletzungen, die wir uns heute zufügen, sind die, wenn wir den Partner betrügen, verraten, beschuldigen oder uns trennen. Jede Trennung ist ein Trauma für den, der verlassen wird, es sei denn, beide trennen sich in gegenseitigem Einverständnis.

Bei dem, der betrügt oder sich trennt, entstehen Schuldgefühle dem Partner gegenüber, besonders dann, wenn mit Trennung, Betrug und ähnlichen Verletzungen unbewusst umgegangen wird. Je weniger er sich über seine Motive und Entscheidungen im Klaren ist und für seine verletzenden Handlungen die Verantwortung übernimmt, umso größer sind die unbewussten Schuldgefühle.

Der unbewusste Vorgang drängt aber und will bewusst werden und das ist der Grund, weshalb wir in unseren neuen Beziehungen dann oftmals wieder dasselbe erleben wie mit dem alten Partner oder auch das Gegenteil; das heißt, wir erleben dann, was wir vorher dem Partner zugemutet haben, um so auf unbewusster Ebene unsere Schuld zu bezahlen.

Und das genau bedeutet Karma. Karma bedeutet nämlich nicht, dass wir, wenn wir etwas moralisch „Schlechtes" getan haben, im nächsten Leben als Schwein oder Wurm zur Welt kommen. Karma bedeutet, dass wir meistens schon in diesem Leben die Möglichkeit erhalten oder selbst danach trachten, hundert Prozent Verantwortung für unser Handeln zu übernehmen. Wenn wir uns also aufgrund eines bestimmten Problems von unserem Partner trennen, werden wir mit dem Partner noch lange nicht das Problem los. Wir nehmen es mit in die neue Beziehung, denn unser Geist und unsere Seele wollen das Problem lösen, um Heilung zu erfahren oder um persönlich zu wachsen. Erst wenn wir uns dem alten Thema stellen und die Verantwortung für unser Handeln übernehmen, lösen wir auch die Schuldgefühle. Wo Verantwortung ist, ist keine Schuld. Schuldgefühle entstehen, wenn wir unbewusst handeln und nicht die Verantwortung für uns übernehmen.

Das Lösungsmittel für den Superkleber Schuld ist die Vergebung, ebenfalls genauso altmodisch und vergessen. Dem anderen und mir selbst vergeben meint, die volle Verantwortung für mein Handeln zu übernehmen. Im Falle unseres Beispiels von Betrug oder Trennung ist sich der Verantwortliche über seine Motive und Entscheidungen im Klaren und steht dazu. Derjenige, der sich verletzt fühlt, übernimmt Verantwortung für die eigenen Gefühle und lastet sie nicht dem Partner als Schuldigem an. Gehen beide so verantwortungsbewusst mit schwierigen Themen um, fühlen sie sich frei, gut und liebend – auch dem anderen gegenüber. Dies ist der Weg der Loslösung und Befreiung von Bindungen. Erst wenn wir vergeben, lassen wir den anderen frei. Groll, Wut und Vorwürfe sind ein beliebtes Mittel, den anderen weiterhin an sich zu binden und mit ihm in Beziehung zu bleiben. Die inneren Konflikte und der Groll werden über die gemeinsamen Kinder, die gemeinsame Firma ausgetragen.

Intention: Frei werden von alten Bindungen.

Übung: Überprüfen Sie einmal, ob es in Ihrem Leben noch Menschen gibt, denen Sie grollen, Vorwürfe machen oder die Sie sogar hassen. Wenn das nicht so präsent ist, wählen Sie einfach einen langjährigen Expartner, das passt immer – egal wie abgeklärt oder therapieerfahren Sie sind. Vergegenwärtigen Sie sich den Menschen oder stellen Sie ein Foto von ihm/ihr auf.
Gestehen Sie sich selbst all die Gefühle diesem Menschen gegenüber ein, die Sie wahrscheinlich ablehnen und die Sie doch gefangen nehmen und beeinträchtigen: Ihren Groll, die Wut und so weiter.
Werfen Sie ihm/ihr alles vor, was Sie kritisieren. Nutzen Sie dabei die Formulierungen:
- (Name), ich kritisiere dich für ...
- ... ich verachte dich für ...
- ... ich hasse dich für ...

Danach vergeben Sie ihm/ihr all die Dinge, die Sie gerade genannt haben. Nutzen Sie die Formulierungen:
- (Name), ich vergebe dir ...
  Danach vergeben Sie sich selbst Ihren Groll, Wut et cetera.
- Ich vergebe mir ...
  Dann machen Sie sich deutlich, was das Geschenk dieser Beziehung ist. Was hat Ihnen dieser Mensch trotz allem auch gegeben? Was konnten Sie von ihm/ihr nehmen?

Nutzen Sie dafür die Formulierungen:
- (Name), ... ich danke dir für ...
- ... ich schätze dich für ...
- ... ich liebe dich für ...

Schließen Sie die Übung mit einem Dank an sich selbst. Wiederholen Sie sie so oft, bis Sie spüren, dass Sie frei sind von allen Gefühlen, die Sie beeinträchtigen. Genießen Sie die Loslösung und Befreiung.

Ausrichtung: Ich löse meine Bande mit der Vergangenheit.

32. Woche
Versöhnung mit Mutter und Vater

Erntest du Früchte vom Baum, so gedenke derer, die ihn gepflanzt haben.

Unsere tiefsten und prägendsten Beziehungen sind die zu Mutter und Vater, egal ob sie real anwesend waren oder nicht. Was wir mit ihnen erlebt oder bei ihnen vermisst haben, ist für unser Leben bestimmend. Denn ein Baby oder Kleinkind ist absolut offen und bedingungslos in seiner Liebe. Es hat noch keine Abwehr- oder Schutzfilter; alles Erleben nimmt es tief in sich auf. Diese ersten grundlegenden Erfahrungen werden jedoch mit dem Erlernen von Sprache, von Begriffen und Denken eingeordnet, und es werden erste Meinungen, Interpretationen und Überzeugungen über sich selbst und das Leben geformt.

Diese Überzeugungen bilden die Matrix, auf die hin das spätere Leben – und das bedeutet vor allem die eigenen Beziehungsmuster – entworfen wird. Das ist der Grund, weshalb Frauen und Männer, die ihre Beziehungen reflektiert betrachten, immer wieder feststellen, wie sie in bestimmten Beziehungsmustern gefangen sind. Obwohl sie sich so viel Mühe geben, beim nächsten Mann/bei der nächsten Frau alles anders zu machen, erleben sie sich als Wiederholungstäter der alten Beziehungsmuster, die sie sich als Kind mit Mutter und Vater angeeignet haben.

Leid und Schmerz, Selbstsabotage und Trennung in Beziehungen geschehen nicht aufgrund von Unfähigkeit oder zu wenig Liebe. Vielmehr entstehen sie aufgrund der Matrix, der Überzeugungen, die wir über uns selbst und unsere Partner gebildet haben, und der Art und Weise, wie Verhalten und Ereignisse entsprechend interpretiert werden. Und das ist auch genau der Grund, warum die meisten Menschen in der Vergangenheit leben oder Gefangene ihrer Vergangenheit sind, das heißt ihrer Matrix, die bis zum Lebensende nicht mehr aktualisiert wird.

Obwohl also die meisten Menschen in dieser Gesellschaft in einer Zweierbeziehung leben, sind sie doch sehr oft zu dritt oder viert, da Mama und/oder Papa mit dabei sind. Und das sowohl am

Frühstückstisch beim Streit über das zu hart oder zu weich gekochte Ei als auch im Bett beim Sex.

Die Bindung an die Vergangenheit – an Mutter und Vater – bleibt einerseits durch Unwissen der Überzeugungen bestehen, andererseits durch Abwehr. Es gibt viele Menschen, die sich aufgrund von Selbsterfahrung und Therapie durchaus ihrer Beziehungsmuster bewusst sind. Und ihre neu gewonnene Überzeugung lautet dann: nur nicht wie meine Mutter oder niemals wie mein Vater werden. Diese Ablehnung oder Abwehr ist ein hervorragendes Bindemittel an gerade diese Menschen, die man so gern hinter sich lassen will. Das bedeutet, wenn wir wirklich frei sein wollen, geschieht dies, indem wir anerkennen und würdigen, was wir haben. Das bedeutet in diesem Fall: Anerkennung und Würdigung der Eltern. Die meisten Menschen haben in Selbsterfahrung und Therapie gelernt, auf die Probleme und die schwierigen Gefühle zu schauen und sich in Vorwürfen und Schuldzuweisungen zu ergehen. In der Hoffnung auf Befreiung haben sie sich dabei immer tiefer in die alten Sichtweisen und den alten emotionalen Schmerz verstrickt, statt sich daraus zu befreien. Der Weg der Loslösung liegt in der Anerkennung und Wertschätzung.

Intention: Anerkennung und Würdigung der Eltern, um frei von der Vergangenheit zu werden.

Übung: Nehmen Sie sich etwa 20 Minuten Zeit, einige Fragen zu Ihrer Mutter/Ihrem Vater zu bewegen. Setzen Sie sich entspannt hin und nehmen Sie ein paar tiefe Atemzüge in den Bauch. Betrachten Sie ein Foto von Mutter/Vater oder stellen Sie sie sich vor Ihrem inneren Auge vor. Dann beantworten Sie folgende Fragen für sich:
- Was hat meine Mutter/mein Vater für mich getan?
- Was hat sie/er mir für Qualitäten/Fähigkeiten mitgegeben? (Finden Sie mindestens drei.)
- In welchen Eigenschaften und Fähigkeiten hat sie/er mich unterstützt?
- In welchen Zielen haben mich meine Eltern unterstützt?
- Was habe ich für meine Mutter/meinen Vater getan?
- Welche Schwierigkeiten habe ich ihnen verursacht?

- Was ist das größte Geschenk, das mir meine Mutter/mein Vater gemacht hat?
- Was ist das größte Geschenk, das ich meiner Mutter/meinem Vater machen kann?

Hinweis: Achten Sie darauf, dass Sie nur positive Formulierungen finden. Am Anfang kann es sein, dass Ihnen sofort negative Dinge einfallen, denn darauf sind wir programmiert. Geben Sie dem keinen Raum, sondern suchen Sie so lange positive Dinge, bis Sie welche gefunden haben. Vielleicht müssen Sie diese Übung auch mehrmals wiederholen. Sie sollten sie aber nur machen, wenn Sie sich innerlich wirklich bereit und offen dafür fühlen!

Beenden Sie die Übung mit einem Dank für sich selbst und einem Dank für Ihre Eltern.

Ausrichtung: Ich nehme das Geschenk des Lebens, das ich von dir, Mutter/Mama, erhalten habe, an. Ich nehme das Geschenk des Lebens, das ich von dir, Vater/Papa, erhalten habe, an.

33. Woche
Sich selbst und anderen vergeben

Ein Schüler kam einst zu seinem Meister und beklagte sich über die Menschen, die ihn in letzter Zeit beleidigt hatten oder unfreundlich zu ihm gewesen waren. „Fast jeden Tag begegnen mir Menschen, über die ich mich aufregen muss, weil sie sich so dämlich verhalten oder weil sie mich beleidigen oder mich verletzen", klagte er. Der Meister ging kurz ins Nebenzimmer und kam mit einem Messer und einem Korb voll Kartoffeln zurück, die er dem Schüler überreichte. „Ich möchte, dass du an alle Personen denkst, die dich in letzter Zeit verletzt oder beleidigt haben. Dann ritzt du mit dem Messer den Namen jeder einzelnen Person auf eine Kartoffel." Dem Schüler fielen schnell einige Namen ein, und nach kurzer Zeit hatte er mehrere Kartoffeln beschriftet. „Gut", sagte der Meister. „Hier hast du einen kleinen Sack. Gib deine Kartoffeln da hinein und trage den Sack eine Woche lang überall mit dir herum. Dann komm wieder zu mir." Der Schüler tat, wie der Lehrer ihm geheißen hatte. Anfangs empfand er das Tragen des Sackes nicht als besonders schwierig. Aber nach einigen Tagen wurde der Sack immer lästiger; außerdem begannen die angeritzten Kartoffeln zu stinken. Nach sieben Tagen begab sich der Schüler mit seinem Sack wieder zum Meister. „Hast du aus dieser Übung etwas gelernt?", fragte dieser. „Ich denke schon", antwortete der Schüler. „Wenn ich anderen nicht vergebe, trage ich diese Gefühle des Ärgers immer mit mir, genau wie die Kartoffeln. Und irgendwann verfault das Ganze auch noch. Also muss ich die Kartoffeln entfernen, indem ich meinen Mitmenschen vergebe, so wie es alle großen Weltreligionen predigen." – „Gut", sagte der Meister, „du kannst vergeben und so die Kartoffeln loswerden. Überlege bitte, welchen dieser Personen du vergeben kannst, und entferne die entsprechenden Kartoffeln aus deinem Sack." Der Schüler dachte nach. Die Vorkommnisse, deretwegen er die Kartoffeln in den Sack gegeben hatte, waren alle schon mindestens eine Woche her; und so vergab er allen Personen und entfernte alle Kartoffeln aus dem Sack. „Ausgezeichnet", sprach der Meister und lächelte. „Dein Sack ist wieder leer. Deshalb möchte ich jetzt, dass du für alle Personen, die dich in der letzten Woche verletzt haben, erneut Kartoffeln beschriftest und in den Sack gibst." Der Schüler erschrak, denn er erkannte, dass sich so sein Sack schon wieder mit Kartoffeln füllen würde. „Meister", rief er,

„wenn ich so weitermache, werde ich ja immer Kartoffeln im Sack haben!" – „Ganz genau", antwortete der Meister verschmitzt, „solange irgendjemand etwas gegen dich sagt oder gegen dich handelt, wirst du Kartoffeln im Sack haben." – „Aber ich kann doch nicht beeinflussen, was andere sagen oder tun. Was bringt denn die Aufforderung aller Religionen, zu vergeben, wenn wir immer aufs Neue vergeben müssen?" – „Nicht besonders viel, das muss ich zugeben", antwortete der Meister. „Es ist eben die konventionelle Methode, die von den Religionen und Philosophen gepredigt wird. Das Problem ist, dass sie nur an die Kartoffeln denken und nicht an den Sack. Aber wenn die Kartoffeln deine negativen Gefühle sind, was ist dann der Sack?" Der Schüler überlegte. Schließlich sagte er: „Ich denke, dass der Sack mein Ego, mein Selbst ist. Ohne den Sack gibt es keine Kartoffeln ... und ohne mein Ego keine negativen Gefühle." – „Was passiert also, wenn du den Sack loslässt?", fragte der Meister. „Dann ... dann ist das, was die Leute gegen mich sagen oder tun, kein Problem mehr für mich." – „Richtig. Und in diesem Fall wirst du niemanden mehr finden, dessen Namen du in eine Kartoffel ritzen könntest."

Wenn du den Schmerz derer verstehst, die dir Leid zufügen, geschieht Vergebung.
Thich Nhat Hanh

Oftmals gehen wir am Glück vorbei, weil wir nicht wirklich empfänglich sind für die Geschenke des Lebens. Wir wollen uns beispielsweise gerne wieder verlieben oder neue aufregende Dinge erleben. Doch dazu kommt es nicht, da wir noch den Schmerz der Vergangenheit in Form von altem Groll und Ressentiments mit uns herumtragen. Verletzungen, Enttäuschungen und gebrochene Herzen nehmen wir zum Anlass, unsere Herzen abzuschotten, und darum können wir nicht empfangen. Die alten Ressentiments machen uns unser Herz und das Leben schwer und hindern uns, mit offenen Armen das Leben und die Liebe aufzunehmen. Indem Sie an Ihrem Schmerz, Ihrer Enttäuschung festhalten, verhindern Sie, glücklich zu sein. Sie bestätigen sich zwar selbst damit, im Recht zu sein, und geben dem anderen die Schuld an Ihrem Unglück, doch tauschen Sie so das Glück für ein wenig Recht ein.

Vergebung ist ein machtvolles Instrument der Heilung, Befreiung und Transformation. Vergebung ist der Schlüssel zur Lösung aller Bande, die uns auf einschränkende oder zerstörerische Weise an einen Menschen binden. Wir brauchen Vergebung im Leben, denn ohne sie bleiben wir an altem Schmerz der Vergangenheit gebunden und können nicht wirklich frei und erfolgreich durchs Leben gehen. Was uns oftmals hindert zu vergeben ist unser Stolz. Unser gekränktes Ego will uns beweisen, dass der andere Schuld hat – und wir recht. Wir pochen auf unser Recht – und versäumen die Gnade der Vergebung, die uns frei macht – und heil.

Wenn wir in unserem Schmerz gefangen sind, sehen wir nur uns selbst und verweigern den Blick auf den anderen. Schaffen wir es, unseren Blick auf den zu richten, der uns Leid zufügt, und bemühen wir uns wirklich um eine neue Sichtweise, dann können wir oftmals erkennen, dass wir denselben Schmerz teilen wie unser Kontrahent (s. a. 34. Woche, Übung: Konflikte lösen). Unser Schmerz ist sein Schmerz! Dann erkennen wir, dass es dieselbe Angst, derselbe Schmerz, derselbe Kampf ist, den Täter und Opfer teilen.

Im Kampf darum, recht zu haben, werden viele Verletzungen und jede Menge Schmerz zugefügt – auf beiden Seiten. Und es braucht Vergebung auf beiden Seiten.

Je größer das Leid, das jemand erfährt (Hunger, Landvertreibung, Familien- und Völkermord, Missbrauch und Tötungen), umso wichtiger ist die Vergebungsbereitschaft. Denn Leiden und Schmerz tötet: nicht nur diejenigen, die ihn erleben, sondern auch diejenigen, die ihn verursachen.

Auf der unbewussten Ebene wissen das die „Täter". Und bemühen sich, der „Rache" und „Vergeltung" der Opfer zuvorzukommen. Sie suchen unbewusst einen Weg, eine Lösung, um sich von ihren vermeintlichen Schuldgefühlen zu befreien. Dies geschieht durch Kompensation, indem sie noch mehr Leid zufügen oder indem sie durch Selbstbestrafung für einen Ausgleich sorgen, indem sie sich also selbst Leid zufügen.

Vergebung ist ein unverzichtbares machtvolles Instrument der Selbstheilung und der Heilung der Welt. In der Vergebung heilt das Opfer sich selbst von Groll- und Hassgefühlen und Zerstörungsfantasien und verhindert so, selbst zum Täter werden zu müssen. Die Spirale von Opfer und Täter wird dadurch gesprengt.

Vergebung bedeutet auch Befreiung des Täters von dessen Schuldgefühlen und seinem vermeintlichen Trachten nach Ausgleich. Im spirituellen Kontext verstehen wir darunter Karma.

Karma (= Ursache und Wirkung) bedeutet hierbei die Suche des Täters nach Befreiung von Schuldgefühlen durch Ausgleich, indem er sich selbst zum Opfer macht. Beispiele für diese Annahme finden wir vor allem in der Opfer-Täter-Dynamik im Kontext von sexuellem Missbrauch, Obsession und Selbstmord sowie auch in politischem Kontext von Gewalt.

Je größer das (subjektiv empfundene) Leid, umso größer die Vergebungsnotwendigkeit – für alle Beteiligten: Opfer und Täter. Ohne Vergebung sind wir gezwungen, ein Leben aus Angst, Verrat, Groll, Hass und Schuldgefühlen zu leben, das diktiert ist von dem emotionalen Schmerz der Vergangenheit, der sich immer wieder und wieder auf ähnliche Weise wiederholt – nicht erst im nächsten Leben, sondern schon vielfach in diesem Leben. Wenn wir vergeben, durchbrechen wir diese Spirale des Karmas. Wir verändern durch die Vergebung in der Gegenwart die Vergangenheit und schreiben damit unser Lebensskript neu.

Wenn wir durch die Tür der Vergebung gehen, tut sich für uns eine neue Wirklichkeit auf. Sich selbst und anderen zu vergeben bedeutet, sich für die Schönheit, die Liebe und das Abenteuer des Lebens wieder neu zu öffnen.

Intention: Sich selbst und anderen vergeben, um sich erneut für das Leben zu öffnen.

Übung: Diese Übung ist für Sie geeignet, wenn Sie sich in einem emotionalen Schmerz gefangen fühlen oder etwas erlebt haben, das Sie aufwühlt und gedanklich die ganze Zeit beschäftigt, oder wenn Sie einen subtilen oder offenen Konflikt mit jemandem haben.

1. Nehmen Sie sich eine halbe Stunde Zeit zur Reflexion.
2. Gestehen Sie sich Ihren emotionalen Schmerz, das „schreckliche Erleben" oder den Konflikt ein und benennen Sie ihn.
3. Erforschen Sie alle Gefühle, die der Konflikt, der Schmerz bei Ihnen auslöst. Diese können sehr vielfältig und erst einmal sogar widersprüchlich sein: Unsicherheit, Hilflosigkeit, Wut, Traurigkeit, Ärger, Groll, Ohnmacht, Rachsucht ...

4. Konstruieren Sie innerlich eine Bühne, auf die Sie alle Beteiligten und sich selbst holen.
5. Erforschen Sie Ihre Gefühle, die Sie allen Beteiligten gegenüber hegen: Wut auf den vermeintlichen Verursacher, Wut auf sich selbst ...
6. Dann erinnern Sie sich an Situationen in Ihrem Leben, in denen Sie schon einmal mit ähnlichen Konflikten und Gefühlen konfrontiert waren. Fragen Sie sich: Wann haben Sie solch eine Situation, den Schmerz oder die Gefühle zum ersten Mal erlebt? Meist liegt ein ganz ähnliches Erleben aus der frühen Kindheit zugrunde.
7. Erinnern Sie sich an die Situation in Ihrer Vergangenheit/Kindheit, an die daran Beteiligten und den emotionalen Schmerz, den Sie schon damals erlebten.
8. Dann vergeben Sie allen Beteiligten. Sagen Sie:
   - Ich vergebe dir, ... (Namen und das, was Sie ihm vorwerfen).
   - Ich vergebe mir, ... (Ihren Namen) und akzeptiere die Gefühle, die damit verbunden sind (Wut, Scham, Trauer, Hilflosigkeit etc.).
   - Ich vergebe dir, ... (Namen der Beteiligten aus der Vergangenheit).

   Vergeben Sie allen an Ihrem Leid Beteiligten – aus der Vergangenheit und dem aktuellen Konflikt. Vergeben Sie sich selbst.
9. Kreieren Sie sich vor Ihrem inneren Auge einen Raum der Unschuld und Reinheit, in dem alle Beteiligten miteinander verbunden sind. Genießen Sie den Frieden in Ihrem Herzen.

Ausrichtung: Ich vergebe, damit ich frei bin.

34. Woche
Konflikte lösen

Mullah Nasruddin wurde einst gebeten, das Richteramt zu bekleiden. Bei seinem ersten Fall redete der Ankläger so überzeugend und mit logischen Argumenten auf ihn ein, dass Nasruddin nicht umhin konnte zu entgegnen: „Ich glaube, Sie haben recht!" Einer der Schöffen flüsterte ihm daraufhin ins Ohr, dass er kein Urteil fällen dürfe, ohne den Angeklagten vorher gehört zu haben. Der Mullah war nicht weniger beeindruckt von der Eloquenz und Rechtschaffenheit des Angeklagten, sodass er spontan ausrief: „Ich glaube, Sie haben recht!" Sofort intervenierte einer der Schöffen: „Euer Ehren, es ist nicht möglich, dass beide, der Ankläger wie der Angeklagte, recht haben." Ganz ruhig antwortete Nasruddin: „Ich glaube, Sie haben auch recht."

Immer wenn wir einen Konflikt mit einem anderen Menschen haben, werden wir mit einem verborgenen abgespaltenen Anteil unseres Geistes konfrontiert, den wir sehr ablehnen und negativ bewerten. Der äußere Konflikt repräsentiert dabei einen Zwiespalt, der in unserem Geist stattfindet, in dem mehrere Anteile in uns etwas Unterschiedliches wollen. Die verschiedenen Anteile vertreten dabei unterschiedliche Ansichten darüber, was uns letztendlich glücklich macht, und verfolgen dementsprechend teilweise gegensätzliche Ziele.

Der innere Konflikt wird nach außen verlagert, weil wir uns bewusst nur mit einem Anteil in uns identifizieren und diesen, meist vehement, nach außen hin vertreten, während der gegensätzliche Aspekt verdrängt, abgespalten und dann auf andere projiziert wird. Wir bekämpfen also außen, was wir innerlich nicht integrieren konnten. In diesem Sinne können wir äußere Konflikte als die Suche unseres Unterbewusstseins verstehen, die gegensätzlichen Anteile in uns zu versöhnen und zu integrieren.

Diese Sichtweise hilft besonders erfolgreich bei Konflikten in unseren Partnerschaften, denn so brauchen wir den Partner nicht länger als Feind zu betrachten, der unter allen Umständen besiegt werden muss, sondern können ihn als Freund anerkennen, der uns hilft, heil und ganz zu werden. Dies geschieht, indem alle widerstreitenden Anteile und Gefühle, die beim Konflikt zum Vorschein kommen, angeschaut, akzeptiert und dadurch integriert werden. Mit dieser Sichtweise vermeiden wir Schmerz und Trennung in Beziehungen, bei denen ja immer beide Kontrahenten verlieren.

Wenn Sie mit jemandem einen Konflikt haben, verpflichten Sie sich innerlich, dafür zu sorgen, dass Sie beide hundert Prozent gewinnen. Sie brauchen dafür lediglich Ihre Haltung aufzugeben, recht behalten zu wollen. Machen Sie sich bewusst, dass der Gewinn Ihres Kontrahenten auch Ihr Gewinn ist. Geben Sie alle negativen Bewertungen zu dem Konflikt auf und sehen Sie ihn als eine Lernmöglichkeit zu mehr Heilung, Ganzheit und Glück.

Intention: Den äußeren Konflikt befrieden, indem Sie Ihre eigenen widersprüchlichen Anteile in sich erkennen, akzeptieren und dadurch integrieren.

Übung: Konflikte mit Menschen auflösen: Wählen Sie einen Konflikt mit einem Menschen aus, der so massiv ist, dass er Sie viel Energie kostet. Machen Sie sich deutlich, was genau Ihr Vorwurf an den anderen ist (zum Beispiel: Sie ist eifersüchtig, er gibt mir keine Freiheit, sie nimmt sich so wichtig, er übergeht mich ...). Dann nehmen Sie einmal an, dass genau das, was Sie Ihrem Kontrahenten vorwerfen, eine Eigenschaft ist, die Sie selbst haben und an sich ablehnen. Erlauben Sie sich, mit diesem Anteil Kontakt aufzunehmen und ihn zu fühlen. Akzeptieren Sie diesen Anteil in sich, umarmen Sie ihn innerlich. Dann machen Sie sich deutlich, dass es genau dieser Anteil ist, der Sie mit Ihrem Kontrahenten verbindet. Er spiegelt Ihnen genau das, was Sie selbst in sich tragen, aber für sich ablehnen. Gehen Sie innerlich auf sie/ihn zu und umarmen Sie sie/ihn innerlich. Fühlen Sie die Verbindung mit Ihrem „Kontrahenten" und schließen Sie Frieden mit sich und dem anderen.

Ausrichtung: Ich schließe Frieden mit ...

35. Woche
Projektionen erkennen

Die Geschichte vom Hund und den tausend Spiegeln
Irgendwo in Tibet in einem Tempel gab es einen Saal der tausend Spiegel. Es ergab sich eines Tages, dass sich ein Hund im Tempel verirrte und in diesen Saal gelangte. Plötzlich sah er sich konfrontiert mit tausend Spiegelbildern und bekam Angst: Er knurrte und bellte deshalb seine vermeintlichen Gegner an. Diese zeigten ihm ebenso tausendfach ihre Zähne und bellten zurück. Darauf reagierte der Hund noch wilder und aggressiver. Schließlich floh der Hund völlig verängstigt aus dem Tempel und war überzeugt davon, dass alle Hunde dieser Welt böse und schlecht sind. Es verging einige Zeit und irgendwann kam ein anderer Hund in den gleichen Saal der tausend Spiegel. Auch dieser Hund sah sich tausendfach umgeben von seinesgleichen. Da wedelte er freudig mit seinem Schwanz – und tausend Hunde wedelten ihm entgegen und freuten sich mit ihm. Freudig und ermutigt verließ dieser Hund den Saal und war überzeugt, dass alle Hunde dieser Welt nett und freundlich sind.

Unsere Vorstellungen bilden die Matrix, durch die wir die Welt erleben. Unser Erleben, aber vor allem auch unsere Gefühle, Verhaltensweisen und Beziehungen werden von dieser Matrix bestimmt. Daher sind alle Aussagen, die wir über die „objektive" Welt und andere Menschen machen, im Grunde Aussagen über uns selbst. Wie oben die Geschichte deutlich macht, ist alles, was wir sehen, wahrnehmen und erleben, eine Projektion unserer selbst. Wir selbst sind der Projektor, der auf andere bestimmte Bilder projiziert – ganz nach dem Motto: „Wie man in den Wald ruft, so schallt es heraus." Diese Annahme liegt auch vielen spirituellen Traditionen zugrunde, am radikalsten der nicht-theistischen Spiritualität des Buddhismus. Die spirituellen Traditionen nennen daher die Realität auch „Maya", die „Illusion", oder mit anderen Worten ausgedrückt, unsere Einbildung. In letzter Konsequenz bedeutet dies, dass nichts – kein Mensch, kein Ereignis, das wir erleben – per se so ist, wie es ist, sondern so, wie wir es wahrnehmen.

Um dies zu verstehen, sei der innere Vorgang dieses Prozesses dargestellt: Es gibt einen Teil in uns selbst, den wir ablehnen oder abwehren, über den wir ein „negatives" Urteil gebildet haben. Diesen Teil schieben wir anderen Menschen oder auch Ereignissen zu. So können wir uns diesen Aspekt aus der Distanz anschauen, wenn wir klug sind. Auf alle Fälle haben wir das Gefühl, nichts damit zu tun zu haben. Unsere „Weste" bleibt rein. Das Wort „Projektion" kommt aus dem Lateinischen *proicere*, was so viel wie *fortwerfen* bedeutet. Meistens kritisieren wir bei dem anderen ein Verhalten, dass wir entweder sehr stark ablehnen oder insgeheim bewundern.

Diesen eigenen unangenehmen Aspekt werfen wir also nach außen auf andere Menschen oder Ereignisse. Damit schneiden wir uns dann aber auch von diesen Menschen oder Ereignissen ab und erzeugen Konflikte. Die anderen oder unsere Lebensumstände sind dann *schlecht*, wir sind *gut*. Damit erhalten wir uns ein Gefühl von Kontrolle und Überlegenheit, was zu weiteren Trennungen und Zwistigkeiten mit den Menschen führt. In dem Maße, wie wir Anteile von uns selbst isolieren, kapseln wir uns auch von unseren Liebsten ab, trennen uns und machen uns einsam. Wenn wir Teile unseres Geistes auf andere Menschen projizieren, zwingen wir anderen unsere Anteile und unser Urteil über diese Anteile auf. Das ist wie wenn wir unseren Kleiderschrank öffnen und die Kleidung, Schuhe, Hüte und Krawatten herausnehmen, die uns nicht mehr gefallen, und wir jemand anderen bitten, diese für uns zu tragen. Am liebsten den eigenen Partner: „Bitte trage diese Verkleidung für mich."

Das bedeutet, dass die Menschen um uns herum, vorzugsweise unsere Liebespartner, Kinder und engen Freunde, aber auch die Ereignisse in unserem Leben unseren Geist widerspiegeln oder die Anteile unseres Geistes, die wir abgelehnt und abgespalten haben. Die gute Botschaft dabei ist: Da wir die Welt nur durch unsere Wahrnehmung kennen, verändert sie sich, wenn sich unsere Wahrnehmung oder unsere Sichtweise der Welt ändert. Daher besitzen wir die Fähigkeit und Macht des Geistes nicht nur, um uns selbst zu verändern, sondern auch, um das zu verändern, was wir zum Beispiel auf unseren Partner, Kinder und die Welt projizieren – und zwar ohne dass dies zu Konflikten führt; einfach indem wir unsere Projektion zurücknehmen und unsere Sichtweise umwandeln. Indem wir Verantwortung übernehmen und unsere Sichtweise der Dinge und Menschen verändern, verändern wir auch die Menschen und die Welt.

Deshalb ist es ein wesentliches Heilungsprinzip auf dem Weg zu einem glücklichen Leben, unsere Projektionen zurückzunehmen und die abgespaltenen Anteile unseres Selbsts anzuerkennen. So werden wir ganz und heil und schaffen statt Trennung Verbindung mit unseren Liebsten und den Menschen.

Intention: In der Projektion die eigenen abgespaltenen Anteile erkennen und sie zurücknehmen durch Vergebung und Anerkennung.

Übung: Nehmen Sie sich für diese Übung mindestens 30 Minuten Zeit.
1. Führen Sie sich Ihren „ärgsten Feind" vor Augen. Das kann aktuell Ihr Partner sein, Ihr Chef, Nachbar und so weiter.
2. Führen Sie sich vor Augen, was genau Sie an dem anderen stört, Sie ärgert oder gar „ausflippen" lässt.
3. Machen Sie sich diese Eigenschaften als Ihre eigenen abgelehnten und abgespaltenen Anteile bewusst. Akzeptieren Sie alle Gefühle, die damit verbunden sind. Vielleicht kritisieren Sie sich selbst auch noch dafür. Vielleicht schämen Sie sich auch. Bewerten Sie das nicht. Nehmen Sie es einfach nur wahr und fahren Sie mit der Übung genau nach Anleitung fort.
4. Nennen Sie Ihren Partner/Freund beim Namen und sagen Sie ihm/ihr, was Sie ihm/ihr vorwerfen. Zum Beispiel: „Rolf, ich kritisiere an dir deine Überheblichkeit." Oder: „Inga, ich werfe dir deine Gleichgültigkeit mir gegenüber vor."
5. Dann erforschen Sie den Grund dafür. Es könnte beispielsweise sein, dass Sie sich mit Minderwertigkeitsgefühlen plagen und sich oft unsicher fühlen und dass Sie lieber so selbstbewusst und sicher auftreten würden wie Rolf. Daher sagen Sie dann weiter: „Das bringt mich in Kontakt mit meiner eigenen Unsicherheit und dem Wunsch selbstsicherer zu sein." Oder: „Das bringt mich in Kontakt mit meiner Geringschätzung mir selbst gegenüber." Gestehen Sie sich all Ihre Gefühle ein und akzeptieren Sie sie.

6. Vergeben Sie sich selbst dafür und nehmen Sie den Anteil wieder zu sich zurück. Sagen Sie: „Ich danke dir, Rolf, für den Spiegel der Überheblichkeit. Ich nehme die Überheblichkeit zu mir zurück. Ich erkenne in meinem Minderwertigkeitsgefühl den Schutz, mich zu zeigen.
7. Suchen Sie nach dem Sinn gerade dieser Eigenschaft, denn jedes Verhalten, auch das, das wir ablehnen, erfüllt einen Zweck. Forschen Sie nach dem Sinn oder Vorteil. Dann können Sie es annehmen und in sich verwandeln, so wie Sie es wünschen.
8. Anschließend führen Sie sich vor Augen, dass es genau dieser Anteil ist, der Sie mit Ihrem Kontrahenten verbindet. Stellen Sie sich dabei vor, wie Sie das, was der andere für Sie repräsentiert, in sich auf- und annehmen.

Ausrichtung: *„Zwei sind nötig, damit sich einer erkennen kann."* Gregory Bateson

36. Woche
Die Bedürftigkeit loslassen

*Von heut' auf morgen – ohne ein Wort von dir,
Bist du aus meinem Leben verschwunden,
Lässt mich zurück – einsam und leer.*

*Ich such dich überall – voll Verlangen,
Will dich – brauch dich –
Warum bist du nur fortgegangen.*

*Du gibst mir den Halt, wenn ich verlier,
Wärmst mich, wann immer ich frier,
Du bist der Trost für meine Seele,
Wenn ich mich nachts alleine quäle,
So suche ich dich an jedem Ort –
Warum nur bist du so weit von mir fort.*

Treffen sich zwei Bettler. Greift der eine in die Tasche des anderen und stellt konsterniert fest: „Du hast ja auch nichts."

Bedürftigkeit ist einer der häufigsten Beweggründe, um Liebesbeziehungen einzugehen, und gleichzeitig ein häufiges Motiv für deren Scheitern. Wenn Menschen Liebesbeziehungen eingehen, erhoffen sie sich von ihrem Partner, dass jetzt endlich jemand da ist, der ihre Sehnsucht nach vollkommener Liebe und Angenommensein erfüllt, jemand, der einen sieht, wie man ist, für den man einzigartig und besonders ist. Die Erwartungen, die an den Partner gerichtet sind, sind meist völlig überzogen, und nach einiger Zeit ist er überfordert. Die Hoffnungen und Wünsche resultieren aus einer eigenen inneren Bedürftigkeit. So stehen sich oftmals zwei Bettler gegenüber, die nur nehmen wollen und nichts zu geben haben. Die Bedürftigkeit der Liebespartner überfordert einerseits die Beziehung, auf der anderen Seite führt sie in eine große Abhängigkeit vom anderen, die ebenfalls auf Dauer nicht tragbar ist für die Partnerschaft. Diese Bedürftigkeit und Abhängigkeit scheint jedoch den meisten Menschen in unserer Gesellschaft völlig normal und sogar Sinn einer Beziehung zu sein. Moderne Schlager und Seifenopern verkaufen uns dies alltäglich als die große Liebe – ein riesiger Irrtum, der sich in einer Beziehung als tragische Falle erweist. Sind am Anfang die Partner noch bereit, die Wünsche und Bedürfnisse des anderen zu erfüllen, verweigern sie dies nach einiger Zeit und ziehen sich zurück. Die Bedürfnisse werden dann zu Erwartungen und Forderungen an den anderen und enden meistens in Angriff und Machtkampf. Diese Entwicklung hat mit dem Missverständnis von Liebe zu tun und setzt sich noch fort, weil die Grenzen des anderen immer weiter missachtet werden und die Eigenverantwortung verweigert wird.

Bedürftige wollen immer nur vom anderen nehmen und sind nicht bereit zu geben. Viele meinen, eine Beziehung sei dazu da, um zu geben und zu nehmen, gleichzeitig denken sie aber, dass sie bereits ganz viel gegeben haben und jetzt endlich mal dran sind, nur zu nehmen. Interessanterweise können Bedürftige aber auch nicht nehmen. Sie können das Geschenk nicht annehmen und genießen, was dazu führt, dass sie immer gieriger werden, denn der Hunger hört nicht auf.

Bedürftige Menschen haben nicht gelernt, für sich selbst und die eigenen Bedürfnisse Verantwortung zu übernehmen, und projizieren diese auf den Partner. Dadurch soll der eigene Schmerz oder Verlust aus der Kindheit, nicht oder nur unzureichend bekommen zu haben, was man so sehr gebraucht hätte, kompensiert werden. Man sucht im Partner die Heilung eigener Verletzungen, was eine unmögliche Erwartung ist. Das Gegenteil tritt ein, denn Bedürftigkeit und Abhängigkeit machen furchtbar unattraktiv. Der Partner rückt von uns ab und zieht sich zurück.

Wenn wir bemerken, dass der Partner sich von uns zurückzieht, sollten wir unsere eigene Attraktivität auf den anderen hinterfragen. Wollen wir unsere anfängliche Anziehungskraft zurückgewinnen, ist es notwendig, die eigene Bedürftigkeit loszulassen und wieder für das Gelingen des eigenen Lebens die Verantwortung zu übernehmen.

Wie gut dies gelingt, ist unmittelbar an der Reaktion des Partners zu reflektieren: Wenn er sich auf Sie zubewegt, haben Sie Ihre Bedürftigkeit losgelassen und werden wieder selbstständiger. Rückt er weiter von Ihnen ab und zieht sich zurück, haben Sie Ihre Abhängigkeit noch nicht aufgegeben.

Intention: Die Bedürftigkeit loslassen, Projektionen auf den Partner erkennen und zurücknehmen.

Übung: Wenn Sie sich heute bedürftig fühlen, sich nach Zuwendung und Körperkontakt sehnen, geben Sie das, was Sie sich selbst wünschen, ganz bewusst einem anderen Menschen, Freund, Kind oder Geliebten.
Wenn Sie den Eindruck haben, in Ihrer Beziehung nicht das zu bekommen, was Sie sich wünschen, halten Sie Ausschau nach Menschen, die genau das brauchen, was Sie sich wünschen, und geben Sie ihnen dies.
Wenn Sie enttäuscht sind oder sich in Ihren Erwartungen zurückgesetzt fühlen, denken Sie an einen Menschen, der Ihre Hilfe braucht. Rufen Sie ihn an, tun Sie etwas für ihn oder schenken Sie ihm innerlich Ihre Aufmerksamkeit und Liebe.

Ausrichtung: Ich gebe, was ich mir selbst wünsche.

37. Woche
Die eigene Einzigartigkeit erkennen

Ein Samurai, ein sehr stolzer Krieger, suchte eines Tages einen Zen-Meister auf. Der Samurai war sehr berühmt und im ganzen Land bekannt. Als er jedoch den Meister ansah und dessen Schönheit und die Anmut des Augenblicks spürte, fühlte er sich plötzlich unterlegen. Vielleicht hatte er zuvor dem Meister seine eigene Überlegenheit beweisen wollen. Er fragte den Meister: „Warum fühle ich mich plötzlich unterlegen? Bevor ich gekommen bin, war noch alles in Ordnung. Doch als ich deinen Tempel betrat, fühlte ich mich auf einmal minderwertig. So habe ich mich noch niemals in meinem Leben gefühlt. Sogar meine Hände zittern. Ich bin ein Krieger und habe dem Tod viele Male ins Auge geschaut und noch nie irgendeine Furcht verspürt. Warum habe ich dann jetzt Angst?" Der Meister sprach: „Warte. Wenn alle anderen gegangen sind, werde ich dir antworten." Den ganzen Tag lang kamen Besucher, die mit dem Meister sprechen wollten, und der Samurai wurde immer unruhiger. Als es Abend wurde und der Saal leer war, fragte der Samurai: „Kannst du mir jetzt antworten?" Der Meister sagte: „Komm mit mir nach draußen." Sie traten in den Garten, der vom Vollmond beschienen wurde. Und er sagte: „Schau dir diese Bäume an – diese Eiche hier, die hoch zum Himmel aufragt, und die kleine Birke daneben. Seit Jahren stehen sie vor meinem Fenster, und es hat noch nie ein Problem gegeben. Die Birke hat noch nie zur Eiche gesagt: ‚Warum fühle ich mich neben dir so minderwertig?' Wie ist das möglich? Dieser Baum ist klein und schwach und der andere so groß und stark, und ich habe sie nicht einmal so etwas flüstern hören." Der Samurai sagte spontan: „Weil sie sich nicht vergleichen lassen." – „Du brauchst mich also nicht zu fragen", sagte der Meister. „Du kennst die Antwort schon."

Die eigene Einzigartigkeit anzuerkennen ist ein Merkmal von Liebe. Ein Baby fühlt sich in der Geborgenheit und Liebe der Eltern zutiefst in seiner Existenz bestätigt. Jedes Baby lebt in der Selbstverständlichkeit seines Daseins. Es ist – weil es ist. Solange ein Baby in Einheit mit seiner Umgebung lebt, erfährt es eine sinnhafte Bestätigung seines Daseins. Erst im Laufe des Individuationsprozesses, wenn es sich aus der Einheit mit der Mutter und

Umwelt heraus entwickelt und sich als getrennt von diesen erlebt, beginnt es die Frage nach der eigenen Existenzberechtigung zu stellen. Dieser Trennungsprozess erhält einen ersten Höhepunkt in der ödipalen Phase, wenn die selbstverständliche Liebe des Kindes zur Mutter/zum Vater infrage gestellt wird, weil es erlebt, dass es da noch jemanden gibt, der einen Anspruch auf die Liebe von Mutter/Vater erhebt. Vielleicht zum ersten Mal tritt in dieser Phase Konkurrenz auf – zum gleichgeschlechtlichen Elternteil. Mit der Konkurrenz einher geht die Angst, im Konkurrenzkampf zu unterliegen. Die Voraussetzung für die Konkurrenzsituation ist die Trennung. Solange sich ein Baby in der verschmelzenden Einheit mit Mutter, Vater und Umgebung befindet, gibt es keine Konkurrenz. Konkurrenz setzt die Trennung, die Abgrenzung vom Du voraus. Abgrenzung und Konkurrenz sind somit unserem Individuationsprozess inhärent und prägen von daher zutiefst unser Leben und unsere Beziehungen. Wir alle haben den natürlichen und selbstverständlichen Kontakt zu uns selbst verloren und damit die essenzielle, natürliche, sinnhafte Bestätigung unserer selbst – ich bin, weil ich bin –, unser natürliches Geburtsrecht. Schon in frühester Kindheit ziehen wir die fatale Schlussfolgerung daraus, dass wir uns abgrenzen und konkurrieren „müssen", um uns als Individuum zu fühlen und unsere Einzigartigkeit zu bestätigen. So prägen Abgrenzung und Konkurrenz zutiefst unsere Beziehungen: Frauen konkurrieren mit Frauen um die Gunst des Mannes (Vaters); Männer konkurrieren mit Männern um die Gunst der Frau (Mutter); Frauen konkurrieren mit Männern um die Macht – um sich die eigene Existenz als Frau oder Mann zu bestätigen.

Jeder, der schon einmal den Verlust eines geliebten Menschen erlebt hat, weiß, wie tief diese Erfahrung in eine Existenzkrise führen kann und die Frage nach dem Sinn und dem Wert der eigenen Existenz infrage gestellt wird. Liebe bestätigt uns in unserem Dasein und in unserer Einzigartigkeit. Da, wo die Liebe fehlt, fehlt auch das Gefühl der Einzigartigkeit.

Es ist wichtig zu verstehen, dass Konkurrenz immer einhergeht mit Angst (zu verlieren) und Mangel (von Selbstbewusstsein) und dass Konkurrenz Abgrenzung und Trennung voraussetzt. Und ebenfalls wichtig ist es zu begreifen, dass wir nicht – wie ursprünglich angenommen – in der Abgrenzung und Konkurrenz unsere Einzigartigkeit erkennen und erfahren, sondern in der Verbindung.

Wenn wir uns verbinden – mit uns selbst und mit unseren Mitmenschen – finden wir die Bestätigung unserer selbst in der Tiefe, wie sie unser innerstes Wesen sucht. Konkurrenz trennt, macht einsam und krank. Verbindung bestätigt uns essenziell in unserem Dasein und macht uns frei, unsere ganz eigene Aufgabe, die wir haben, zu finden.

Intention: Vergleich und Konkurrenz loslassen und Bestätigung durch Verbindung finden.

Übung: Beobachten Sie in dieser Woche, wann Sie sich mit anderen vergleichen oder in offene oder versteckte Konkurrenz mit jemandem gehen. Erspüren Sie die darunterliegende Angst, etwas oder jemanden zu verlieren, oder den Mangel. Benennen Sie dies deutlich für sich. Entscheiden Sie sich, die Angst oder den Mangel anzuerkennen, und lassen Sie bewusst die Konkurrenz los.
Wenn es jemanden in Ihrem Leben gibt, mit dem/der Sie bereits lange Zeit konkurrieren, beruflich oder privat: Nehmen Sie sich etwas Zeit (etwa fünf bis sieben Minuten). Setzen Sie sich ruhig hin. Lassen Sie vor Ihrem inneren Auge diesen Menschen erscheinen. Nehmen Sie Kontakt auf mit den Gefühlen der Konkurrenz und des Neids. Dann machen Sie sich deutlich, was Sie zu der Konkurrenz führt: Ihr Selbstzweifel, Ihre Angst zu verlieren, Ihr Mangel. Sagen Sie sich dabei: „Es ist okay, das jetzt zu fühlen." Lassen Sie die Gefühle des Selbstzweifels und Mangels zu. Dann machen Sie sich deutlich, dass Ihr Konkurrent sehr wahrscheinlich dieselben Gefühle von Mangel und Selbstzweifel hegt wie Sie. Schauen Sie, ob Sie sich mit ihm/ihr über diese gemeinsamen Gefühle verbinden können. Sagen Sie sich selbst und fühlen Sie: „Auch dieser Mensch sucht Bestätigung in seiner Einzigartigkeit und Wichtigkeit – genau wie ich. Auch dieser Mensch hat den Wunsch nach Glück und Verbindung – genau wie ich." Verbinden Sie sich innerlich mit ihm/ihr.

Ausrichtung: Ich bin ich selbst – einzigartig und liebenswert.

38. Woche
Selbstliebe

Alles wird die Liebe mit dir machen, damit du die Geheimnisse deines Herzens kennenlernst und in diesem Wissen ein Teil vom Herzen des Lebens wirst.
Khalil Gibran

Die Liebe zu sich selbst ist ein im Körper verankertes Gefühl, das zutiefst zu uns gehört. Die Liebe vermittelt uns ein Gefühl der Sinnhaftigkeit unseres Daseins und unserer Beziehungen sowie die Wertschätzung für uns selbst. Sie öffnet uns erst für die Liebe zu anderen und Beziehungen. Je mehr wir uns selbst lieben, umso offener und erfolgreicher sind wir auch in unseren Beziehungen und in der Liebe. Leider hat das Christentum viele Jahrhunderte lang die Selbstliebe als egoistisch verteufelt, sodass Menschen gelernt haben, sich für andere und deren Erwartungen aufzuopfern und Rollen zu spielen, anstatt sich selbst zu lieben. Damit verbunden ist dann auch, dass Menschen die Bestätigung und Liebe von anderen erwarten: dem Partner, den Kindern, den Freunden. Diese werden sie jedoch von den anderen niemals in dem Maße erhalten, wie sie es sich wünschen. Die Erwartung wird oftmals in längeren Beziehungen dann zur überzogenen Forderung, die der Partner zwangsläufig irgendwann enttäuschen muss – eine der häufigsten Quellen für Unglück überhaupt. Daher ist es sehr heilsam, wenn Menschen lernen, Liebe und Anerkennung nicht länger von anderen zu erwarten, sondern sie sich selbst geben. Dies erst ermöglicht ein ausgeglichenes Geben und Empfangen, eine gesunde Balance von Nähe und Distanz, die wir so nötig in unserem Miteinander brauchen. So gelingt es uns, Differenzen und Konflikte mit anderen neutral zu betrachten, ohne dass wir uns gleich persönlich angegriffen fühlen und entweder zurückweichen oder mit durchschlagender Dominanz die Macht zu erhalten suchen. Dadurch erst werden wirkliche Lösungen mit Leichtigkeit möglich, die sonst verbaut sind.

In der Liebe zu sich selbst finden Sie zurück zu Ihrer Kraftquelle, sie macht Sie stark, autonom und öffnet Sie für sich selbst und andere. Selbstliebe beinhaltet die Akzeptanz und Wertschätzung für sich selbst und eröffnet die Freude zum Leben und dem Genießen. Sie führt Sie dahin, sich selbst respektvoll und wohlwollend zu behandeln ebenso wie Ihre Mitmenschen. Das bedeutet auch, dass Sie achtsam und bewusst mit sich umgehen und nicht zulassen, dass andere Sie unachtsam oder respektlos behandeln. So bleibt Ihre Integrität gewahrt, ein Gefühl, mit sich und den anderen im Reinen zu sein. Selbstliebe betrifft alle Ebenen unseres Seins, den Körper, die Gedanken über sich selbst und andere, die Gefühle und das Verhalten.

Intention: Sich selbst Aufmerksamkeit und Liebe schenken durch verschiedene Aktivitäten.

Übung: Wie lebt ein Mensch, der sich selbst liebt? Wie drückt sich dies aus? Indem er liebevoll für sich selbst sorgt und Verantwortung für seine Gesundheit übernimmt, zunächst einmal ganz praktisch und körperlich: Gönnen Sie sich Zeiten, in denen Sie Ihren Körper ganz bewusst bewegen. Manche können das ganz natürlich in ihr Leben einbauen, indem sie mit dem Fahrrad zur Arbeit fahren, mit dem Hund spazieren gehen oder die Treppen zu ihrem Büro im fünften Stock zu Fuß gehen anstatt den Fahrstuhl zu benutzen. Andere wiederum müssen sich diese Zeiten vielleicht extra schaffen. Wählen Sie eine Bewegungsart, die Ihnen entspricht. Wenn Sie gern in Gruppen sind, wählen Sie vielleicht eine entsprechende Sportart aus. Wenn Sie lieber allein oder zu zweit sind, bieten sich viele Möglichkeiten, vorzugsweise im Freien.

- Körper: Erfreuen Sie sich an Ihrem Körper und berühren Sie ihn ganz bewusst regelmäßig. Auch das braucht meistens keine zusätzliche Zeit, sondern lediglich bewusste Aufmerksamkeit. Die meisten Menschen duschen oder baden regelmäßig und cremen sich danach ein. Tun Sie das, was Sie sowieso täglich tun – nur bewusst. Schenken Sie Ihrem Körper die bewusste Aufmerksamkeit dabei und die Botschaft: „Ich tu mir gut". Viele berichten, wie diese kleine Aufmerksamkeit ihr Körperbewusstsein stärkt und sie dieses mit in den Tag nehmen.

- Sorgen Sie dafür, dass Sie körperliche Berührung empfangen und geben. Wenn Sie nicht in einer Partnerschaft leben, berühren Sie sich selbst regelmäßig oder gönnen Sie sich hin und wieder mal eine professionelle Massage.
- Aussehen: Legen Sie Wert auf Ihre Kleidung. Dafür müssen Sie nicht dem neuesten und teuersten Modetrend folgen. Kleiden Sie sich so, dass Sie sich Ihrem Typ entsprechend sinnlich und schön fühlen. Ziehen Sie nicht irgendetwas an. Die Art, wie Sie sich kleiden, drückt Ihre innere Haltung zu sich selbst aus. Wählen Sie Ihre Kleidung bewusst.
- Ernährung: Ernähren Sie sich besonnen und gut. Wir haben hier viele Möglichkeiten, uns so zu ernähren, dass es unserem Körper entspricht. Wählen Sie daraus das, was Ihnen guttut, und nicht das, was andere meinen, dass Ihnen guttun würde. Vertrauen Sie Ihrem Körper und Ihrem Gefühl dabei.
- Achten Sie darauf, dass Sie mit Menschen zusammen sind, mit denen Sie sich wohlfühlen. Genießen Sie das Zusammensein mit ihnen und verbinden Sie sich mit ihnen. Bringen Sie Freude, Spaß und Spiel in Ihr Zusammensein. Droht Ihre Selbstliebe von anderen gestört zu werden, setzen Sie anderen Grenzen. Machen Sie immer klar, was Sie sich wünschen, und sorgen Sie dafür, dass Ihre Integrität gewahrt bleibt. Bei Meinungsverschiedenheiten vertreten Sie Ihre Meinung, ohne sich in einen Machtkampf verwickeln zu lassen.
- Gerade wenn Sie eine große Familie haben oder beruflich stark gefordert sind, achten Sie auf Zeiten der Ruhe oder Muße mit sich allein. Viele Menschen können nicht mit sich allein sein. Da muss dann der Fernseher oder das Radio laufen, telefoniert und im Internet gesurft werden, um sich abzulenken. Sie wundern sich dann, dass sie sich innerlich unausgeglichen und gestresst fühlen. Schalten Sie bewusst die äußeren Sin-

neseindrücke einmal am Tag für ein paar Minuten ab und ziehen Sie sich ganz in sich selbst zurück.
- Achten Sie auf Ihre Gedanken und Gefühle. Die meisten „schlechten" Gefühle kommen von „schlechten" Gedanken, mit denen Sie sich selbst oder andere beurteilen, kritisieren und niedermachen. Disziplinieren Sie Ihre Gedanken und lassen Sie nicht zu, dass Sie sich durch Ihre Gedanken von sich selbst trennen und von den Menschen, die Sie lieben. Denken Sie „gut" von sich und von anderen.

Es sind keine besonderen Aktivitäten gefordert. Vielmehr geht es darum, die ganz alltäglichen Dinge mit Bewusstheit auszufüllen und sie mit einer Haltung der Dankbarkeit und Freude zu tun. Verrichten Sie sie so, dass sich darin Ihre Liebe zu sich selbst ausdrückt.

Ausrichtung: Ich liebe mich.

Denken: Neue Sichtweisen

Die Welt ist nicht so, wie sie ist.
Die Welt ist so, wie Sie sich die Welt vorstellen. –
Ziehen Sie in Betracht, dass die Sichtweise, wie Sie die Welt sehen, eben nur eine Sichtweise von vielen ist und nicht die Wahrheit. Und dass Sie Ihre Sichtweise verändern können.

Kollektive und persönliche Realität

Im Folgenden möchten wir Ihnen ein Modell darlegen, wie durch die Eindrücke der Sinne sowie deren geistige und emotionale Reaktionen und Verknüpfungen die eigenen Lebensrealitäten erschaffen werden.

Nehmen wir als Beispiel einen Hund. Es gibt bestimmte Kriterien, über die sich alle Menschen einig sind, was einen Hund ausmacht. Nennen wir ein paar Kriterien: Hunde haben vier Beine. Sie haben einen Schwanz. Sie bellen. Sie haben ein Fell. Hunde sind Fleischfresser.

Diese Kriterien, die von allen Menschen anerkannt werden, bezeichnen wir als kollektive Realität. Diese kollektive Realität prägt unsere Sichtweise von Hunden – wir sehen Hunde gewissermaßen wie durch diesen Filter hindurch. Für die Kommunikation ist es sehr praktisch, eine gemeinsame Definition von Realität zu haben.

Persönliche Realität

Wenn wir Menschen nach ihrer persönlichen Realität von Hunden fragen, wird deutlich, dass viele Menschen Verschiedenes über Hunde denken. Auf alle Sinneseindrücke reagieren wir mit Sympathie oder Antipathie. In Bezug auf Hunde haben Menschen meist sympathische oder antipathische Überzeugungen gebildet. Überprüfen Sie es selbst für sich.

Was lieben Sie an Hunden? Hunde beschützen. Sie spielen gerne. Sie sind treu. Sie sind hilfsbereit. Sie sind zuverlässig. Sie sind lieb.

Was hassen Sie an Hunden? Hunde beißen. Sie machen Angst. Sie springen mich an. Sie machen alles dreckig. Sie stinken. Hunde sind bösartig.

Diese Überzeugungen bilden die persönliche Realität, mit der Sie wie durch einen Filter jeden Hund wahrnehmen und entsprechend auf ihn reagieren. Jeder Mensch hat viele Meinungen und Überzeugungen über Hunde gesammelt (persönliche Realität), die aktiviert werden, wenn er einen Hund sieht.

Wie reagiert jemand auf Hunde, der diese liebt, und wie reagiert jemand auf Hunde, der diese nicht leiden kann? Wir suchen Beweise für unsere Überzeugungen über Hunde. Wir kreieren Erfahrungen, die uns Beweise dafür liefern, dass Hunde liebens- oder hassenswert sind. Doch egal ob wir Hundeliebhaber oder Hundehasser sind – wir erschaffen unsere Realität zum Thema Hund. Und darauf reagieren alle Hunde. Was erlebt wohl jemand, der den Glaubenssatz hat: „Hunde sind lieb und kuschelig", wenn ein großer Schäferhund auf ihn zukommt. Und was erlebt jemand mit der Überzeugung „Hunde sind bösartig", wenn derselbe Hund auf ihn zukommt? In beiden Fällen wird der Hund durch sein Verhalten einen Beweis für die Überzeugung des Hundeliebhabers oder Hundehassers bieten und der Mensch fühlt sich in seiner Sichtweise der Welt bestätigt.

Sie wenden vielleicht ein: „Wieso kann dann ein Hundeliebhaber gebissen werden? Und wieso ein Hundehasser freundlich behandelt werden?" Fragen Sie einen ausgeprägten Hundeliebhaber – er wird Ihnen eine Lektion geben, wie resistent Überzeugungen sind. Er wird Ihnen sagen, dass dies die berühmte Ausnahme war, die nur die Regel bestätigt, er wird den Vorfall perfekt verdrängt haben oder das Ganze als Zufall, als Unfall, ungünstige Verkettung von Ereignissen bewerten – der menschliche Geist ist ungeheuer kreativ. Und diese Erklärung ist für ihn Realität. Wenn Sie keinen Ärger haben wollen, stellen Sie seine Erklärung besser nicht infrage!

Der Hundehasser, dazu befragt, warum ein Hund friedlich und mit dem Schwanz wedelnd neben ihm liegt, wird antworten: „Er wartet bloß auf die Gelegenheit. Das ist nur Show. Er ist jetzt nur zu müde, sonst ..."

Bei Hunden ist das natürlich alles noch recht harmlos. Aber übertragen Sie dasselbe auf Menschen. Auf Ihren Partner, Ihre Eltern, Ihren Chef. Es funktioniert nach demselben Muster, meist noch viel intensiver und emotionaler. Und – der andere Mensch reagiert aufgrund seiner Überzeugungen über Sie, was das Ganze noch spannender oder auch verworrener macht.

Wir möchten Sie in den nächsten Wochen einladen, Ihren Geist zu erforschen, wie Sie Ihre eigene Lebensrealität selbst erschaffen: durch Ihre Bewertungen der Umwelt, Ihre Meinungen und Überzeugungen. Wenn Sie sich auf eine ungewöhnliche Sichtweise der Welt einlassen können, dann stehen einige spannende und neuartige Erfahrungen an. Denn der Raum der inneren Freiheit existiert immer nur jenseits unserer Urteile und Gedanken, die wie ein selbst erschaffenes Gefängnis sind, das die meisten Menschen gar nicht erst bemerken. Wem es gelingt, sich von den eigenen permanenten Bewertungen und Überzeugungen zu befreien, der erlebt eine ganz neue Dimension von persönlicher Freiheit. Er wird auf einer tieferen Ebene verstehen, wie er sein eigenes Leid und seine Sorgen produziert. Sie lernen hier, eine Sichtweise der Welt zu erschaffen, die Sie selbst glücklich macht und Ihnen Kraft verleiht.

39. Woche
Glück oder Unglück?

Das Zauberpferd
Ein Bauer besaß ein wunderbares edles Pferd, das voller Anmut so schnell und ruhig lief, dass man den Eindruck hatte, es würde fliegen. Niemand hatte je ein vergleichbares Pferd gesehen. Eines Tages hörte der König von diesem Zauberpferd, und er besuchte den Bauern, um es mit eigenen Augen zu sehen. Als er das Tier in seiner Anmut erblickte, wurde der Wunsch in ihm geweckt, dieses Pferd zu besitzen. Er bot dem Bauern tausend Goldstücke an. Doch der Bauer lehnte ab, selbst als ihm noch mehr Geld geboten wurde. Als der König wieder fort war, stürmten die Dorfbewohner auf den Bauern ein: „Welch ein Unglück, Bauer. Hättest du das Pferd nur verkauft, du wärst der reichste Mensch weit und breit geworden. Der König ist es nicht gewohnt, dass seine Wünsche abgelehnt werden, er wird sich das Pferd mit Gewalt nehmen." Aber der Bauer sprach: „Wer weiß, ob es Glück oder Unglück ist, wartet einfach ab." Einige Zeit später war das Zauberpferd verschwunden. Alle Dorfbewohner halfen bei der Suche, aber es war nicht aufzufinden. Die Leute riefen: „Welch ein Unglück, Bauer. Hättest du das Pferd nur verkauft." Und der Bauer antwortete: „Ihr seid so schnell mit eurem Urteil. Wer weiß, ob dies ein Glück oder Unglück ist." Und zur Überraschung aller tauchte einige Zeit später das Pferd mit einer ganzen Herde Wildpferde auf – eines edler und anmutiger als das andere. Und die Leute riefen: „Welch ein Glück! Du wirst eine große Pferdezucht beginnen und die besten Pferde im Land haben." Und der Bauer antwortete: „Lasst eure vorschnellen Urteile sein. Wer weiß schon, ob es wirklich Glück oder doch ein Unglück ist." Der Sohn des Bauern begann, die energischen Wildpferde zuzureiten. Als ein besonders wilder Hengst sich aufbäumte und ihn abwarf, fiel er so unglücklich, dass er fortan als Krüppel nicht mehr laufen konnte. Die Leute liefen zusammen. „Bauer, welches Unglück. Dein einziger Sohn ist ein Krüppel. Wer wird für dich im Alter sorgen?" Aber der Bauer sprach: „Lernt ihr nichts dazu? Wer weiß schon, ob dies ein Glück oder Unglück ist." Einige Zeit später wurde das Königreich vom mächtigen Nachbarreich angegriffen und alle wehrfähigen Männer mussten in den aussichtslosen Krieg. Alle Männer im Dorf wurden eingezogen, außer dem Krüppel, und man konnte nicht mit ihrem Wiederkommen

rechnen. Großes Wehklagen erscholl im Dorf, als die Männer davonzogen. Und die Menschen sagten unter Tränen zum Bauern: „Du bist der einzig Glückliche hier, der Einzige, der seinen Sohn behalten kann." Und wieder sprach der Bauer: „Wann endlich hört ihr auf, Glück oder Unglück zu prophezeien. Wer weiß schon, was es bringen wird ..."

Die Geschichte ließe sich endlos fortschreiben. Da wir immer nur eine begrenzte Zeitspanne und nicht alle Zusammenhänge überblicken, urteilen wir meist schnell über die Ereignisse. Ohne dass es uns bewusst wird, bilden wir uns in den ersten Sekunden einer Erfahrung oder der Begegnung mit einem Menschen ein Urteil über sie oder ihn. Wann immer wir uns unsicher oder überrascht fühlen, helfen uns die Bewertungen, wieder mehr innere Sicherheit und Stabilität zu finden. Gleichzeitig bringen wir durch unsere Urteile eine Distanz zu dem Bewerteten und trennen uns innerlich von ihm. Die Beurteilung ist der Versuch, Menschen oder Situationen nicht an uns heranzulassen, sondern sie zu meiden und uns als andersartig oder überlegen zu betrachten. Wir tun so, als hätten die Dinge nichts mit uns zu tun und würden uns nicht wirklich berühren. Die eigene Betroffenheit wird vielmehr in das Urteil projiziert und damit von uns ferngehalten. Durch Bewertung wehren wir immer die unmittelbare Erfahrung ab und werden innerlich eng. Mit der Distanzierung von der Erfahrung ziehen wir uns auch von den an ihnen beteiligten Menschen zurück, weil wir mit den damit ausgelösten Gefühlen von Leid oder Hilflosigkeit (wie in der obigen Geschichte) nicht umgehen können. Wir weigern uns, das Offensichtliche anzunehmen, das daher auch nicht verändert oder verbessert werden kann. Wir stecken in unseren Meinungen fest und verweigern die schöpferische Partizipation und Verwandlung.

Wenn wir unsere Beurteilungen aufgeben, brauchen wir Vertrauen – in uns selbst, in die anderen Menschen und in das Leben. Vertrauen macht uns innerlich weit. Nur in der inneren Weite von Vertrauen können wir schmerzhafte oder verunsichernde Erfahrungen in uns halten und tragen. Wir erlauben uns, sie zu fühlen, statt sie mit unserem Urteil wegzurationalisieren.

Intention: Bewusstwerden und Loslassen der Beurteilungen von Situationen und Menschen in gut und schlecht, glücklich und unglücklich, weiß und schwarz.

Übung: Richten Sie in dieser Woche Ihre Aufmerksamkeit auf Ihr Urteilen und Bewerten. Seien Sie dabei wachsam bei allem, was Ihnen passiert. Beobachten Sie Ihre eigenen Reaktionen und Urteile über andere Menschen und Ereignisse. Beobachten Sie, wie Sie sich mit Ihrem Urteil „schlecht" oder „unglücklich" von den Menschen und Erfahrungen distanzieren. Und wie Sie sich mit Ihrer Beurteilung „gut" oder „glücklich" auf eine bestimmte Art verbinden. Machen Sie sich deutlich, dass Sie mit Ihrem *Urteil* Ihre Wirklichkeit erschaffen und dass nicht ein Ereignis an sich Glück oder Unglück bedeutet.

Ausrichtung: Ist es Glück oder Unglück? Wer weiß das schon.

40. Woche
Sie erschaffen Ihre Realität

Es war einmal ein Jäger, der ging durch den Dschungel, und auf seinem Weg kam ihm ein fauchender Tiger entgegen. Der Jäger griff nach seinem Gewehr. Zu seinem Entsetzen sah er, dass er keine Patronen hatte. Der Tiger kam immer näher. Gleich würde er angreifen. „Was soll ich nur machen? Gleich werde ich getötet und gefressen", dachte der Jäger starr vor Angst. Gerade als der Tiger zum Sprung ansetzte, hatte der Jäger plötzlich einen komischen Einfall. „Ich glaube jetzt einfach, dass das alles nur ein Traum ist", sagte er zu sich selbst. „Wenn ich mir richtig Mühe gebe, wache ich ganz bestimmt auf." Also kniff er sich ordentlich, schüttelte sich und blinzelte. Im gleichen Moment war der Tiger verschwunden – der Jäger lag sicher in seinem Bett. Was für eine Erleichterung! Er zitterte zwar noch vor Angst, aber jetzt musste er doch lachen. Wie echt der Tiger ausgesehen hatte! Gott sei Dank war es nur ein Traum gewesen. Als er sich wieder beruhigt hatte, stand der Jäger auf und nahm auf den Schreck hin einen ordentlichen Brandy. Er war immer noch müde, also setzte er sich vor seine Hütte in einen Lehnstuhl und rauchte seine Pfeife. Er war ziemlich schläfrig, zog sich den Hut übers Gesicht und schloss die Augen. „Ich könnte den ganzen Tag schlafen", sagte er. Nach einer Weile hörte er ein Knurren. „Hoppla!", sagte der Jäger. „Ich muss wohl wieder eingeschlafen sein. Da kommt der Tiger wieder. Geh weg, du alberner Tiger, ich habe keine Lust, von dir zu träumen!" Der Tiger knurrte noch einmal und kam näher. „Ich habe keine Angst vor dir. Du bist nur ein Traum", sagte der Jäger. Dann stand er auf, ging auf den Tiger zu und haute ihm kräftig auf die Schnauze. „Was für ein komischer Mensch", dachte der Tiger. „Normalerweise rennen die Menschen vor mir weg." Verwundert schaute er diesen seltsamen Menschen an und ergriff die Flucht. Gerade als der Tiger durch die Gartentür entfloh, begriff der Jäger, dass er hellwach war und dass der Tiger kein Traum war; er war Realität.

Diese Geschichte illustriert eine äußerst radikale, aber auch befreiende Sichtweise der Welt: Wir erschaffen unsere Realität selbst. Es gibt keine objektive Realität, sondern nur eine Realität, an die viele Menschen glauben.

Diese befreiende Sicht der Welt verdanken wir einem provokanten Vertreter der Quantenphysik, Werner Heisenberg, der die Unschärferelation entwickelte. Heisenberg demonstrierte Mitte der 20er-Jahre des letzten Jahrhunderts, dass der Physiker, der ein Experiment durchführt, durch die Wahl, die er trifft, das Ergebnis des physikalischen Experiments beeinflusst. Zum ersten Mal wurde der Beobachter als untrennbar vom Experiment selbst und dessen Ergebnis gesehen. Die neue Quantenphysik sagt uns, dass der Beobachter nicht einfach nur die „Welt draußen" (die „objektive" Realität) betrachtet, sondern sie durch den kollektiven Filter (Konvention) und den persönlichen Filter (Meinungen und Überzeugungen) beeinflusst, verändert und sogar erschafft durch sein Reaktionsschema, das heißt seine Erfahrung. Mit dieser Entwicklung berührt die neue Quantenphysik altes buddhistisches Wissen, das besagt, dass nichts an sich existiert (Form ist Leere), sondern alles erst durch uns oder unsere Vorstellungen geschaffen wird. Die Filter unserer Überzeugungen lassen uns nicht nur Menschen und Ereignisse in einer bestimmten Sichtweise sehen und interpretieren, sie prägen uns auch darin, wie wir bestimmte Ereignisse erfahren.

Wenn beispielsweise jemand zu Ihnen sagt: „Ich mag Sie", können Sie verschiedene Reaktionen darauf erschaffen. Wenn Sie selbstbewusst sind, fühlen Sie sich bestätigt und denken „wie nett" und lächeln den anderen an. Wenn Sie ein niedriges Selbstwertgefühl haben, denken Sie vielleicht: „Das hat er nicht ernst gemeint." Oder: „Wenn der wüsste, wie ich wirklich bin." Wenn Sie Menschen misstrauen, fragen Sie sich vielleicht: „Was der wohl von mir will?" Je nachdem, was Sie für eine Überzeugung von sich selbst oder anderen Menschen haben, werden Sie auf diese einfache Aussage reagieren.

Überzeugungen sind wie Brillen, durch die wir die Welt sehen. Dabei kann man zwischen äußeren und inneren Überzeugungen unterscheiden. Die äußeren sind uns bewusst; wir vertreten sie und kämpfen manchmal sogar dafür. Die inneren sind uns nicht bewusst, aber prägen zutiefst unser Denken, Fühlen und Handeln. Diese Glaubensmuster sind quasi unsichtbar, für uns nicht erkennbar und bestimmen daher umso wirkungsvoller unsere Sicht der Welt. Wir schauen durch sie hindurch wie durch eine Brille, und die Welt ist von der Farbe der Gläser getönt. Wenn wir die

Brille lange genug tragen, merken wir gar nicht mehr, dass wir sie aufhaben.

Daher können wir bei bestimmten Verhaltensweisen, Reaktionen oder auch Gefühlen fragen: Wie muss der Mensch die Welt sehen, dass er so handelt oder so fühlt? Oder wir fragen: Was glaubt dieser Mensch von sich selbst oder von anderen, dass er auf diese Art handelt, reagiert oder sich so fühlt, wie er sich fühlt?

Ein Mensch, der zum Beispiel die Überzeugung hat, dass das Leben ein Kampf sei, wird entsprechend viele Beweise für diese, meist unbewusste Haltung haben. Er wird sich (unbewusst) vermutlich eine permanente Muskelspannung geschaffen haben, da sein Körper stets auf Kampf vorbereitet ist. Er wird nicht viele oder gar keine echten Freunde haben, denn er misstraut jedem als potenziellem Feind. Die Menschen um ihn herum werden sich ebenfalls vor ihm in Acht nehmen und auf Distanz bleiben, denn sie können ja lesen, was auf seiner Brille steht. Vermutlich provoziert dieser Mensch Auseinandersetzungen, denn er sucht Beweise für seine Sichtweise der Welt. So wird er in Konflikte involviert sein und auch die ein oder andere gerichtliche Auseinandersetzung erleben. Dieser Mensch wird es schwer haben, sich wirklich einmal zu entspannen, Muße und Ruhe zu erleben. Alle Teile seines Lebens werden beeinflusst von dieser Überzeugung: seine Gedanken und Meinungen über die anderen und sich selbst, seine Gefühle, sein Verhalten, seine Beziehungen und seine Sexualität, die vermutlich von außen betrachtet auch eher einer Kampfhandlung gleicht als einem sinnlichen liebevollen Miteinander.

Intention: Die Filter, durch die wir die Welt erleben, bewusst machen und entfernen, um die reine Wahrnehmung der Welt zu erleben. Sich des permanenten Bewertens der Umgebung bewusst werden und eine innere Distanz zu den eigenen Bewertungen aufbauen.

Übung: Achten Sie bewusst darauf, wie Sie Ihre eigene Realität erschaffen. Bemerken Sie, wie Sie Dinge permanent und zwanghaft mit Meinungen „etikettieren" und dadurch bewerten. Machen Sie sich diese zunächst einmal deutlich, egal ob es in Ihren Augen ein positives oder negatives

Urteil ist. Dann sagen Sie sich: Das ist nicht das Ding an sich. Das ist nur meine Bewertung. Nehmen Sie die Distanz wahr, die Sie dadurch von Ihrer eigenen Bewertung erreichen. Nehmen Sie die Sache danach anders oder „neutraler" wahr?
Fangen Sie zunächst mit leblosen Dingen an, danach kommen auch Pflanzen und Tiere dran. Warten Sie noch damit, dies mit Menschen zu üben: Es ist schwieriger!

Beispiel: Sie sehen eine Blume. Sofort ist die Assoziation „schön" da. Machen Sie sich klar: Die Blume ist einfach eine Blume, sie ist weder schön noch hässlich. Oder Sie sehen eine Zigarettenkippe und denken sofort: „Ekelig." Machen Sie sich bewusst: Das ist nur Ihre Bewertung. Die Kippe ist nicht ekelig, auch wenn die meisten Menschen diese Bewertung teilen.
Üben Sie das mit vielen Gegenständen, aber fangen Sie zunächst mit recht „neutralen" Dingen an. Danach üben Sie auch mit den Dingen, bei denen Sie starke emotionale Bewertungen haben – positive wie negative.

Ausrichtung: Das ist nicht die Realität, das ist nur meine Bewertung.

41. Woche
Die eigenen Überzeugungen loslassen

Ein Mann bat eines Tages Mullah Nasruddin, ihm eine Geldsumme zu borgen. Der Mullah war zwar überzeugt, er würde das Geld nie wiedersehen, entsprach aber dennoch der Bitte des Mannes. Zu seiner Überraschung erhielt er die Summe pünktlich zurück. Nasruddin kam ins Grübeln. Etwas später bat ihn der gleiche Mann wieder um ein Darlehen und sagte: „Du weißt ja, dass du dich auf mich verlassen kannst." – „Aber dieses Mal nicht, du Gauner!", brüllte Nasruddin. „Du hast mich schon letztes Mal getäuscht, als ich sicher war, dass du mir das Geld nicht zurückzahlen würdest. Ein zweites Mal kommst du mir nicht davon."

Unsere Überzeugungen und Meinungen über andere Menschen halten wir für absolute Wahrheiten. Es kann gar nicht anders sein, als dass mein Mitarbeiter unpünktlich ist (er kommt stets zu spät). Es kann gar nicht anders sein, als dass mein Nachbar mürrisch ist (er hat noch nie freundlich gegrüßt). Es kann gar nicht anders sein, als dass mein Partner im Haushalt nicht mithilft (hat er noch nie gemacht). Wir meinen, die Wahrheit über einen Menschen zu kennen, und sammeln von nun an Beweise für unsere Überzeugung über ihn.

Unsere Überzeugungen sind eine Ansammlung von Meinungen, die wir über bestimmte Menschen, über die Welt, über das Leben oder uns selbst gebildet haben. Sie zielen darauf ab, mit neuen Erfahrungen, mit Menschen oder dem Leben überhaupt besser umgehen zu können. Überzeugungen prägen unser Leben, unsere Beziehungen, unsere Gefühle und unser Verhalten. Sie bilden die Matrix, die wir auf Welt und Menschen projizieren, und dann sieht es für uns so aus, als wäre die Welt tatsächlich so.

Außerdem strukturieren unsere Ansichten das Erleben der Welt so, dass Ähnlichkeiten betont und Unterschiede nicht bemerkt werden. Was auch immer erlebt wird und dabei einer Überzeugung widerspricht, wird tendenziell ignoriert oder als etwas Ungewöhnliches wegerklärt: „Die Ausnahme, die die Regel bestätigt." Überzeugungen sind wie Dogmen oder nicht mehr zu hinterfragende Naturgesetze. Eine Überzeugung wird nicht aktualisiert oder der Realität angepasst, sondern vielmehr die Realität der Überzeugung gleichgesetzt.

Ein Mann aus Cherem, der Stadt der Narren, kommt zu Mullah Nasruddin. „Wie kommt es", fragt er, „dass ein Butterbrot stets mit der Butterseite nach unten fällt?" – „So ein dummer Aberglaube", entrüstet sich der Mullah. „Wir werden sehen, ob das stimmt." Mullah Nasruddin streicht Butter auf eine Scheibe Brot und lässt sie fallen. Die Butterseite zeigt aber nach oben. „Nun, was sagst du jetzt?", triumphiert Nasruddin. „Aber, Mullah", kommt die Antwort sogleich, „das beweist doch nur, dass du die Butter auf die falsche Seite geschmiert hast."

Unser persönliches Leben und unsere Beziehungen sind durch das, was wir glauben, in erheblichem Ausmaß beschränkt. Wie die Welt wirklich ist, wissen wir nicht. Wir können lediglich unser Erleben der Welt erkennen. Das, was wir glauben, unsere Überzeugungen, bestimmen unser Erleben der Welt somit innerhalb enger Grenzen. Unsere Umwelt wird sich so verhalten, dass sie unseren Überzeugungen entspricht. Menschen werden sich in ihrem Leben auf bestimmte Art und Weise verhalten, die stets ihre Ansichten bestätigt.

Unser Bild von anderen Menschen ist nicht die Wahrheit über sie, sondern entspringt unserer eigenen Persönlichkeitsstruktur. Wir meinen vielleicht, einer unserer Feinde wäre grundsätzlich feindlich, seine ganze Art, sein Verhalten und sein Charakter. Aber wenn das wahr wäre, dann würden ihn seine Frau, seine Kinder, seine Freunde und sein Hund nicht lieben, sondern auch als Feind betrachten.

Wenn wir gerade frisch verliebt sind, erscheint uns dieser Mensch als grundsätzlich liebenswert. Vielleicht erinnern Sie sich, wie Freunde reagieren, wenn Sie von einer neuen Liebe vorschwärmen und selbst den Blödsinn, den dieser Mensch anstellt, noch liebenswert finden. Ihre Freunde sehen natürlich, dass dies nur Ihre Sichtweise dieses Menschen ist – und vermutlich revidieren Sie Ihre Wahrheit später selbst.

In den Beispielen zeigen sich die verzerrten Filter des Begehrens und des Hasses, die in Abstufungen unsere Sichtweise trüben. Je nachdem, wie stark Anziehung, Begehren und Besitzenwollen oder aber Abneigung, Ablehnung und Hass sind, verzerren sie unsere Bilder über Menschen und Leben. Sie bestimmen daher auch in erheblichem Maße die Art unserer Beziehungen und unsere Realität. Wirklicher Kontakt mit Menschen entsteht aber erst, wenn wir anderen ohne die Filter unserer Überzeugungen begegnen können.

Intention: Bewusstsein für eigene Überzeugungen und Meinungen über andere Menschen schaffen, andere neu und unvoreingenommen wahrnehmen und ihnen auch so begegnen.

Übung: Achten Sie in dieser Woche auf Ihre Meinungen und Überzeugungen, die Sie sich über Menschen bilden. Machen Sie sich diese bewusst. Achten Sie darauf, wie Sie Menschen, die Sie kennen, oder auch Situationen innerlich kommentieren mit: „typisch", „das habe ich doch gleich gewusst", „immer ..." und so weiter.
1. Beschließen Sie in dieser Woche, Ihre Meinung über bekannte Menschen zu verändern. Das müssen Sie nicht dauerhaft tun, geben Sie sich aber die innere Freiheit, Menschen für diese Woche anders und neu zu sehen.
2. Wenn Sie einem unbekannten Menschen begegnen, machen Sie sich zuerst bewusst: Ist er Ihnen sympathisch oder unsympathisch? (Dies entscheidet sich in den ersten zwei Sekunden!) Dann bilden Sie spontan innerlich eine Meinung über diesen Menschen und formulieren diese für sich – genauso wie in der letzten Woche. Das kann durchaus übertrieben, ungerecht oder oberflächlich sein. Am besten Sie geben ihm oder ihr einen Namen wie „typischer Macho", „Aufschneider", „Drama-Queen" oder „Armes Ich". Dann machen Sie sich bewusst: Es ist einfach nur Ihre Überzeugung und nicht die Wahrheit. Entscheiden Sie sich, für heute einmal nicht recht zu behalten mit Ihrer Sichtweise.
3. Fragen Sie sich selbst: „Bin ich zu hundert Prozent sicher, dass meine Meinung über diesen Menschen der Wahrheit entspricht?" Lassen Sie Zweifel an Ihrer eigenen „Wahrheit" zu, um Menschen und sich selbst ganz neu zu erleben. Wenn Sie also Ihren Kollegen als „Pedant" bewerten,

sammeln Sie heute einmal dafür Beweise, dass er unordentlich ist. Wenn Sie Ihren Partner sonst als „unaufmerksam" ansehen, beobachten Sie heute Verhaltensweisen, die Sie als „aufmerksam" bewerten würden. Beobachten Sie, was dabei mit Ihnen geschieht und ob sich dadurch der Kontakt mit diesem Menschen verändert. Tun Sie dies mit fremden wie mit bekannten Menschen und behalten Sie diese Einstellung diese Woche über bei. Dann überprüfen Sie, ob Sie Ihre alte Meinung wieder übernehmen wollen.

Ausrichtung: Dies ist nur meine Überzeugung über diesen Menschen, es ist nicht die Wahrheit.

42. Woche
Opferrollen aufgeben

Der 50. Geburtstag eines Mannes, der schon viele Jahre verheiratet ist, naht. Seine Frau fragt ihn: „Schatz, ich möchte, dass du dir etwas ganz Besonderes von mir wünschst, vielleicht ein geheimes Begehren, etwas, das du schon immer mal haben oder machen wolltest." Nachdem er eine Weile rumdruckst, sie aber insistiert, gibt er zu: „Na ja, ich würde schon mal gerne mit einer Professionellen ..."
Sie: „Kein Problem, Schatz, das gönn ich dir."
Am Morgen, nachdem er sich seinen Geburtstagswunsch erfüllt hat, sitzen die beiden zusammen am Frühstückstisch – schweigend.
Sie: „Und, wie war es?"
Er: „Gut."
Sie, nach einer Weile: „Und ... hat sie im Bett etwas gemacht, was ich nicht mache?"
Er: „Ja, schon."
Sie: „Und was?"
Er: „Nun ja, sie hat gestöhnt."
Sie: „Das hat dir also gefallen. Willst du, dass ich auch beim Sex stöhne?"
Er nickt.
Beim nächsten Mal im Bett fragt sie beim Akt: „Schatz, soll ich jetzt stöhnen?"
Er: „Nein, warte noch."
Er, kurz vor dem Höhepunkt: „Jetzt!"
Sie: „Ach, der Tag war schrecklich: Der Staubsauger ist kaputtgegangen, mir ist die Vase runtergefallen und dann fing wieder meine Migräne an."

Opferrollen sind Strategien, die Menschen meist in früher Kindheit entwickelt haben, um ihre unbewussten Empfindungen von Ohnmacht, Hilflosigkeit und Wertlosigkeit nicht fühlen zu müssen und stattdessen ein Gefühl von Macht und Kontrolle zu erreichen. Diese Strategien hat sich das Kind von den Eltern abgeguckt und früh trainiert, um – wenn schon keine Liebe – zumindest Aufmerksamkeit zu bekommen. Diese Strategien sind uns zu einem selbstverständlichen Verhaltensrepertoire geworden, auf das wir zurückgreifen, wenn unser Selbstwertgefühl ins Schwanken gerät oder wir uns angegriffen fühlen. Dann werden sie vollautomatisch abgerufen und sollen uns ein Gefühl von Macht und vermeintlicher Stärke geben. Tatsächlich jedoch berauben sie uns der grundlegenden Fähigkeit, das zu wählen, was wir uns für unser Leben wünschen: Liebe und Verbindung. Die Opferstrategien sind also vielmehr dazu geeignet, unsere Beziehungen zu vergiften und zu zerrütten. Wenn wir uns gut und selbstsicher in einer Beziehung fühlen, benötigen wir diese Rollen nicht. Wenn jedoch unser Selbstwertgefühl zerrüttet wird, wir uns unsicher oder bedroht sehen, fahren wir das Geschütz unserer Opferrolle auf, um die Situation oder den anderen Menschen wieder unter Kontrolle zu bringen. Daher heißen diese Opferrollen auch Kontrolldramen, die zum ersten Mal von Virginia Satir, einer Systemischen Familientherapeutin in den 1950er-Jahren herausgearbeitet und benannt wurden. Nach ihr werden die Kontrolldramen in vier unterschiedliche Rollen verteilt, die um eine fünfte ergänzt werden kann.

Je nach Persönlichkeitstyp beherrscht jeder eine Rolle, manchmal auch noch die entgegengesetzte. Sie finden ihre Anwendung vor allem in nahen und intimen Beziehungen und Partnerschaften und sind erst einmal unabhängig von der Geschlechtszugehörigkeit.

Der **Einschüchterer** ist emotional. Er flucht, schreit, tobt und bedroht den Partner. Rationale Argumente spielen bei ihm keine Rolle. Mit seinem aufgeblähten Brustkorb und seiner lauten Stimme versucht er den anderen einzuschüchtern und klein zu machen, um selbst gut und großartig dazustehen. Ein typischer Satz von ihm wäre: „Hier wird gemacht, was ich sage." Diese Rolle war vor der 1968er-Bewegung bei den Familienvätern sehr beliebt.

Das **Arme Ich** ist die dazu passende entgegengesetzte Rolle. Ebenfalls sehr emotional versucht das **Arme Ich**, dem anderen Schuldgefühle zu machen, indem es selbst alle Schuld auf sich nimmt. Es läuft mit einer permanenten Leidensmiene herum und fühlt sich von allen schikaniert und schlecht behandelt. Es leidet, weil alle Welt und besonders der geliebte Partner so gemein zu ihm sind. Dies drückt sich in einer Körperhaltung aus, bei der die Schultern zusammengefallen und der Kopf eingezogen ist. Die

Stimme ist leise, sodass man sich anstrengen muss, es zu verstehen. Es ist eine indirekte manipulative Art, Aufmerksamkeit zu bekommen. Diese Strategie war vor allem bei Frauen älterer Generationen sehr beliebt, die sich mit körperlichen Krankheiten, Migräne und Depressionen gern in den Mittelpunkt der Familie gestellt haben – heute übernehmen immer mehr Männer, speziell in der Partnerschaft, diese Rolle.

Der **Vernehmungsbeamte** ist rational, kühl und fordert die Kontrolle, indem er den anderen ausfragt und ausspioniert. Er ist eine Art Besserwisser, der immer die überlegeneren Argumente auf seiner Seite hat. Er fühlt sich im Recht, wenn er den Beziehungspartner dazu auffordert, ihm uneingeschränkt Rechenschaft abzulegen. Da er sehr kopfgesteuert ist, hält er seinen Kopf nicht gerade, sondern etwas nach vorn gerückt und demonstriert damit, dass sein Kopf die treibende Kraft in ihm ist. Seine typischen Fragen sind: Wo warst du? Mit wem? Wie lange? Wo? Und warum?

Der **Ablenker** lässt sich nicht festlegen. Hat er einen Vernehmungsbeamten oder Einschüchterer zum Partner, weicht er ihm aus. Er erzählt gerne Geschichten, egal ob sie stimmen oder nicht, und redet mit Begeisterung von anderen Leuten oder Ereignissen, aber nicht von sich selbst. Er lenkt sich selbst und den Partner ab. Der Ablenker ist ein Luftikus, der tänzelnd und beschwingt durch die Gegend läuft. Er ist gern unterwegs und schwer zu ernsthaften Auseinandersetzungen zu bewegen. Lieber geht er dem aus dem Weg und lenkt sich mit schöneren Dingen ab. Die verrät er jedoch nicht. Es gehört zu ihm, dass er süße Geheimnisse vor dem Partner hütet. Daher könnte ein typischer Satz von ihm sein, den er aber niemals aussprechen würde: „Ich weiß etwas, was du nicht weißt."

Der **Unnahbare** hat viel Ähnlichkeit mit dem Ablenker. Auch er ist unverbindlich und lässt andere Menschen nur schwer an sich heran. Bei Konflikten verlässt er die Bühne und zieht sich in sein Zimmer vor seinen Computer zurück. Meist lässt er es aber gar nicht erst dazu kommen, weil er stumm wie ein Fisch allen Angriffen trotzt. Der Unnahbare ist auch der einsame Wolf, der in seinen Wäldern umherstreift und froh ist, dort niemandem zu begegnen. Oder er ist mittendrin auf der Bühne des Lebens in den Bars und Diskotheken, allerdings mit einer Ausstrahlung, die besagt: Komm mir bloß nicht zu nah. Die letzten beiden Rollen sind sehr beliebt bei der jüngeren Generation.

Wie der Name schon sagt, sind es Rollen, die unser wahres Wesen und unsere wahren Gefühle verdecken und verzerren. Sie sind unecht und verhindern, dass wir mit dem Beziehungspartner wirklich zusammenkommen. Tatsächlich aber identifizieren sich die meisten Menschen so sehr mit ihren Kontrolldramen, dass sie diese nicht als Rollen erkennen und mit ihnen so sehr verhaftet sind, dass sie immer wieder darauf zurückgreifen, obwohl die gewünschten Resultate ausbleiben und die Beziehung dabei immer schlechter wird. Von vielen Menschen hören wir dann: „So bin ich nun mal." Das Kontrolldrama scheint ihnen wie eine zweite Haut angewachsen zu sein; ihnen fehlt die innere Freiheit, davon Abstand zu nehmen und sich so zu verhalten, dass sie das erreichen, was sie sich wünschen.

Intention: Das eigene Kontrolldrama erkennen; Akzeptanz für Gefühle der Unsicherheit und Hilflosigkeit entfalten und die Fähigkeit entwickeln, diese auch mitzuteilen.

Übung: Am Anfang ist es nicht leicht, das eigene Kontrolldrama in Beziehungen zu erkennen, und erst recht schwer ist es, daraus auszusteigen. Daher ist der erste Schritt, sich des eigenen Kontrolldramas bewusst zu werden und es zu reflektieren, um die innere Anhaftung zu lösen und freier zu werden. Der zweite Schritt ist, sich nach dem Drama beim Partner für das schlechte Spiel zu entschuldigen und die wahren Beweggründe und Gefühle zu kommunizieren. Der dritte Schritt, der Sie dann schon in die Meisterschaft führt, ist die Fähigkeit, während des gemeinsamen Dramas oder besser noch direkt bei der Anbahnung auszusteigen.
Reflektieren Sie in dieser Woche Ihr persönliches Kontrolldrama. Nehmen Sie sich gegen Ende des Tages einige Minuten Zeit, den Tag Revue passieren zu lassen. Rufen Sie sich die Situationen in Erinnerung, in denen Sie mit Ihrem Partner, Ihren Kindern, Ihrem Expartner oder Vorgesetzten in Konflikt waren. Wie haben Sie sich verhalten? Was haben Sie gesagt? Vergessen Sie die Inhalte des Konfliktes – sie sind unwichtig hierfür. Schauen Sie auf sich und Ihr Verhalten, Ihre Körpersprache, Ihre Stimme und Worte.

1. Wie inszenieren Sie Ihr Kontrolldrama? Welche Rolle spielen Sie? Finden Sie es heraus. Benennen Sie Ihr Kontrolldrama.
2. Fragen Sie sich dann: Welche Gefühle überspiele ich mit meinem Drama? Angst, Hilflosigkeit, Wut? Benennen Sie die darunterliegenden Gefühle.
3. Akzeptieren Sie diese Gefühle, die meist als unangenehm bewertet werden.
4. Machen Sie sich bewusst, dass Ihr Konfliktpartner auch seine Gefühle hinter seinem Rollenspiel versteckt.
5. Vergeben Sie sich und ihm/ihr.
6. Überlegen Sie sich, wie Sie Ihre Gefühle und Anliegen auf eine Weise kommunizieren, die beiden guttut und Sie einander näherbringt.

Ausrichtung: Das bin nicht ich. Das ist auch nicht mein Partner. Es ist nur ein schlechtes Rollenspiel, mit dem ich mich selbst, den Partner und die Situation kontrollieren will.

43. Woche
Aufhören zu jammern

„Es sind nicht die Dinge an sich, die uns aufregen, sondern unsere Sichtweise der Dinge." Epiktet

Ein Mann rutscht im Schwimmbad aus und fällt hin. Gleich kommen einige Badegäste, um ihm zu helfen. Der Erste: „Das ist aber auch glatt und rutschig hier. Man sollte sich mal beim Bademeister beschweren, dass hier nicht ordentlich gewischt wird." Der Zweite: „Ja, wofür wird der eigentlich bezahlt, er ist gar nicht da, um Ihnen zu helfen. Stellen Sie sich mal vor, Sie hätten sich was getan!" Der Dritte: „Also bei diesen Kacheln wundert es mich gar nicht. Ich frage mich jedes Mal, warum der Betreiber so unverantwortlich ist und nicht rutschfeste Kacheln einbaut. Das musste ja irgendwann passieren! Den sollte man verklagen!" Der Vierte: „Also, eigentlich ist ja der Gesetzgeber dafür verantwortlich, da es Vorschriften geben sollte, rutschfeste Bodenbeläge in Bädern einzubauen, unbegreiflich, dass das noch nicht passiert ist." Der Mann, der ausgerutscht ist: „Danke für Ihre Hilfe und Anteilnahme. Aber ich war einfach nur unaufmerksam und in Gedanken abgelenkt. Niemand anderes ist verantwortlich." Daraufhin entbrennt eine heftige Diskussion, in der alle Beteiligten den ausgerutschten Mann überzeugen wollen, dass er keine Schuld hat.

Ein Opfer unter Opfern zu sein hat viele Vorteile: Man muss keine Verantwortung für sich und sein Verhalten übernehmen und es verschafft einem viele Sympathien von anderen Opfern. Schöpfer zu sein macht manchmal einsam, aber stärkt. Wer mit einer Opferhaltung durch den Tag geht und jammert, hat kein Verständnis und Bewusstsein, dass wir unsere Welt, in der wir leben, selbst kreieren.

Beispiele: Wenn Sie am Gleis stehen und der Zug Verspätung hat, stimmen Sie nicht über das allgemeine Geschimpfe über die Bahn ein, sondern machen Sie sich klar: „Ich habe die Bahn gewählt und muss aus Erfahrung eventuelle Verspätungen einkalkulieren. Mit dem Auto im Stau oder bei einer Autobahnsperrung oder mit dem Flugzeug bei Nebel wäre ich schlechter dran."

Ihr Chef schnauzt Sie wegen einer Kleinigkeit an, was Sie als ungerecht und übertrieben empfinden. Die Kollegin, die das mitbekommen hat, beginnt danach über Ihren gemeinsamen Chef zu schimpfen. Steigen Sie nicht ein, sondern machen Sie sich bewusst: Wenn Sie einsteigen, verlieren Sie Energie. *Sie* haben diesen Arbeitsplatz gewählt und können jederzeit kündigen. *Sie* haben in der Probezeit erkannt, welchen Charakter Ihr Chef hat, und sich entschieden, trotzdem dazubleiben. Entweder Sie akzeptieren ihn, wie er ist, versuchen in einem günstigen Moment mit ihm zu reden, suchen sich neutrale Hilfe oder kündigen. Sie sind kein Opfer.

Intention: Bewusstsein für die Opferrolle entwickeln, aufhören zu klagen, Verantwortung übernehmen.

Übung: Schulen Sie in dieser Woche Ihr Bewusstsein für die Opferrolle. Bemerken Sie, wenn Sie in Selbstmitleid verfallen und über Ihre eigene Unfähigkeit jammern oder sich selbst bestrafen. Wenn eine Ihrer Entscheidungen für Sie unangenehme Konsequenzen hatte, dann führen Sie sich vor Augen: Sie haben in der Situation und unter den damaligen Umständen die für Sie beste Wahl getroffen. Suchen Sie stattdessen nach einem Sinn:
- Gibt es einen versteckten Vorteil, den Sie sich nicht so leicht eingestehen wollen?
- Was haben Sie daraus gelernt? Was können Sie Positives aus den Konsequenzen ziehen?
- Wie werden Sie sich in einer vergleichbaren Situation das nächste Mal entscheiden?
- Sind Sie sicher, dass das wirklich besser ist?

Dies sind konstruktive Fragen, die weiterführen und Sie stärken. Wenn Sie andere klagen hören, stimmen Sie nicht mit ein. Erkennen Sie, dass Klagende immer gern andere zur Verantwortung ziehen, statt selbst zu handeln. Überlegen Sie lieber, wie Sie die Situation so beeinflussen, dass Sie sich gut fühlen und keinen Grund zur Klage mehr haben.

Ausrichtung: Ich höre auf zu klagen und verändere die Dinge so, dass sie mir gefallen.

44. Woche
Festhalten und Ausdauer

Es gibt ein in Vergessenheit geratenes uraltes Hochzeitsritual. Es testet, ob ein Paar wirklich bereit ist, zusammen zu bleiben und eine Familie zu gründen, auch wenn es mal schwierig wird, oder ob es sich nur um eine unverbindliche Liebesaffäre handelt. Anstatt vor dem Altar einfach nur „Ja, ich will" zu sagen, hält das Paar gemeinsam eine Kerze fest und schaut sich dabei in die Augen. Irgendwann brennt die Kerze bis zu den Händen herunter, das heiße Wachs schmerzt und die Flamme verbrennt die beiden Hände, bis sie schließlich erstickt. Hält das Paar diesen Schmerz gemeinsam aus, dann trägt es diese Brandwunde als eine Erinnerung an die gemeinsame bestandene Initiation. Sie wird das Paar in schwierigen Zeiten an die Kraft ihrer Liebe und an ihre Entscheidung füreinander erinnern.

 In spirituellen oder psychologischen Ratgebern ist viel die Rede davon, alles loszulassen, um zufriedener und glücklicher zu sein. Das ist aber nur eine Facette des Lebens und keine Lebensphilosophie – es sei denn, man möchte als einsamer Bettelmönch leben. Genauso verbreitet ist in esoterischen Kreisen die Auffassung: Wenn etwas anstrengend ist und sich viele Widerstände zeigen, dann ist man auf dem falschen Weg. Auch das kann kein Patentrezept sein. Wenn man große Ziele hat oder einem etwas wirklich am Herzen liegt, dann zeigen sich manchmal innere oder äußere Widerstände. Dies sind gute Gelegenheiten, um zu testen, ob man wirklich entschlossen ist, das Ziel konstant zu verfolgen. Für viele wichtige Dinge, wie eine dauerhafte Liebesbeziehung, den Aufbau eines Geschäfts oder politische Ziele, braucht man einen langen Atem und Zähigkeit. Und es wird Widersacher, Neider und Rivalen geben – umso mehr, je ehrgeiziger das Projekt ist. Sehen Sie es so: Sie werden getestet, ob es Ihnen wirklich ernst ist, ob Sie genügend Willenskraft, Ehrgeiz und Selbstbewusstsein haben.

Häufig gibt man einfach zu früh auf, weil man die Motivation verloren hat, energielos, demotiviert oder einfach feige ist. Später muss man dann feststellen, dass es sich gelohnt hätte, dabei zu bleiben, und andere mit längerem Atem dabei erfolgreich waren. Wenn Sie immer wieder etwas Neues anfangen und bei aufkommenden Schwierigkeiten oder Motivationsmangel aussteigen, dann erreichen Sie nichts im Leben. Das betrifft den privaten Bereich wie etwa den Aufbau einer langfristigen Beziehung ebenso wie den beruflichen Erfolg.

Intention: Stärkung des eigenen Durchhaltevermögens, der Zähigkeit und Konfliktbereitschaft. Lernen Sie, den Fokus auf Ihre Entscheidung gerichtet zu halten und sie konstant zu verfolgen, statt leichtfertig aufzugeben. Ihre Willenskraft und Ihr Selbstvertrauen werden dadurch gestärkt.

Übung: Setzen Sie sich in dieser Woche bewusst immer wieder kleine Ziele und geben Sie nicht sofort auf. Selbst bei alltäglichen Kleinigkeiten akzeptieren Sie nicht gleich, dass etwas nicht möglich ist. Suchen Sie nach kreativen Lösungen, lassen Sie eine Konfrontation eskalieren, engagieren Sie sich emotional. Riskieren Sie ruhig mal einen Streit oder auch, sich unbeliebt zu machen. Beweisen Sie sich, dass Sie Durchhaltevermögen haben und Ihr Wille stark genug ist, um sich gegen innere wie äußere Widerstände durchzusetzen.

Beispiele: Wenn Sie morgens üblicherweise kalt duschen, aber sich ab und zu „nicht danach fühlen", dann machen Sie es diese Woche konsequent sieben Mal. Ohne Ausnahme oder Ausrede. Im Supermarkt ist eine lange Schlange. Sie fragen, ob eine zweite Kasse aufgemacht wird, was abgelehnt wird. Bestehen Sie darauf, geben Sie nicht auf. Das Hotel ist ausgebucht. Anstatt wegzugehen, fragen Sie, welche anderen Optionen es gibt, oder fragen Sie nach dem Geschäftsführer. Die Frau/der Mann, die/den Sie gerne kennenlernen wollen, hat kein Interesse an Ihnen. Finden Sie sich nicht mit dem Korb ab, sondern bleiben Sie dran, sie/ihn zu erobern. Ihr Partner will nicht mit zu dem Tanzkurs kommen, der Ihnen wichtig ist. Überlegen Sie sich eine Strategie, wie Sie ihn doch überzeugen können.

Ausrichtung: Ich verfolge meine Ziele konsequent.

45. Woche
Loslassen – Veränderungen akzeptieren

Kisagotami, eine junge Frau, hatte einen Sohn, der mit zwei Jahren starb. Sie hatte zu ihrem Kind eine tiefe innige Beziehung. Sie drückte das tote Kind an ihre Brust, weigerte sich, sich von ihm zu trennen, lief von Haus zu Haus und bettelte verzweifelt um Medizin, um es wieder ins Leben zurückzubringen. Ein buddhistischer Mönch sagte zu ihr: „Oh gute Frau! Ich habe keine Medizin, doch gehe zu Buddha. Er kann dir sicherlich eine Medizin geben. Er ist der Ozean der Gnade und Barmherzigkeit. Das Kind wird sicherlich ins Leben zurückkehren." Sie lief sofort zu Buddha und bat ihn um Hilfe. Buddha gab ihr in Mitgefühl und Weisheit folgende Aufgabe: „Bring mir einige Senfkörner aus einem Haus im Ort, wo noch nie jemand gestorben ist." Kisagotami ging zum ersten Haus, wobei sie ihr Kind noch immer an der Brust festhielt, und bat um die Senfkörner, eine gebräuchliche Zutat der indischen Küche. Die Leute gaben ihr bereitwillig Senfkörner, aber wie sich herausstellte, waren bereits zahlreiche Menschen im Haus gestorben. Dieselbe Antwort erhielt sie im zweiten, dritten und jedem weiteren Haus. Als sie schließlich beim letzten Haus des Dorfes angelangt war, begriff sie, dass jeder, der geboren wird, sterben muss. Sie beerdigte den toten Körper ihres Sohnes und begann ernsthaft über das Problem von Leben und Tod in dieser Welt nachzudenken. Dann kehrte Kisagotami zu Buddha zurück und warf sich ihm zu Füßen. Buddha sagte zu ihr: „Oh gute Frau, hast du die Senfkörner gebracht?" Kisagotami antwortete: „Ich habe kein Haus gefunden, wo nicht irgendjemand gestorben war." Dann sagte Buddha: „Alle Objekte dieser Welt sind vergänglich. Wir sollten nicht etwas erwarten, was man nicht verhindern kann. Diese Erwartungen führen uns in unnötiges Elend und Leid." Sie wurde Buddhas Schülerin und man sagte, sie erlangte später die Erleuchtung. Von ihr soll Folgendes stammen:
Dies ist kein Gesetz für Dörfer oder Städte,
kein Gesetz für diese oder jene Sippe nur;
für die ganze Welt – auch für die Götter
gilt dies Gesetz: Alles ist vergänglich.

Leid entsteht dadurch, dass unser Geist dazu neigt, die Kontinuität von Dingen und Menschen zu ersehnen. Wir erschaffen uns eine Welt vermeintlicher Kontinuität, die uns eine scheinbare Sicherheit gibt. Tatsächlich aber ist alles in Veränderung begriffen, alles ist vergänglich. Wir weigern uns lediglich, es wahrzunehmen, weil wir dann unsere Vorstellungen, Meinungen und Konzepte über die Welt immer wieder überprüfen und erneuern müssen. Dieser Wahrnehmungsfilter der vermeintlichen Kontinuität und Beständigkeit der Dinge ist ungemein stark und prägend. Diese Tendenz ist so stark, dass wir Veränderungen unbewusst übersehen und nur das Bekannte wahrnehmen. Eine dauerhafte Aufgabe dieser Haltung hat sehr tief greifende Auswirkungen auf unsere Wahrnehmung der Welt und Haltung zum Leben.

Tatsächlich ist kein Fluss nach einer Minute mehr derselbe Fluss, keine Pflanze einen Tag später noch dieselbe, da sich viele Zellen geteilt haben oder abgestorben sind. Kein Mensch, den wir glauben zu kennen, ist derselbe, wenn wir ihn wiedertreffen: das Blut, Hautzellen und sogar Knochenmark erneuern sich, neue Gefühle, Gedanken und Erkenntnisse bewegen den Menschen. Aber wir nehmen nur die Person wahr, die wir kennengelernt haben, und weigern uns beharrlich, unser Bild von ihr zu aktualisieren.

Intention: Akzeptanz und eine positive Bewertung für die Veränderbarkeit und Vergänglichkeit des Lebens finden. Aufhören zu kämpfen, wo es sinnlos ist. Den Wandel bejahen.

Übung: Achten Sie in dieser Woche bewusst auf Veränderungen. Speziell bei alltäglichen Dingen auf dem Weg zur Arbeit, beim Einkaufen oder an anderen bekannten Orten. Vor allem bei Menschen suchen Sie nach Veränderungen oder zumindest nach etwas, was Ihnen noch nicht aufgefallen ist. Beobachten Sie Ihren Geist, wie er nach Bekanntem sucht und es mit einem Namen oder einer Eigenschaft „abheftet". Danach hören Sie nämlich auf, das Objekt oder den Menschen aufmerksam zu beobachten. Stellen Sie sich einfach vor, Sie litten unter Gedächtnisverlust oder

befänden sich in einem fremden Land. Denn dort sind die einfachen und alltäglichen Dinge für uns interessant.
Sie werden bemerken, dass Sie mit einer enorm gesteigerten Aufmerksamkeit durchs Leben gehen und Menschen ganz neu wahrnehmen. Andererseits werden Sie immer wieder bemerken, wie Sie in die alte Gewohnheit zurückfallen, Bekanntes zu sehen und Unbekanntes auszublenden.

Ausrichtung: Alles ist Wandel. Ich akzeptiere, was ich nicht ändern kann.

Sie sind der Regisseur Ihres Lebens

Manchmal haben wir das Gefühl, in einem Film zu sitzen, aus dem wir nicht mehr aussteigen können. Wir haben vergessen, dass wir selbst das Filmskript geschrieben und die Rollen verteilt haben, dass wir selbst Regie führen und den Film jederzeit ändern können.

1. Stufe: Stellen Sie sich vor, Sie sitzen in einem Kino und schauen sich Ihren Lieblingsfilm an (Liebesdrama oder Horror?). Stellen Sie sich alle Einzelheiten, die Darsteller, die Handlung, die Dialoge und Emotionen genau vor. Wissen Sie, in welcher Reihe Sie sitzen und wie spät es ist? Natürlich nicht! Wenn es ein guter Film ist, und Ihre Lieblingsfilme sind allesamt gute Filme, sind Sie mit hundert Prozent Ihrer Aufmerksamkeit im Film. Nur noch der Film ist real, nicht mehr das Kino, der Projektor oder Sie selbst (Sie vergessen vielleicht sogar, dass Sie eigentlich schon lange zur Toilette gehen wollten).

2. Stufe: Sie sitzen im Kino und schauen sich einen Film an. Sie wissen, es ist ja nur ein Film. Sie sind sich bewusst, dass Sie Zuschauer sind und Ihre Gefühle von Angst, Wut, Traurigkeit oder Ekel eigentlich keine reale Grundlage haben. Sie werden produziert durch Ihre Vorstellung von den Figuren auf der Leinwand, die es real gar nicht gibt. Sie schauen aber weiterhin gebannt auf die Leinwand, denn es ist einer Ihrer Lieblingsfilme.

3. Stufe: Sie sitzen wieder im Kino und schauen einen Film an. Sie wissen, es ist ja nur ein Film. Sie sind sich bewusst, dass Sie Zuschauer sind. Der Film sagt Ihnen nicht besonders zu. Sie wissen, Sie sollten besser rausgehen – bleiben aber dennoch sitzen (da Sie zu faul sind aufzustehen, befürchten, etwas zu verpassen, oder einfach nichts Besseres vorhaben).

4. Stufe: Sie sitzen wieder im Kino und schauen den Film an. Sie wissen, es ist ja nur ein Film. Er sagt Ihnen nicht zu. Sie überlegen, ob Sie bleiben oder rausgehen wollen. Sie entscheiden sich dafür,

hinauszugehen, und tun es auch. Draußen beschweren Sie sich, dass so ein blöder Film gezeigt wird.
5. Stufe: Sie sitzen wieder im Kino und schauen den Film an. Sie wissen, es ist ja nur ein Film. Sie gehen raus. Sie gehen zum Projektor und nehmen die Filmrolle heraus. Sie wählen einen anderen Film aus und legen ihn ein. Dann gehen Sie in den Saal zurück und schauen sich den anderen Film an.
6. Stufe: Sie sind der Regisseur. Sie wählen den Ort, die Handlung, die Darsteller und alles Weitere aus. Sie lassen die Szenen spielen und verändern sie so lange, bis sie Ihnen hundertprozentig gefallen.

Wie heißt Ihr Lieblingsfilm? Ist es eher ein Beziehungsdrama, ein Liebesfilm oder ein Horrorstreifen? Egal, welches Ihr Lieblingsfilm ist: Seien Sie gewiss, dass Sie hundertprozentig erfolgreich sind. **Sie erleben genau das, was Sie inszenieren!** Das Problem dabei ist nur, dass wir meistens vergessen, was wir inszeniert haben. Wir haben unsere Bestellungen vergessen und beschweren uns später über das, was wir erhalten.

Aber wer schreibt das Skript Ihres Lebens? Sind Sie das Produkt von Erbgut, Erziehung und zufälligen Umwelteinflüssen? Oder ist alles von einem Gott oder dem Schicksal vorherbestimmt? Oder ist das ganze Leben ein reines Zufallsprodukt? Wir wollen hier keine religiösen oder weltanschaulichen Fragen erörtern, denn es wird vermutlich niemals einen Beweis für die Wahrheit der einen oder anderen Anschauung geben. Wir möchten aber den Fokus darauf richten, welche innere Haltung welche Auswirkung auf Ihr Lebensgefühl hat. Entscheidend ist hierbei: Bewirkt Ihre Weltanschauung, dass Sie sich als Opfer der Umstände oder des Schicksals fühlen oder als Schöpfer, der für sich und sein Leben selbst verantwortlich ist? Unsere Erfahrung in der Arbeit mit vielen Klienten ist, dass Menschen in dem Maße glücklich leben und sich frei fühlen, wie sie die Verantwortung für ihr eigenes Leben und sich selbst übernehmen. Wer als erwachsener Mensch die Eltern für sein Unglück oder die Umwelt für bestimmte Probleme verantwortlich macht oder grundsätzlich denkt, er habe von der Schöpfung zu wenig erhalten, der wird sich immer wieder zur falschen Zeit am falschen Ort fühlen. Er wird die Verantwortung im Außen suchen und mit dem Zeigefinger auf den Schuldigen zeigen. Machen Sie das einmal zum Test: Zeigen Sie mit dem Zeigefinger auf einen imaginären Menschen, der an leidvollen Umständen in Ihrem Leben schuld ist, vielleicht Ihre Mutter, Ihr Vater oder Expartner. Und dann schauen Sie sich Ihre Hand an: Ein Finger zeigt auf die Person, einer zeigt in den Himmel (also auf Gott, das Schicksal, Zufall oder die Schöpfung) und drei Finger zeigen auf Sie selbst. Das scheint uns eine realistische Verteilung zu sein. Wenn Sie also etwas im Skript Ihres Lebens verändern wollen, dann setzen Sie bei sich selbst an. Legen Sie sich eine Weltanschauung zu, in der Sie der Regisseur und Hauptdarsteller Ihres Lebens sind und kein Statist. Sie können dann alle möglichen Szenen immer wieder wechseln und sogar einige Mitspieler austauschen. Machen Sie Ihr Lebensskript zu einem künstlerischen und kreativen Akt, den Sie selbst aktiv und verantwortlich gestalten. Sie schreiben das Drehbuch und sind bei den Dreharbeiten natürlich überrascht, wie es sich konkret gestaltet. Nicht alles ist planbar, manchmal muss man flexibel sein und einiges geht auch schief. Aber würden Sie deshalb auf ein Drehbuch verzichten? Das Drehbuch ist nicht das Leben, aber es gibt einen wichtigen Leitfaden. Und wenn eine Szene einmal wirklich „in die Hose geht", dann wird sie halt noch einmal gefilmt. Das ganze Leben ist ein Film, den Sie als Regisseur entwerfen und dann als Hauptdarsteller erleben. Wechseln Sie also öfter die Rolle und die Position. Ihr Leben ist ein Film, was die Wahrheit ist, wissen wir sowieso nicht. Genießen Sie Ihre Freiheit als Regisseur und gestalten Sie Ihren Film so, dass Sie glücklich mit Ihrer Hauptrolle sind.

46. Woche
Verantwortung übernehmen

1. Ich gehe die Straße entlang. Es gibt ein tiefes Loch im Bürgersteig. Ich falle hinein. Ich bin verloren, ohne Hoffnung. Es ist nicht meine Schuld. Ich brauche eine Ewigkeit, um wieder herauszuklettern.
2. Ich gehe dieselbe Straße entlang. Es gibt ein tiefes Loch im Bürgersteig. Ich tue so, als würde ich es nicht sehen. Ich falle erneut hinein. Ich kann nicht glauben, dass ich wieder in dasselbe Loch gefallen bin. Aber es ist nicht meine Schuld. Immer noch brauche ich lange, um wieder herauszukommen.
3. Ich gehe wieder dieselbe Straße entlang. Es gibt ein tiefes Loch im Bürgersteig. Ich sehe, dass es dort ist. Trotzdem falle ich hinein – einfach eine Gewohnheit. Ich öffne die Augen weit und sehe, wo ich bin. Es ist meine Schuld. Ich komme sofort wieder heraus.
4. Ich gehe dieselbe Straße entlang. Es gibt ein tiefes Loch im Bürgersteig. Mit etwas Mühe und Risiko schaffe ich es, darum herumzuklettern. Erschöpft und verschmutzt gehe ich meinen Weg weiter.
5. Ich gehe eine andere Straße.

Die Gewohnheit, Unbewusstheit und das Ablehnen der Verantwortung für das eigene Leben führen dazu, dass man immer wieder in dasselbe Loch fällt. Oft wider besseres Wissen wiederholen Menschen immer dieselben Verhaltensweisen mit den unverändert beklagenswerten Ergebnissen. Wie eine Fliege, die immer wieder gegen die Scheibe fliegt, obwohl auf der anderen Seite ein Fenster weit offen steht.

Der erste Schritt zu einem glücklichen und selbstbestimmten Leben ist, immer zunächst die Verantwortung für die aktuelle Lebenssituation und die eigenen Verhaltensweisen zu übernehmen. Das betrifft natürlich speziell Umstände, unter denen Sie leiden. Erst dann geht es darum, etwas zu verändern. Die einzelnen Schritte finden Sie in der obigen Geschichte schön dargestellt.

Intention: Die volle Verantwortung für sich selbst, die eigenen Lebensumstände und zwischenmenschlichen Kontakte übernehmen.

Übung: Das Loch in der Geschichte steht für alle Situationen, mit denen Sie nicht einverstanden sind und in denen Sie sich als Opfer fühlen. Das können konkrete Lebensumstände sein, Ihr eigenes Verhalten oder Konflikte mit anderen. Sie haben dann drei Möglichkeiten, um Verantwortung zu übernehmen:
1. Die Situation verlassen.
2. Die Situation verändern, wodurch sie akzeptabel wird.
3. Ihre Sichtweise so verändern, dass Sie zu hundert Prozent Ja sagen können.

Beispiele:
Zu 1. Wenn Ihre beiden Kollegen sich unter der Gürtellinie beschimpfen, müssen Sie sich das weder anhören noch Friedensstifter sein. Verlassen Sie den Raum und vergeuden Sie nicht Ihre Energie.
Zu 2. Wenn Sie sich entschließen einzugreifen, dann übernehmen Sie die Führung in der Auseinandersetzung. Schlagen Sie Regeln vor, unter denen die Auseinandersetzung fair geführt wird. Oder setzen Sie eine bestimmte Zeit dafür fest.
Zu 3. Wenn Sie die Tatsache, dass die beiden streiten, unerträglich finden oder wenn Sie sich über die Inhalte aufregen, dann könnten Sie auch Ihre Sichtweise verändern. Sie können gute Gründe für den Streit finden und es gutheißen, dass die Dinge nicht einfach „unter den Tisch gekehrt" werden. Es ist schließlich besser, die beiden streiten im direkten Kontakt miteinander, anstatt eine Intrige anzuzetteln oder sich beim Vorgesetzten über den anderen zu beschweren.

Zusatz: Wenn Sie in einer Führungsposition sind oder dahin kommen wollen, dann müssen Sie mehr Verantwortung als andere übernehmen. Führungspersönlichkeiten zeichnen sich dadurch aus, dass sie mehr Verantwortung übernehmen, als sie eigentlich müssen. Sie tragen die volle Verantwortung für das, was Ihre Mitarbeiter tun – ob Sie es kontrollieren können oder überhaupt mitbekommen, spielt dabei keine Rolle. Wenn „Ihr" Azubi einen Fehler macht und der Kunde verärgert ist, dann müssen Sie die Verantwortung dafür übernehmen. Die Schuld auf den Azubi abzuschieben macht sich denkbar schlecht. Denn damit beweisen Sie, dass Sie eine wesentliche Führungsqualität nicht besitzen.

Ausrichtung: Ich bin verantwortlich.

47. Woche
Träumen macht glücklich

„Manche Menschen sehen die Dinge, wie sie sind, und fragen sich: Warum?
Ich träume von Dingen, die es noch nie gegeben hat, und frage mich: Warum nicht?"
George Bernard Shaw

Wie Sie sicher wissen, ist Träumen wichtig: Jede Nacht haben wir sogenannte Traumphasen, in denen unser analytischer Verstand schweigt und der mehr intuitive Teil aktiv ist. Damit verarbeiten wir einerseits die alltäglichen Ereignisse auf kreative Art, andererseits entwerfen wir Wünsche für die Zukunft. Es gibt aber darüber hinaus noch den Tagtraum: ein entspanntes, kreatives Fließen der Gedanken und Bilder mit einer Ausrichtung in die Zukunft. Für Kinder ist dies normal: „Wenn ich groß bin, dann werde ich Pilot. Wenn Ferien sind, dann lade ich alle Freunde ein und wir machen ein großes Fest." Hier entwerfen Kinder eine positive Vision ihrer Zukunft – so lange, bis sie die Erwachsenenwelt einholt und sie nicht mehr anders können, als rational, kritisch und logisch zu denken.

Tatsache aber ist: Die Träumer werden die Ersten sein! Erfolgreiche Menschen in allen Lebensbereichen heute sind die Träumer von gestern. Sie haben ihren Traum einfach nur konsequent zu Ende geträumt. Und vor allem: Nichts macht glücklicher, als die eigenen Träume zu verwirklichen. Wir, die Autoren, haben unseren Traumberuf realisiert und sind deshalb glücklich mit unserer Arbeit. Genauso ergeht es denjenigen, die ihren Traumprinzen gefunden haben und in ihrem Traumhaus wohnen. Doch für all dies muss man erst wieder lernen, richtig zu träumen. Denn als Erwachsene haben wir meist verlernt zu träumen, die schulischen Ausbildungen haben es uns aberzogen. Heute sind wir zu sehr in den alltäglichen Kleinigkeiten und Problemen verstrickt; wir haben dabei das große Ganze aus den Augen verloren. Als Kinder träumten wir auf einer Wiese liegend und den Wolken zuschauend vor uns hin, dachten uns Geschichten oder Situationen aus. Dafür muss aber der Geist frei sein und es braucht einen emotional ruhigen und ausgeglichenen Gemütszustand. Mit einem Kopf voller Sorgen und alltäglicher Gedanken wird das kaum gelingen. Um zu träumen, brauchen wir einen inneren Freiraum der entspannten Wachheit.

Intention: Zugang zur eigenen Kreativität und Intuition bekommen. Die eigenen Lebensträume entwickeln.

Übung 1: Sorgen Sie dafür, dass Sie Ihren Geist entleeren und innerlich ruhig und entspannt sind. Vielleicht machen Sie Sport oder gehen in die Sauna. Wir empfehlen dazu entweder die Übung aus der 12. Woche (Den Geist entleeren) oder der 15. Woche (Die volle innere Welle atmen). Suchen Sie sich einen angenehmen, ruhigen Platz, vielleicht mit einer Meditationsmusik. Nehmen Sie sich dann Zeit zu träumen, wie sich Ihr Leben in positiver Weise gestalten könnte. Gehen Sie einfach mal mit folgenden Vorstellungen heran: „Wenn ich wüsste, ich könnte nicht scheitern, dann ..." – „Wenn ich eine Million hätte, dann ..." – „Wenn ich meinen Traumpartner gefunden hätte, dann ..." (als Single) – „Wenn ich ganz gesund wäre, dann ..." (wenn Sie krank sind).

Fragen Sie sich anschließend: Wer bin ich, wenn ich glücklich, erfolgreich und gesund bin? Wie fühle ich mich dann? Wie genau sieht mein Leben aus? Was genau ist dann anders? Was genau macht mich glücklich?

Erlauben Sie sich also, sich Raum zu geben, ohne ein konkretes Ergebnis zu träumen, um Ihre Herzenswünsche zu finden. Malen Sie sich alles in Ihrer Vorstellung sehr konkret, mit allen Sinnen aus, sehen Sie Ihr Traumhaus vor sich, hören Sie sich in der Konferenz souverän reden, riechen Sie die neu eingeweihte Halle Ihrer eigenen Firma, fühlen Sie, wie Sie sich in Höchstform sportlich bewegen, schmecken Sie Ihren Traumpartner!

Warnung: Der kritische Geist versucht immer wieder zu intervenieren. Ignorieren Sie einfach Einwände wie: „Das ist unrealistisch." – „Das schaffe ich nie." – „Zu konkrete Wünsche engen mich nur ein." – „Ich sollte dankbar sein

mit dem, was ich habe." – „Hohe Erwartungen werden nur enttäuscht." Und so weiter.
Geben Sie sich die innere Freiheit, damit derjenige, der Sie jetzt sind, nicht dem im Weg steht, der Sie einmal sein können. Nehmen Sie sich diese Woche täglich etwas Zeit zum Träumen mit dieser Ausrichtung.

Hilfsmittel: Nutzen Sie eine bestimmte Musik immer wieder dazu. Knüpfen Sie auch in Alltagssituationen daran an, indem Sie die Musik in der Bahn, beim Warten, in einer Pause hören und bewusst träumen.

Was immer du tun kannst oder erträumst zu können, beginne es. Kühnheit besitzt Genie, Macht und magische Kraft. Beginne es jetzt.
Johann Wolfgang von Goethe

Übung 2: Das eine sind Ihre Träume, die Sie für sich behalten. Vielleicht wollen Sie nicht alles davon realisieren, manches erscheint Ihnen vielleicht selbst versponnen oder unrealistisch. Wenn Sie damit weitergehen wollen, dann ist der nächste Schritt, einem guten Freund oder Ihrem Partner davon zu erzählen. Sprechen Sie in der Form darüber, dass Sie erzählen und der andere einfach zuhört, um sich ein inneres Bild zu machen. Im Grunde reicht es, wenn er einfach nur aufmerksam zuhört. Er kann vielleicht ein paar Verständnisfragen stellen oder Einzelheiten erfragen. Sagen Sie aber vorher, dass Sie nicht darüber diskutieren wollen, denn das ist absolut kontraproduktiv.

Ausrichtung: Die Träumer von heute sind die Realisten von morgen.

48. Woche
Der eigene Kompass

Die Windrichtung können wir nicht bestimmen, aber wir können die Segel richtig setzen.

Menschen, die ihrem Leben eine Ausrichtung geben und sich nicht nur treiben lassen, machen in der Regel einen glücklichen Eindruck. Obwohl viele Menschen mit Glücklichsein verbinden, nicht arbeiten zu müssen und an einem Traumort zu leben, macht dies die Wenigsten auf Dauer zufrieden. Wir suchen eine Aufgabe, einen Sinn und ein Ziel, auf das wir zusteuern. Purer Müßiggang und das Kreisen um sich selbst führen letztendlich nicht zu mehr Glück, eher im Gegenteil. Menschen, die entsprechend wohlhabend sind und nicht arbeiten, können dennoch depressiv und unzufrieden werden. Sie leben in den Tag hinein, folgen ihren Launen und Marotten, aber verlieren ihren Lebenssinn und haben keine Aufgabe. So etwas geht eine gewisse Zeit, danach wird ein Leben ohne Ausrichtung unbefriedigend.

Aber auch wenn Sie täglich arbeiten und Ihren Aufgaben nachgehen, kann es sein, dass man die Orientierung und das Gefühl von der Sinnhaftigkeit des eigenen Lebens verliert. Man agiert im Alltagsgetriebe, aber sieht sprichwörtlich „den Wald vor lauter Bäumen nicht mehr". Sie treffen zwar täglich Entscheidungen und reagieren auf die Tagesereignisse, aber es fehlt eine grundlegende Orientierung. Sie treiben wie eine führungslose Nussschale auf dem Ozean, reagieren zwar auf jede Welle, damit Sie nicht untergehen, haben aber keinen Kurs und keinen Kompass, nach dem Sie Ihr Lebensschiff ausrichten können. Und seien Sie sich gewiss: Wenn Sie Ihrem Leben keine Richtung geben, dann tun es andere für Sie. Alle Entscheidungen, die Sie nicht selbst treffen wollen, übernehmen andere, die bereit sind, Verantwortung nicht nur für sich selbst zu übernehmen.

Der Kompass im Leben sind die persönlichen Werte, die in einer eigenen Hierarchie angeordnet sind und nach denen man das Leben ausrichtet. Es ist gut, sich seiner eigenen Werte bewusst zu werden – die meisten Menschen sind es nicht. Sie vertrauen auf die tradierten Werte der Eltern, der Religion oder allgemein der

Gesellschaft – ohne diese wirklich zu reflektieren. Was sind Werte genau? Werte sind ethische, moralische, soziale oder einfach inhaltliche Orientierungen auf einer gewissen Abstraktionsebene, zum Beispiel Freiheit, Liebe, Freundschaft, Ehrlichkeit, Mitgefühl, Kreativität, Bewusstheit, Weiblichkeit, Charisma, Erleuchtung, Lebensfreude, Reichtum. Je nachdem, an welche Werte wir glauben, beurteilen wir menschliches Handeln, also die eigenen und fremde Verhaltensweisen unterschiedlich. Sind diese im Einklang mit den eigenen Werten, bejahen wir sie, stehen sie im Widerspruch, dann lehnen wir sie ab.

Wenn also ein Chef seinen unfähigen, aber gutmütigen Mitarbeiter entlässt, wird das unterschiedlich beurteilt, je nachdem, ob ich den Wertmaßstab „Erfolg" oder „Mitgefühl" höher ansetze. Mit dem Wert „Abenteuer" wird sich jemand eine andere Arbeit suchen als mit dem Wert „Sicherheit".

Manchmal gibt es auch Widersprüche in den Werten – dadurch entstehen dann äußere oder innere Konflikte und Probleme. Wenn Sie „Liebe" und „Freiheit" als fast gleichwertige Werte haben, dann können Sie in Ihrer Partnerschaft mit dem Thema Treue hadern oder aber Verwirrung erzeugen.

Intention: Bewusstsein über die eigenen Werte im Leben entwickeln und dies als Kompass für Visionen und Ziele erkennen.

Übung 1: Schreiben Sie zunächst einfach alle Werte auf, die für Sie wichtig sind und an denen Sie sich orientieren (wollen). Wenn Ihnen das schwerfällt, dann überlegen Sie einfach, was Sie an anderen Menschen (oder auch an sich selbst) besonders ärgert, frustriert oder sogar richtig wütend macht. Dieser Mensch verstößt mit diesem Verhalten gegen einen Ihrer zentralen Werte. Sie sollten mindestens zehn bis zwanzig Werte aufschreiben.

Beispiele: Es regt Sie maßlos auf, wenn jemand bei einem Unfall einfach nur zuschaut, anstatt zu helfen. Wenn Sie sicher sind, dass Sie in der Situation helfend eingreifen würden, dann ist „Hilfsbereitschaft" ein wichtiger Wert für Sie.

Sie ärgern sich jedes Mal über sich selbst, wenn Sie aus Angst vor Herausforderungen kneifen. Sie sollten einen Vortrag halten, wollten einen interessanten Menschen ansprechen, hatten eine Einladung für einen Tandem-Fallschirmsprung oder ein Angebot für eine führende Position. In der Situation hatten Sie viele Argumente, es nicht zu tun, denen Sie gefolgt sind, hinterher aber grübelten Sie stunden- oder tagelang und bereuten Ihre Entscheidung. Tatsächlich hatten Sie Angst, aber Sie würden gerne mehr Mut haben und bewundern Menschen, die sich solchen Herausforderungen trotz Angst und Vorbehalten stellen. Dann ist Mut ein wichtiger Wert für Sie, den Sie noch mehr entwickeln wollen.

Übung 2: Wählen Sie aus Ihrer Liste mit Werten zehn aus. Sortieren Sie diese dann in einer hierarchischen Reihenfolge von eins bis zehn. Also an erster Stelle steht der wichtigste Wert in Ihrem Leben, an zweiter der zweitwichtigste und so weiter. Tragen Sie die Liste in dieser Woche stets mit sich, schreiben Sie diese in Ihren Kalender, Organizer, Ihr Handy oder was immer Sie stets dabei haben. Immer wenn Sie Zeit haben, schauen Sie darauf, um die Liste zu überprüfen und eventuell zu verändern.

Übung 3: Sprechen Sie mit Menschen in dieser Woche über deren Werte im Leben. Fragen Sie nach, diskutieren Sie miteinander, um Inspiration für Ihre eigene Liste zu bekommen. Besonders interessant kann es sein, mit Menschen darüber zu sprechen, die offensichtlich ganz andere Werte und einen anderen Lebensstil als Sie haben. Wenn Sie wirklich neugierig sind, fragen Sie Menschen, die Sie ablehnen oder bei denen Sie Vorbehalte haben, nach deren Werten im Leben. Fragen Sie Ihren Partner oder Freunde, was diese glauben, welches *Ihre* wichtigsten Werte sind und warum. Vergleichen Sie dies mit Ihrer Liste und sprechen Sie darüber.

Ausrichtung: Ich richte meine Aufmerksamkeit und mein Handeln auf meine Werte hin aus.

49. Woche
Visionen entwickeln

Ein Mann bestellt einen Maßanzug, ist aber mit dem Ergebnis alles andere als zufrieden. Er zupft an den Ärmeln und beklagt, dass die Ärmellänge unterschiedlich ist. Der Schneider erwidert etwas ungehalten: „Ja, so wie Sie dastehen, ist das auch kein Wunder. Normalerweise trägt man ja auch etwas mit rechts: Senken Sie mal die rechte Schulter und heben Sie den linken Arm, zum Beispiel so." Der Schneider tut so, als würde er in der rechten Hand etwas Schweres tragen, und fordert den Kunden auf, dasselbe zu tun. „Na sehen Sie! Die Ärmel sitzen doch absolut perfekt", stellt der Schneider triumphierend fest. „Nun gut", lenkt der Kunde ein. „Aber was ist mit dem rechten Hosenbein, das ist viel zu weit und zu lang." Der Schneider winkt ab. „Wenn Sie so dastehen, ist das auch kein Wunder. Winkeln Sie doch mal das rechte Bein etwas an! Noch etwas mehr, so als würden Sie eine Treppe hochgehen. Genau! Und schon sitzt die Hose wie angegossen." Achselzuckend bezahlt der Kunde und betritt im neuen Anzug die Straße. Er hält die rechte Schulter gesenkt und seinen linken Arm höher, als würde er schwer tragen, und das rechte Bein ist selbst beim Gehen angewinkelt. Auf der gegenüberliegenden Straßenseite flüstert eine Frau zu ihrer Freundin: „Schau mal, der verkrüppelte Mann da drüben!" Entgegnet die Freundin: „Der Ärmste! Aber einen erstklassigen Schneider hat er."

Diese Geschichte zeigt sehr schön, wie gesellschaftliche Konventionen und vorgegebene Verhaltensmuster einen für das Individuum unpassenden Maßanzug formen. Frauen versuchen den Idealmaßen zu entsprechen, Männer folgen etablierten Normen und zu erreichenden Zielen, ohne diese jemals infrage zu stellen.

Diese Menschen rutschen dann zwischen 30 und 50 Jahren in eine gewaltige Midlife-Crisis, da sie zwar alles erreicht haben, was die Gesellschaft und die Familie von ihnen erwarten, aber ihr eigenes Leben als sinnentleert und fremdbestimmt erleben. Lassen Sie es nicht so weit kommen, sondern beginnen Sie schon jetzt, Ihr Leben so aus- und einzurichten, dass es wirklich Ihr eigenes Leben ist und Sie die Hauptrolle darin spielen.

Die beiden letzten Wochen, die sich mit Ihren Träumen und dem Finden Ihrer Werte beschäftigten (und letztendlich der gesamte Kurs), waren eine Vorbereitung zur näheren Bestimmung Ihrer Visionen und Ziele im Leben. Jetzt werden Sie Ihre Träume in einer bestimmten Form konkretisieren, sodass Sie Ihr eigenes Unterbewusstsein darauf ausrichten, diese zu realisieren.

> **Intention:** Lebensvisionen und Ziele konkret formulieren. Das eigene Unterbewusstsein programmieren.
>
> **Übung:** Beginnen Sie Ihre Träume zu konkretisieren, indem Sie diese aufschreiben. Schaffen Sie sich zunächst eine Struktur nach Lebensbereichen wie Beruf, Partnerschaft, Gesundheit, Körper, Finanzen, Freizeit, Partnerschaft, Familie und so weiter.
> Fangen Sie mit dem für Sie aktuell wichtigsten Bereich an. Bevor Sie mit dem Schreiben beginnen, stellen Sie sich Folgendes vor: Sie steigen in eine Zeitmaschine, stellen das Datum auf die Zeit ein, wann Sie einen Wunsch realisiert haben möchten, zum Beispiel im Juni des übernächsten Jahres. Sie fliegen mental dorthin und steigen aus Ihrer virtuellen Zeitmaschine aus. Dort treffen Sie sich selbst – besser gesagt, den Menschen, der Sie dann sein werden, wenn alles optimal gelaufen ist. Sie führen jetzt ein Interview mit sich selbst in der Zukunft, wer Sie dann sind, wie Sie leben et cetera.
> Dabei gelten folgende Regeln:
> 1. Schreiben Sie alles in der Gegenwart auf (Sie sind bereits angekommen).
> 2. Vermeiden Sie Negationen. Sie können nur Dinge erreichen, von denen Sie eine positive Vision haben, da das Unterbewusstsein keine Negationen erkennt. Konkret bedeutet dies: statt „Stressfreiheit" schreiben Sie zum Beispiel „Entspannt sein", „Urteilslosigkeit" wird zur „Akzeptanz". Wer „Antialkoholiker" werden will, beschreibt, wie er frische Säfte, Wasser und Tee trinkt. Statt „schmerzfrei" schreiben Sie besser „gesund", wer „sorglos" werden will, beschreibt sein Leben als leicht und frei. Für all diese Dinge brauchen Sie positive Begriffe, Sie können nicht etwas, das Sie vermeiden wollen, als Ziel formulieren.

3. Schreiben Sie konkret und absolut. Vermeiden Sie schwammige Allgemeinplätze und Relativierungen wie „irgendwie", „im Grunde" oder „eigentlich"!
4. Benutzen Sie eine sinnliche Sprache: Wie sieht Ihr Traumbüro aus? Wie ist der Raumklang? Wie riecht es darin? Wie fühlen Sie sich beim Betreten? Welchen Geschmack spiegelt die Einrichtung wider?
5. Benutzen Sie eine emotionale Sprache, damit ein lebendiges Bild entsteht. Machen Sie kurze Sätze, damit Sie beim Lesen schon emotional angesprochen werden.
6. Das „Wie" ist manchmal wichtiger als das „Was". Nicht nur die Fakten, sondern auch das Lebensgefühl zählt. Mit dem Traumpartner mit Modelmaßen, der aber unterkühlt und egozentrisch ist, werden Sie vermutlich nicht glücklich. Auch nicht mit dem gut bezahlten Traumjob im muffigen Großraumbüro und gestressten Kollegen. Beschreiben Sie also auch: Wie wollen Sie sich mit Ihrem Partner fühlen? Wie sind die Atmosphäre und Ihre Stimmung bei der Arbeit?

Sie werden Ihre Lebensvision nicht in einem Guss fertig entwickeln. Schreiben Sie am besten am Computer, um immer wieder etwas streichen oder verändern zu können. Wenn Sie zu einem Lebensbereich etwas in ausführlicher Form geschrieben haben, sollten Sie sich beim späteren Lesen dabei sehr angesprochen fühlen. Wenn das Geschriebene im Nachhinein eher Zweifel oder Bauchschmerzen auslöst, ist es ein Hinweis darauf, dass es inhaltliche Widersprüche oder Unpassendes gibt.

Lesen Sie es einem guten Freund oder Ihrem Partner vor, um ein Feedback zu bekommen. Vermeiden Sie aber Diskussionen darüber, wie wahrscheinlich oder realistisch das Ganze ist. Interessanter sind Widersprüche, die der andere entdeckt, oder einfach konkrete Fragen nach den exakten Details Ihrer Vision.

Ausrichtung: Ich kreiere meine Lebensvision.

50. Woche
Vom Mangel zur Fülle –
Anerkennung geben

Eine Lehrerin bat ihre Schüler, die Namen aller Klassenkameraden auf ein Blatt Papier zu schreiben und daneben das zu schreiben, was sie an diesem Schüler besonders schätzen und mögen. Es dauerte die ganze Stunde, bis jeder fertig war und sie ihre Blätter der Lehrerin gaben. Am Wochenende schrieb die Lehrerin jeden Schülernamen auf ein Blatt Papier und daneben die Liste der positiven Bemerkungen, die die Mitschüler über den Einzelnen aufgeschrieben hatten. Am Montag gab sie jedem Schüler seine Liste. Schon nach kurzer Zeit lächelten alle. „Wirklich?", hörte man flüstern. „Ich wusste gar nicht, dass ich irgendjemandem etwas bedeute!", und „Ich wusste nicht, dass mich andere so mögen", waren die Kommentare. Einige Jahre später war einer der Schüler gestorben, und die Lehrerin und Schüler versammelten sich bei seinem Begräbnis. Da traten die Eltern des verstorbenen Schülers auf die Lehrerin zu. „Oliver hat sehr oft von Ihnen gesprochen. Wir wollen Ihnen etwas zeigen", sagte der Vater und zog damit ein stark abgenutztes, zusammengeklebtes Blatt aus seiner Hosentasche, das offensichtlich viele Male auseinandergefaltet worden war. Ohne hinzusehen, wusste die Lehrerin, dass dies eines der Blätter war, auf denen die netten Dinge standen, die seine Klassenkameraden über Oliver geschrieben hatten. „Wir möchten Ihnen so sehr dafür danken, dass Sie das gemacht haben", sagte Olivers Mutter. „Wie Sie sehen können, hat Oliver das sehr geschätzt." Die anderen Schüler, die um die Lehrerin herumstanden, nickten zustimmend. Jens lächelte ein bisschen und sagte: „Ich habe meine Liste auch noch." „Ich habe meine auch noch", sagte Jessica. „Sie ist in meinem Tagebuch." Dann griff Claudia, eine andere Mitschülerin, in ihren Taschenkalender und zeigte ihre abgegriffene und ausgefranste Liste den anderen. „Ich trage sie immer bei mir", sagte Irene und meinte dann: „Ich glaube, wir haben alle die Listen aufbewahrt." Die Lehrerin war so gerührt, dass sie sich setzen musste, und weinte. Sie weinte um Oliver und für alle seine Freunde, die ihn nie mehr sehen würden.

Im Zusammenleben mit unseren Mitmenschen vergessen wir oft, dass jedes Leben eines Tages endet und dass wir nicht wissen, wann dieser Tag sein wird. Deshalb sollte man den Menschen, die man liebt und um die man sich sorgt, sagen, dass sie etwas Besonderes und Wichtiges sind.

Viele Menschen leben aus dem Grundgefühl des Mangels heraus: Das Geld reicht nicht, um sich bestimmte Dinge zu leisten, der Partner gibt zu wenig Liebe oder Sex, der Chef zu wenig Lob und die Freunde rufen nicht an. Daraus entsteht dann ein Gefühl von Bedürftigkeit und ein damit verbundener unbewusster Vorwurf an die Mitmenschen: „Ihr schuldet mir noch etwas." Oder: „Ich bekomme zu wenig Aufmerksamkeit." Wenn dieses Grundgefühl bereits in der Kindheit seinen Ursprung hat, dann etablieren wir oft unbewusste Verhaltensmuster, um andere so zu beeinflussen, dass wir Aufmerksamkeit bekommen. Das sind dann die Kontrolldramen, die bereits in der 42. Woche, „Opferrollen aufgeben", Thema waren.

Um aus solch einem Verhalten auszusteigen, braucht es die Bereitschaft zu erkennen, dass die anderen Menschen mir in Wahrheit nicht wirklich etwas schuldig sind. Ich selbst bin es vielmehr, der die Anerkennung verweigert. Ich selbst bin nicht bereit, etwas von mir zu geben.

Eine sehr einfache und wirkungsvolle Methode, aus diesem Muster auszusteigen, ist das bewusste Geben von Anerkennung für andere Menschen. Auch wer die oben geschilderte Haltung nicht hat, sollte diese Übung einmal ausprobieren.

In unseren privaten Beziehungen vergessen wir oft, den Menschen, die wir lieben, unsere Wertschätzung zu geben. Wir denken, der andere weiß doch, dass ich ihn mag und seine Qualitäten schätze. Aber dies ist häufig nicht der Fall, da wir es nur unzureichend oder indirekt zum Ausdruck bringen oder es aber schon so lange her ist. Dass wir unsere Gefühle und Wertschätzung zu wenig ausgedrückt haben, wird meist dann schmerzlich deutlich, wenn wir einen Menschen verlieren, den wir lieben. Warten Sie also nicht erst auf ein dramatisches Ereignis, um den Ihnen nahestehenden Menschen zu sagen, was Sie an Ihnen mögen, welche Eigenschaften oder Verhalten Sie schätzen.

Intention: Anderen Menschen Wertschätzung und Anerkennung geben. Bewusstsein darüber erlangen, wie viele Dienstleistungen, Hilfe und Produkte von anderen wir jeden Tag nutzen. Ein Gefühl von beschenkt zu werden und Dankbarkeit entwickeln.

Übung: Nehmen Sie in dieser Woche nichts als selbstverständlich hin, was andere Menschen für Sie direkt oder indirekt tun. Danken Sie dem Bäcker dafür, dass immer frische Backwaren da sind. Danken Sie der Putzhilfe in der Firma, dass Sie in einem sauberen Büro arbeiten. Geben Sie allen Menschen, die in irgendeiner Weise etwas für Sie tun, Ihre Anerkennung. Denken Sie nicht: „Das ist doch ihr Job." Oder: „Dafür bezahle ich schließlich." Es macht einen wesentlichen Unterschied, ob Sie den Menschen und seine Arbeit sehen und persönliche Wertschätzung geben. Tun Sie das in dieser Woche mit möglichst vielen Menschen und beobachten Sie, was passiert: bei Ihrer inneren Haltung und im Kontakt mit diesen Menschen.
Sagen und zeigen Sie Ihrer Familie und Ihren Freunden, was Sie an ihnen schätzen. Das muss kein pathetisches „ich liebe dich" sein, es reicht, wahrzunehmen und auszusprechen, was man an jedem einzelnen Menschen mag. „Du zeigst mal wieder, was für einen guten Geschmack du hast, das ist mir schon oft aufgefallen. Deine Sachen passen perfekt zusammen, das sieht echt gut bei dir aus." Oder: „Ich bin immer wieder fasziniert, wie du aus dem Riesenangebot in Sekunden das Beste herausfischst."
Geben Sie also konkrete Wertschätzung in alltäglichen Dingen. Lenken Sie Ihren Blick auf die Fähigkeiten, die Fertigkeiten oder den guten Geschmack Ihrer Mitmenschen. Und bestätigen Sie diese darin. Am besten in einem Nebensatz, ohne großes Aufheben zu machen oder eine Antwort zu erwarten.

Ausrichtung: Ich mag an dir ...

51. Woche
Zeit für das Wesentliche

Die großen Kieselsteine
Ein sehr alter und berühmter Professor wurde gebeten für eine Gruppe Manager im Rahmen einer großen Konferenz einen Vortrag über sinnvolle Zeitplanung zu halten. Dafür hatte er aber nur 15 Minuten Zeit. Trotzdem betrat er gelassen den Saal und betrachtete zunächst in aller Ruhe einen nach dem anderen. Als er sicher war, dass alle bereit und aufmerksam waren, verkündete der Professor: „Anstatt vieler Worte werden wir nun ein kleines Experiment durchführen." Er zog eine große Vase unter seinem Pult hervor und stellte sie vor sich hin. Dann holte er einige faustgroße Halbedelsteine hervor und legte sie sorgfältig einen nach dem anderen in die Vase. Als diese bis an den Rand voll war und kein weiterer Edelstein mehr darin Platz hatte, blickte er langsam auf und fragte seine Schüler: „Ist die Vase voll?" Und alle antworteten: „Ja!" Er wartete ein paar Sekunden ab und fragte die Anwesenden: „Wirklich?" Dann verschwand er erneut unter dem Tisch und holte einen mit Kies gefüllten Becher hervor. Sorgfältig verteilte er den Kies über die großen Halbedelsteine und schüttelte die Vase leicht. Der Kies verteilte sich zwischen den großen Edelsteinen bis auf den Boden der Vase. Der Professor blickte erneut auf und fragte sein Publikum: „Ist das Gefäß voll?" Dieses Mal begannen seine intelligenten Zuhörer seine Darbietung zu verstehen. Einer von ihnen antwortete: „Vermutlich nicht." – „Gut", antwortete der Professor. Er verschwand wieder unter seinem Pult, und diesmal holte er einen Eimer Sand hervor. Vorsichtig kippte er den Sand in die Vase. Er füllte die Räume zwischen den großen Edelsteinen und dem Kies aus. Wieder fragte er: „Ist die Vase jetzt voll?" Dieses Mal antworteten seine Zuhörer, ohne zu zögern, im Chor: „Nein!" – „Gut", sagte der Professor. Und als hätten alle nur darauf gewartet, nahm er eine Wasserkanne, die unter seinem Pult stand, und füllte die Vase bis an den Rand. Dann blickte er auf und fragte: „Was können wir Wichtiges aus diesem Experiment lernen?" Einer seiner Zuhörer dachte an das Thema der Vorlesung und antwortete: „Daraus lernen wir, dass wir, selbst wenn wir denken, dass unser Zeitplan schon bis zum Rand voll ist, immer noch einen Termin oder andere Dinge einschieben können, wenn wir es wirklich wollen." – „Nein", antwortete der Professor. „Das ist nicht der ent-

scheidende Punkt. Was wir wirklich aus diesem Experiment lernen können, ist Folgendes: Wenn man die großen Edelsteine nicht als Erstes in die Vase legt, werden sie später niemals alle hineinpassen." Es folgte ein Moment des Schweigens. Jedem wurde bewusst, wie sehr der Professor recht hatte. Dann fragte er: „Was sind in eurem Leben die großen Edelsteine? Eure Gesundheit, eure Familie, eure Freunde, die Realisierung eurer Träume, das zu tun, was euch Spaß macht, die persönliche Entwicklung, für eine Sache kämpfen, die Welt an einer Stelle verbessern, Entspannung, sich Zeit nehmen oder etwas ganz anderes? Wirklich wichtig ist, dass man die großen Edelsteine in seinem Leben an die erste Stelle setzt. Wenn nicht, läuft man Gefahr, es nicht zu meistern, sein eigenes Leben. Wenn man zuallererst auf Kleinigkeiten achtet, den Kies, den Sand, verbringt man sein Leben mit Alltagsgeschäften und hat nicht mehr genug Zeit für die wichtigsten Dinge." Lächelnd fügte er hinzu: „Spätestens wenn man so alt ist wie ich, wird man das bitter bereuen – aber dann ist es für manche Dinge eben zu spät. Deshalb vergesst nicht, euch selbst die Frage zu stellen: Was sind die großen Edelsteine in meinem Leben? Dann legt diese zuerst in die Vase." Mit einer freundlichen Geste verabschiedete sich der alte Professor nach genau 15 Minuten von seinem Publikum und verließ langsam den Saal.

Die Geschichte steht bereits für sich und macht das Thema der Woche deutlich. Wir vergeuden meist viel Zeit mit alltäglichen Kleinigkeiten und Notwendigkeiten. Erst wenn wir etwas Abstand zum Alltagsgeschehen finden, wird uns bewusst, dass wir dabei am Leben „vorbei" leben. Wir haben alles geregelt, organisiert und bewältigt, aber haben wir die Dinge getan, die uns glücklich machen? Haben wir in das entscheidende Projekt Zeit und Energie investiert? Haben wir Kontakt mit den Menschen gehabt, die uns wirklich am Herzen liegen?

Wenn Menschen auf einer Reise, in einem Seminar, durch Krankheit oder andere Umstände aus ihrer „Alltagsmühle" heraustreten, werden die Prioritäten des eigenen Lebens oft deutlich. Manchmal muss erst ein guter Freund sterben, bis man erkennt, dass man den Kontakt zu ihm vernachlässigt hat. Mit Bedauern oder Bitterkeit stellen Menschen dann fest, dass sie ihre Lebenszeit letztlich mit unwichtigen Dingen verbracht haben und zu wenig Zeit mit den Menschen geteilt haben, die ihnen wirklich wichtig sind. Vielleicht müssen Sie auch erst alt oder krank werden, um festzustellen, dass Sie sich zu wenig um Gesundheit und Regeneration gekümmert haben, vielleicht bemerken Sie erst, wenn Sie pensioniert sind, dass Sie wichtige menschliche Kontakte vernachlässigt haben. Warten Sie also nicht auf diese unschönen Erfahrungen, sondern richten Sie Ihr Leben mit einer einfachen Übung neu aus.

Intention: Lernen, sich auf die wesentlichen Dinge zu fokussieren.

Übung: Bleiben wir also bei den Metaphern des Professors. Nehmen Sie sich etwas Zeit in dieser Woche und klären Sie für sich: Was sind die großen Edelsteine in Ihrem Leben, die wirklich wichtigen und entscheidenden Aspekte, die Sie vermutlich im Alter rückblickend als wesentlich betrachten werden? Denken Sie in Ruhe darüber nach und machen Sie sich eine Liste der maximal zehn wichtigsten Dinge, auf die es für Sie in Ihrem Leben in den nächsten Jahren ankommt. Danach überlegen Sie, was der Kies, was der Sand und was das Wasser in Ihrem Leben ist.
Diese Liste sollten Sie immer bei sich haben: ein Zettel, eine Liste auf dem Handy oder Ähnliches. Morgens zu Hause oder aber in den ersten Minuten bei der Arbeit fragen Sie sich: „Welchen Edelstein sollte ich heute unbedingt in den Krug legen?" Also was von der Liste hat heute Zeit – und zwar wann und wo genau? Tragen Sie dies, egal ob privater oder beruflicher Natur, in den Terminkalender ein. Vielleicht ist noch Platz für einen zweiten Edelstein. Danach tragen Sie den Kies ein – das sind die Tagesgeschäfte und Projekte, die wichtig sind. Danach erst machen Sie sich an Ihr Tageswerk oder beginnen Ihre Arbeit.
Die Liste der Steine kann sich im Laufe der Zeit verändern – überprüfen Sie also ab und zu Ihre Prioritäten.

Ausrichtung: Ich nehme mir Zeit für das Wesentliche.

52. Woche
Es fällt kein Meister vom Himmel

Der Sultan lud eines Tages einen berühmten Zauberkünstler ein, der mit seiner Kunst alle Zuschauer begeisterte. Auch der Sultan, der schon vieles gesehen hatte, war außer sich vor Begeisterung: „Oh Allah, was für ein Wunder, was für ein Genie!" Doch sein Wesir an seiner Seite gab zu bedenken: „Majestät, kein Meister fällt vom Himmel. Die Zauberkunst ist das Ergebnis seiner Übungen und seines Fleißes." Der Sultan wurde missmutig. Der Wesir hatte ihm mit seinem Widerspruch die Freude an den Zauberkunststücken verdorben. Da er sehr launisch war, schrie er ihn an: „Du undankbarer Mensch! Wie kann man diesem Menschen nur sein Genie absprechen und behaupten, dass all dies nur durch Übung kommt! Entweder man hat Talent oder man hat es nicht! Du hast es jedenfalls nicht." Abschätzig blickte er auf den kritischen Wesir und rief die Wache: „Werft ihn in den Kerker." Zum Wesir sagte er: „Da kannst du über deinen Hochmut nachdenken. Und damit du nicht so einsam bist, gebe ich dir deinesgleichen mit: Du wirst den Kerker mit einem Kalb teilen." Vom ersten Tag seiner Kerkerzeit an übte sich der Wesir darin, das Kalb hochzuheben und es die Treppen seines Kerkerturms hinaufzutragen. Die Zeit verging und aus dem Kalb wurde ein starker Stier. Doch mit jedem Tag wuchsen auch die Kräfte des Wesirs. Schließlich erinnerte sich der Sultan an seinen Wesir und ließ ihn zu sich holen. Bei seinem Anblick aber war er überwältigt: „Oh Allah, was für ein Genie!" Der Wesir, der mit ausgestreckten Armen den Stier trug, antwortete ihm mit den gleichen Worten wie damals: „Hoheit, kein Meister fällt vom Himmel. Dieses Tier hattest du mir in deiner Gnade mitgegeben. Meine Kraft ist die Folge meines Fleißes und meiner Übung."

Wenn Sie jede Woche die Übungen gemacht haben, dann ist das Jahr fast herum. Sie hatten sicherlich viele spannende, verblüffende und emotionale Erlebnisse durch die Übungen. Aber wenn Sie zurückblättern, bemerken Sie vielleicht, dass Sie Ihre Gedanken immer noch nicht unter Kontrolle haben, weiterhin mit Konkurrenten und dem fiesen Nachbarn hadern und manchmal alles andere als glücklich, geschweige denn, Schöpfer des eigenen Lebens sind; es gibt Tage, da hat sich die gesamte Umwelt gegen

Sie verschworen: Alles geht schief und Sie treffen nur schlecht gelaunte Menschen. Und Sie denken: „So etwas kreiert sich doch wohl niemand freiwillig!"

Da hilft nur eins: Geduld mit sich selbst. Wer alle Übungen beherrscht, ist entweder erleuchtet oder ein elender Schwindler! Da wir Ihnen beides nicht unterstellen wollen, gehen wir davon aus, dass Sie Erfolge wie Misserfolge zu verzeichnen hatten.

Vielleicht gehören Sie zu den (selbst-)kritischen Menschen, die mit sich hadern, wenn sie nicht schnellen Erfolg haben. Denken Sie wie der Wesir oder wie der König?

Tatsächlich bedürfen nachhaltige Veränderungen des eigenen Verhaltens, Denkens, der eigenen Sichtweise und besonders des Lebensgefühls einer jahrelangen intensiven Persönlichkeitsentwicklung, Selbsterfahrung und Reflexion.

Intention: Sich selbst eine konstruktive Haltung im Umgang mit sich und der Entwicklung eigener Fähigkeiten zulegen.

Übung: Wann immer Sie in dieser Woche etwas, was Sie eigentlich beherrschen sollten, nicht zu Ihrer Zufriedenheit ausgeführt haben, sagen Sie sich: „Es fällt kein Meister vom Himmel." Aber nicht als Entschuldigung, sondern als Ansporn, intensiver zu üben. Bleiben Sie dran und trainieren Sie die Dinge und Fähigkeiten, die Sie noch nicht zu Ihrer vollen Zufriedenheit beherrschen. Vergeuden Sie Ihre Zeit und Energie nicht mit Selbstkritik, Ärger oder Entschuldigungen! Nutzen Sie diese Zeit lieber, um Ihre Fertigkeiten zu verbessern! Bleiben Sie locker dabei: Das Leben ist zu 99 Prozent eine große Übungsstunde und nur zu einem Prozent eine Premiere, bei der alles perfekt klappen muss.

Beispiele: Sie parken nicht auf Anhieb korrekt ein? Fahren Sie wieder raus und geben Sie sich drei Versuche! Sie wissen ein englisches Wort nicht? Schauen Sie nach und lernen Sie es auswendig! Das Gericht, das Sie gekocht haben, ist misslungen? Kochen Sie es in dieser Woche noch einmal! Sie wollen mit jemandem flirten und fangen es ungeschickt an? Sagen Sie: „Gib mir eine zweite Chance!" Und sprechen auf eine andere Weise den Menschen neu an.

Ausrichtung: Übung macht den Meister.

Der goldene Schlüssel zum Glück
Jeden Tag zum glücklichen Tag machen

Für den Fall, dass all die Übungen, die Sie ein Jahr lang praktiziert haben, Ihnen noch kein dauerhaftes Glück beschert haben, hier der ultimative Trick, der auf jeden Fall wirkt. Falls Sie aber ein Schlitzohr sind und hier zuerst lesen oder aber einige Übungen ausgelassen haben sollten: In diesem Fall wird Abdullahs Rat nicht den gewünschten Erfolg bringen.

Abdullah war ein Sufi-Meister, den man stets fröhlich antraf. Sein ganzes Leben lang war er immer nur zufrieden und gut gelaunt anzutreffen. Er hatte viele seiner Schüler um sich versammelt, als er in hohem Alter auf dem Totenbett lag und es Zeit war, Abschied zu nehmen. Und seine Schüler fragten ihn: „Geliebter Meister, du hast uns so vieles gelehrt, aber unsere wichtigste Frage hast du uns nie beantwortet. In all den Jahren, in denen wir bei dir sind, haben wir dich nie traurig oder bedrückt erlebt. Wie schaffst du es, immer glücklich zu sein – sogar jetzt, wo es ans Sterben geht? Bitte verrate uns doch dein Geheimnis!" Und Abdullah antwortete: „Da gibt es kein Geheimnis. Als ich noch ein junger Mann war, war ich sehr kummervoll und haderte mit allem und jedem. Und mein Meister war stets fröhlich und hatte ein Lächeln auf den Lippen – nie hatte ich ihn je unglücklich erlebt. Selbst im Sterben strahlte er Heiterkeit und Zuversicht aus. Und ich fragte ihn also: „Meister, wie kann es sein, dass du niemals mit dir und dem Leben haderst wie ich, dass du immer glücklich bist? Bitte nimm dein Geheimnis nicht mit ins Grab." Und mein Meister antwortete: „Abdullah, da gibt es kein Geheimnis. Als ich ein junger Mann war wie du, da war ich oft verzweifelt auf meiner Suche und des Lebens müde. Aber mein Meister war ein Mann, der geradezu unverschämt heiter und fröhlich war – tagein, tagaus ..."

Arabische Märchen sind lang und westliche Menschen sind ungeduldig – deshalb möchten wir Ihnen, verehrte Leserin, verehrter Leser, jetzt schon das Ende verraten:

Der Meister des Meisters des Meisters, der übrigens auch Abdullah hieß, sprach: „Da gibt es kein Geheimnis für mein Glück. Jeden Morgen, wenn ich im Bett lag, noch bevor ich die Augen öffnete, fragte ich mich selbst: ‚Abdullah, alter Knabe, was wählst du heute: Glück oder Unglück?' Ich überlegte immer reiflich und wie der Zufall es wollte, ich entschied mich immer für einen glücklichen Tag. Bevor ihr den Tag beginnt, haltet also inne und entscheidet weise, ob ihr Glück oder Unglück wählt."

Intention: Ihren Einfluss auf ein Lebensgefühl von Glück und Zufriedenheit stärken. Die Unabhängigkeit Ihres Glücksgefühls von äußeren Ereignissen und eigenen Stimmungen erleben.

Übung: Jedes Mal, wenn Sie morgens aufwachen und vielleicht erst halb wach sind, dann öffnen Sie die Augen noch nicht ganz. Bevor Sie aufstehen, nehmen Sie sich einen Moment Zeit und richten Sie sich innerlich auf diesen Tag aus. Ganz gleich, was heute ansteht, ob Sie die äußeren Bedingungen oder Ihre Verfassung als gut oder schlecht bewerten: Treffen Sie jetzt eine Entscheidung für diesen Tag: „Dies wird ein glücklicher Tag in meinem Leben."
Stellen Sie sich innerlich vor, wie es sich anfühlt, glücklich zu sein, besondere Momente oder Begegnungen zu erleben oder einfach ein intensives Lebensgefühl zu haben. Sie entscheiden! Nichts und niemand kann Ihnen diese Ausrichtung wegnehmen. Stellen Sie sich vor, wie Sie abends einschlafen mit dem Gefühl, einen besonders glücklichen Tag erlebt zu haben.
Jetzt erst stehen Sie auf und beginnen Ihren Tagesablauf. Sie werden sich zu verschiedenen Zeitpunkten am Tag an Ihre Entscheidung erinnern. Vermutlich werden nicht alle Dinge genau nach Ihren Vorstellungen ablaufen, aber das ist auch nicht die Bedingung, um glücklich zu sein. Wenn Sie jemand mit einer Bemerkung verärgert, Ihr Computer abstürzt oder Sie sich in den Finger schneiden, dann ist dies noch kein Grund, unglücklich zu sein. Ist Ihre innere

Autonomie und Ausrichtung stark genug, um trotz unangenehmer Umstände glücklich zu sein?

Hinweis: Was dabei hilft, ist, einen Moment innezuhalten und einige bewusste Atemzüge zu nehmen. Machen Sie sich bewusst: „Ich lebe jetzt. Ich habe nur diesen Moment, alles andere ist Illusion. Will ich diesen Moment wirklich vergeuden? Oder entscheide ich mich, ihn voll und bewusst zu erleben?"
Wenn Sie ein inneres „Ja" dazu finden, intensiv jeden Moment zu leben und keinen Augenblick mit unnützen Gedanken, sinnlosen Zweifeln oder Ärger zu vergeuden, dann sind die Voraussetzungen gut, dass heute ein glücklicher Tag für Sie wird.

Ausrichtung: Heute ist ein glücklicher Tag in meinem Leben.

Zum Schluss

Wenn Sie die Übungen dieses Glückskurses absolviert haben, dann möchten wir Ihnen aufrichtig gratulieren. Denn vieles ist herausfordernd und braucht Motivation sowie Ausdauer. Sie sind immer wieder aus Ihrer Komfortzone herausgetreten und über Ihren eigenen Schatten gesprungen. Sie haben viele neue Perspektiven eingenommen und sich bewiesen, dass Ihre Persönlichkeit kein Gefängnis oder Korsett ist. Sie selbst formen und kreieren, wer Sie sind. Und Sie kreieren Ihre Beziehungen und die Welt, in der Sie leben.

Mit diesem Bewusstsein werden Sie niemals wieder völlig in eine Haltung des Opfers verfallen, das jammert und andere für sein Leid anklagt. Wenn Sie durch widrige Umstände oder Schicksalsschläge in solch einen Zustand verfallen, dann haben Sie mit diesem Buch die Hilfsmittel, um wieder nach oben zu kommen. Ein Teil Ihrer Persönlichkeit wird immer wissen, dass Sie der Schöpfer Ihres Lebens sind. Überlassen Sie ihm die Führung.

Das ist die Bedeutung von LifeCreation® – wir kreieren unser Leben selbst. Da für das Lebensgefühl und die Sinnhaftigkeit unserer Existenz die Qualität von menschlichen Beziehungen wesentlich ist, haben wir uns mit unserer Arbeit auf das bewusste Gestalten von zwischenmenschlichen Beziehungen ausgerichtet. LoveCreation® bedeutet also das Gestalten einer erfüllten Liebesbeziehung und intensiver Verbindungen zu anderen Menschen. In Seminaren und Persönlichkeitstrainings unterstützen wir Männer und Frauen darin, ihr eigenes Potenzial zu entfalten und den eigenen Lebensweg zu finden.

Das „Liebes- und Beziehungstraining" ist dabei ein Kernstück unserer mittlerweile 20-jährigen Arbeit mit über 5000 Menschen. Wenn Sie nach den Übungen in diesem Buch den Wunsch haben, mit persönlicher Unterstützung in intensiver Form weiter an Ihrer persönlichen und spirituellen Entwicklung zu arbeiten, dann schauen Sie sich unser Programm an unter: www.lovecreation.de. Oder wenden Sie sich direkt an uns unter: mail@lovecreation.de.

Wir wünschen Ihnen ein glückliches und bewusstes Leben sowie Erfolg mit Ihren Visionen.

Leila Bust & Bjørn Thorsten Leimbach

Literatur

Almaas, A. H.: Essenz. Der diamantene Weg zur inneren Verwirklichung. Freiburg, 1997
Almaas, A. H.: Essentielles Sein. Freiburg, 2000
Almaas, A. H.: Essentielle Verwirklichung. Freiburg, 1998
Binder Schmidt, Marcia: Das große Dzogchen-Handbuch. Freiburg, 2005
Braden, Gregg: Im Einklang mit der göttlichen Matrix. Burgrain, 2007
Chögyal Namkhai Norbu: Spiegel des Bewusstseins. München, 1999
Klein, Stefan: Die Glücksformel. Reinbek, 2002
Lama Ole Nydahl: Das große Siegel. Oy-Mittelberg, 1998
Saint-Exupéry, Antoine de: Der kleine Prinz. Düsseldorf, 1950
Scheurmann, Erich: Der Papalagi – Die Reden des Südseehäuptlings Tuiavii aus Tiavea. Zürich, 2000
Sheldrake, Rupert: Das schöpferische Universum. Berlin, 1983
Starkmuth, Jörg: Die Entstehung der Realität. Bonn, 2006
Thich Nhat Hanh: Das Herz von Buddhas Lehre. Freiburg, 1998
Thich Nhat Hanh: Lächle deinem eigenen Herzen zu. Freiburg, 2003
Thich Nhat Hanh: Worte der Achtsamkeit. Freiburg, 1997
Thich Nhat Hanh: Aus der Tiefe des Verstehens die Liebe berühren. Bielefeld, 1996
Ken Wilber: Wege zum Selbst. München, 2008
Ken Wilber: Integrale Vision. München, 2009
Wolinsky, Stephen: Quantenbewusstsein. Freiburg, 1993
Wolinsky, Stephen: Das Tao des Chaos. Freiburg, 1994

**Männlichkeit leben.
Die Stärkung des Maskulinen**
Bjørn Thorsten Leimbach

320 Seiten, Klappenbroschur
978-3-8319-0285-9

Dieses „Männerbuch" bezieht eine eindeutige Position. Es bringt eine neue Sicht in die Geschlechterdiskussion und stellt einen konkreten Leitfaden dar, wie Männer in ihrer Männlichkeit und Identität gestärkt werden. Um als Mann autonomer, emotional und sexuell unabhängiger zu werden, müssen Aggressionen in positiver Form gelebt werden.
Aggressionen sind eine starke Qualität von Männern, die dazu dient, sich abzugrenzen und männliche Ecken und Kanten auszubilden. Dazu ist auch ein Zugang zum eigenen Herzen nötig, um mehr Liebe, Herzlichkeit und Mut zu entwickeln. Das Buch richtet sich an Männer, die ihren Abenteuergeist und Freiheitsdrang auch in einer guten Partnerschaft ausleben wollen.

Dieses Buch ist wirklich notwendig, stellt es doch ein gesundes Gegengewicht zu dem heute weit verbreiteten Feminismus dar. [...] Der echte Mann hat seine Existenzberechtigung verloren, denn die femininen Werte haben heute die Vormachtstellung. [...] Der Feminismus war die notwendige Antwort auf das patriarchale Prinzip, bei dem das männliche Prinzip überhandgenommen hatte. [...] Jedoch wurde das Kind mit dem Bade ausgeschüttet und die männlichen Werte per se in Abrede gestellt. [...] Dieses Buch ist sehr heilsam für Männer.
Tattva Viveka

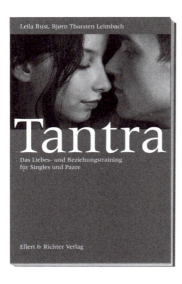

Tantra.
Das Liebes- und Beziehungstraining für Singles und Paare
Leila Bust/Bjørn Thorsten Leimbach

208 Seiten, Klappenbroschur
978-3-8319-0377-1

Tantra ist mittlerweile durch die öffentlichen Medien ein fast geläufiger Begriff geworden. Dabei wird Tantra jedoch häufig als eine exotische Variante des Liebeslebens gesehen.
Obwohl Tantra ein Weg der Erfahrung und Praxis ist – und kein Glaubenssystem –, lässt es sich nicht einfach in das bisherige Leben an ein paar Stellen einbauen. Vielmehr geht es hierbei um eine Sichtweise, die das eigene Leben tief verändert und mit mehr Liebe und Bewusstheit erfüllen will.
Dieses Buch ist ein Lehrgang, der an der Praxis orientiert ist. Seine Ausrichtung ist die Entwicklung der eigenen Liebes- und Beziehungsfähigkeit, daher sind alle beschriebenen Übungen auch komplett für Singles geeignet.

Als Voraussetzung für ein erfülltes Leben und eine glückliche Partnerschaft zeigt Tantra Wege, sich selbst und dadurch auch dem Liebespartner wirklich nahe zu kommen. In mehr als 20 Übungen lernen Sie, JA zu sich selbst zu sagen, die eigene Sinnlichkeit zu entfalten, und entdecken neue Formen gemeinsamer Intimität. [...] Alle Übungen eignen sich auch für Singles. „Tantra im Alltag" könnte das Motto dieses Titels lauten. Der gesamte Inhalt ist für den Alltag konzipiert, sodass Sie auch ohne Vorerfahrung die ersten Schritte auf dem tantrischen Weg wagen können. Eventuellen Hemmungen und Vorbehalten begegnen die Autoren mit einer sehr respektvollen Sprache, die es leicht macht, sich auf Neues einzulassen.
Körper Geist Seele Berlin

Jein! Bindungsängste erkennen und bewältigen. Hilfe für Betroffene und deren Partner
Stefanie Stahl
272 Seiten, Klappenbroschur
978-3-8319-0290-3

So bin ich eben! Erkenne dich selbst und andere
Stefanie Stahl/Melanie Alt
272 Seiten, Klappenbroschur
978-3-8319-0200-2

„Hinter sehr vielen Beziehungsproblemen stecken letztlich Bindungsängste", weiß die Psychotherapeutin Stefanie Stahl. In lebendigen Fallbeispielen erklärt sie die typischen Verhaltensmuster der Beziehungsängstlichen und stellt die „Jäger", „Prinzessinnen" und „Maurer" vor. Wer das Buch gelesen hat, weiß, wie er Menschen mit Beziehungsängsten erkennt und wie er mit ihnen umgehen kann. Ein Buch für Betroffene und ihre Partner.

Stefanie Stahl ist 1963 in Hamburg geboren und dort aufgewachsen. Sie studierte Psychologie an der Universität Trier.

Sich und andere zu verstehen ist so schwer und doch so einfach. Wer hätte sie nicht gern, die „Gebrauchsanweisung" für sich selbst und für seine Mitmenschen?
Ein Buch mit vielen Aha-Erlebnissen: Plötzlich sieht man typisch menschliche Verhaltensweisen in einem ganz neuen Licht. Verbunden werden diese Einsichten mit konkreten Ratschlägen, wie man mit sich selbst und seinen Mitmenschen am besten zurechtkommt.

Melanie Alt, Jahrgang 1974, ist Diplom-Psychologin.

Stefanie Stahl arbeitet seit 1993 als Psychotherapeutin und Sachverständige für Familiengerichte in freier Praxis in Trier.

Woher kommt die Kraft zur Veränderung?
Stephan Peeck
312 Seiten, Klappenbroschur
978-3-8319-0222-4

**Was uns gesund macht
Die heilende Kraft
von Liebe und Glauben**
Stephan Peeck
176 Seiten, Klappenbroschur
978-3-8319-0330-6

Konkret und lebensnah entfaltet Stephan Peeck Methoden, mit denen sich die wichtigsten inneren Kraftquellen zur persönlichen Weiterentwicklung erschließen und typische Hindernisse auf diesem Weg überwinden lassen. Der erfahrene Therapeut schildert, wie es möglich ist, die eigene Charaktergrundstruktur zu erkennen und ihre positive Energie nutzen zu können. Er zeigt, wie sich aus Träumen und Wertimaginationen starke Lebensenergie schöpfen lässt, und leitet dazu an, verborgene Motivationskräfte neu zu entdecken.

Dr. Stephan Peeck, geb. 1955, studierte zunächst evangelische Theologie, anschließend erlernte er die Logotherapie bei Dr. Uwe Böschemeyer und promovierte zum Thema Suizidverhütung.

Eine lebendige Religiosität oder Spiritualität wirkt sich positiv auf Gesundheit und Heilung aus. Das haben neueste Forschungsergebnisse aus breit angelegten psychologischen Studien seit Mitte der 1990er-Jahre eindeutig belegt. Stephan Peeck greift diese hochaktuelle Diskussion auf. Er zeigt, wie sich die – häufig verschlossene – Tür zur geistigen Dimension wieder öffnen lässt, und geht anhand von Praxisbeispielen insbesondere auf die heilenden Kräfte der religiösen Symbole unseres Unbewussten ein. Glauben kann die Selbstheilungskräfte aktivieren.

Dr. Stephan Peeck arbeitet seit 1987 als Logotherapeut und leitet das „Institut für Logotherapie und Existenzanalyse Hamburg-Bergedorf".

Impressum

Bibliografische Information der Deutschen Nationalbibliothek
Die Deutsche Nationalbibliothek verzeichnet diese Publikation in der Deutschen Nationalbibliografie; detaillierte bibliografische Daten sind im Internet über http://dnb.d-nb.de abrufbar.

ISBN 978-3-8319-0439-6

© Ellert & Richter Verlag GmbH, Hamburg 2011

Dieses Werk einschließlich aller seiner Teile ist urheberrechtlich geschützt. Jede Verwertung außerhalb der engen Grenzen des Urheberrechtsgesetzes ist ohne Zustimmung des Verlages unzulässig und strafbar. Dies gilt insbesondere für Vervielfältigungen, Übersetzungen, Mikroverfilmungen und die Einspeicherung und Verarbeitung in elektronischen Systemen.

Text: Leila Bust und Bjørn Thorsten Leimbach, Dortmund
Lektorat: Beatrix Sommer, Hamburg
Gestaltung: Büro Brückner + Partner, Bremen
Gesamtherstellung: CPI books GmbH, Leck

www.ellert-richter.de

Titelfoto: istockphoto, © Cindy Singleton

Der Text zum Lied „Lauf" von Seite 131 wurde uns freundlicherweise von Fred Ape zur Verfügung gestellt.